T0198549

REALIEN ZUR LITERATUR
ABT. D:
LITERATURGESCHICHTE

SIGFRID HOEFERT

Gerhart Hauptmann

2., durchgesehene und
ergänzte Auflage

ERSCHIENEN IM DREIHUNDERTSTEN JAHR DER
J. B. METZLERSCHE VERLAGSBUCHHANDLUNG
STUTTGART

1. Aufl. 1974 (1.– 5. Tsd.)
2. Aufl. 1982 (6.–10. Tsd.)

CIP-Kurztitelaufnahme der Deutschen Bibliothek

Hoefert, Sigfrid:
Gerhart Hauptmann/Sigfrid Hoefert. – 2., durchges.
u. erg. Aufl. – Stuttgart: Metzler, 1982.
  (Sammlung Metzler; M 107: Abt. D, Literaturgeschichte)
  ISBN 978-3-476-12107-3
NE: GT

ISBN 978-3-476-12107-3
ISBN 978-3-476-04085-5 (eBook)
DOI 10.1007/978-3-476-04085-5

M 107

© 1982 Springer-Verlag GmbH Deutshland
Ursprünglich erschienen bei J.B. Metzlersche Verlagsbuchhandlung
und Carl Ernst Poeschel Verlag GmbH in Stuttgart 1974/1982

INHALT

ABl	8-Uhr-Abendblatt
AG	Acta Germanica
AG et R	Acta Germanica et Romanica
AGR	American German Review
ASf	Archiv für Sippenforschung
ASG	Annali Sezione Germanica
ASSL	Archiv für das Studium der neueren Sprachen und Literaturen
AUP	The Australian Goethe Society Proceedings
BB	Berliner Börsen-Courier
BDB	Börsenblatt für den deutschen Buchhandel (Frankfurter Ausgabe)
BDTh	Blätter des Deutschen Theaters
BL	Berliner Lokalanzeiger
Bresl.	Breslauer
BT	Berliner Tageblatt
BZ	Breslauer Zeitung
CA	Centenar-Ausgabe
DB	Doitsu Bungaku
DNN	Dresdener Neueste Nachrichten
DR	Deutsche Rundschau
DU	Der Deutschunterricht
DVjs	Deutsche Vierteljahrsschrift für Literatur und Geistesgeschichte
EG	Études Germaniques
ER	Europäische Revue
EUPH	Euphorion
FB	Freie Bühne
FMLS	Forum for Modern Language Studies
FZ	Frankfurter Zeitung
GES	Die Gesellschaft
Ges.	Gesellschaft
GGA	Göttingische Gelehrte Anzeigen
GHJ	Gerhart Hauptmann-Jahrbuch
GLL	German Life and Letters
GQ	German Quarterly
GR	Germanic Review
GRM	Germanisch-Romanische Monatsschrift
GSJ	Greifswald-Stralsunder Jahrbuch
HF	Hamburger Fremdenblatt
IR	Das innere Reich
JbBK	Jahrbuch für Berlin-Brandenburgische Kirchengeschichte
JbDS	Jahrbuch der deutschen Schillergesellschaft
JbDSh	Jahrbuch der deutschen Shakespeare-Gesellschaft
JbSB	Jahrbuch der Schlesischen Friedrich-Wilhelms-Universität zu Breslau

JbSPK	Jahrbuch der Stiftung Preußischer Kulturbesitz
JEGP	Journal of English and Germanic Philology
JJQ	James Joyce Quarterly
JR	Jahresring
KN	Kwartalnik Neofilologiczny
KNS	Korrespondenzblatt des Vereins für niederdeutsche Sprach-forschung
Kw	Kunstwart
LE	Das literarische Echo
LN	Literaturnoje nasledstwo
LW	Die literarische Welt
MAG	Das Magazin für Literatur
MGS	Michigan Germanic Studies
MH	Monatshefte für deutschen Unterricht
Mittln.	Mitteilungen
Mk	Merkur
MLJ	Modern Language Journal
MLN	Modern Language Notes
MLQ	Modern Language Quarterly
MLR	Modern Language Review
MNN	Münchener Neueste Nachrichten
MPh	Modern Philology
MuK	Maske und Kothurn
MWBG	Mitteilungen der Wilhelm-Busch-Gesellschaft
Nachr.	Nachrichten
NDH	Neue Deutsche Hefte
NDL	Neue Deutsche Literatur
NDR	Neue Deutsche Rundschau
NFP	Neue Freie Presse
NGS	New German Studies
NLZ	Neue Leipziger Zeitung
NPh	Neophilologus
NR	Neue Rundschau
NWJ	Neues Wiener Journal
NWT	Neues Wiener Tageblatt
OL	Orbis Litterarum
OMh	Ostdeutsche Monatshefte
PJ	Preußische Jahrbücher
PK	Preußischer Kulturbesitz
PL	Poet Lore
PMLA	Publicatiuons of the Modern Language Association of America
PP	Pädagogische Provinz
PQ	Philological Quarterly
RA	Revue d'Allemagne
RLC	Revue de Littérature comparée
RLV	Revue des Langues vivantes
RR	Romanic Review

schl.	schlesisch
SdMh	Süddeutsche Monatshefte
SMh	Sozialistische Monatshefte
StN	Studia Neophilologica
SuF	Sinn und Form
SwMh	Schweizer Monatshefte
Tl.	Teil
UTQ	The University of Toronto Quarterly
VB	Völkischer Beobachter
VZ	Vossische Zeitung
WB	Weimarer Beiträge
WMh	Westermanns Monatshefte
WW	Wirkendes Wort
WZUH	Wissenschaftliche Zeitschrift der Martin-Luther-Universität Halle-Wittenberg
ZB	Zentralblatt für Bibliothekswesen
ZDP	Zeitschrift für deutsch e Philologie
ZfDB	Zeitschrift für deutsche Bildung
ZfDk	Zeitschrift für Deutschkunde
ZfSl	Zeitschrift für Slawistik
Zs.	Zeitschrift

VORBEMERKUNG

Die vorliegende Arbeit will dem Forschenden eine schnelle und zuverlässige Orientierung ermöglichen; sie setzt sich zum Ziel, den Werdegang Gerhart Hauptmanns zu beleuchten, in sein dichterisches Schaffen einzuführen sowie einen Überblick über das Schrifttum zu geben, das über ein gewisses Problem oder einen Problemkreis, ein einzelnes Werk oder eine Werkgruppe vorliegt. Gemäß der Ausrichtung der ›Sammlung Metzler‹ wird auf die Darbietung von Daten, Fakten und den jeweils erreichten Forschungsergebnissen besonderer Wert gelegt. Angesichts der vielschichtigen Fülle des Materials werden vor allem solche Arbeiten aufgenommen, die das Verständnis des Hauptmannschen Werkes fördern, seine Breite und Vielfalt klären helfen oder sonst aus historischer Sicht von Bedeutung sind. Es wird in den Literaturangaben eher zuviel als zuwenig dargeboten; in Zweifelsfällen wurde immer für die Aufnahme der betreffenden Arbeit entschieden. Weitere Hilfsmittel bieten sich dem Suchenden in den verschiedenen Bibliographien dar.

Was die Anlage des vorliegenden Bandes betrifft, so werden im ersten Teil Bemerkungen zur Handschriftensituation, zu den Ausgaben und bibliographischen Arbeiten dargeboten. Im zweiten Teil wird die Entwicklung Hauptmanns in chronologischer Reihenfolge und gedrängter Kürze in sechs großen Abschnitten gezeigt; am Ende eines jeden Abschnitts bringen die bibliographischen Informationen neben den rein technischen Angaben Hinweise auf aufschlußreiche biographische Zeugnisse sowie auf das notwendige Schrifttum zu den jeweils besprochenen Werken. Auch erfolgt eine Zusammenstellung der Reden, Aufsätze und Fragmente des betreffenden Zeitraumes. Im dritten Teil wird der Forschungsstand im Hinblick auf die verschiedenen Probleme und Problemkreise erörtert und der Aufgabenbereich der Hauptmann-Forschung umrissen.

Wertvolle Hilfeleistungen wurden mir beim Zustandekommen dieser Arbeit vor allem von Dr. W. Dittrich und Herrn R. Ziesche (Staatsbibliothek Berlin), Herrn A. Dreifuß (Märkisches Museum), Herrn A. Münch (Hauptmann-Archiv Radebeul) sowie meinen Kollegen Dr. M. Richter und Dr. G. Brude-Firnau zuteil. Ihnen gilt mein besonderer Dank. Auch bin ich dem Canada Council für die mir gewährte finanzielle Unterstützung zu Dank verpflichtet.

Waterloo/Ontario   *Sigfrid Hoefert*

Für die Neuauflage des vorliegenden Bandes wurden Text und Literaturangaben durchgesehen und auf den neuesten Stand gebracht. Berücksichtigt wurden Arbeiten, die bis Sommer 1981 veröffentlich und erhältlich waren. Um die Fülle der bibliographischen Gegebenheiten auf ein annehmbares Maß zurückzuführen, wurden besonders die Literaturangaben älteren Datums kritisch gesichtet und reduziert. Allerdings ist der Umfang der bibliographischen Hinweise dadurch kaum vermindert worden. Die neue Literatur ist umfangreich; sie vermittelt Perspektiven, die nicht nur für den Hauptmannforscher relevant sein dürften.

Waterloo/Ontario   *Sigfrid Hoefert*

Alexander, 1964 = N. E. Alexander, Studien zum Stilwandel im dramatischen Werk G.H's, 1964.

Behl, 1948 = C. F. W. Behl, Wege zu G.H., 1948.

Bleich, 1936 = E. H. Bleich, Der Bote aus der Fremde als formbedingender Kompositionsfaktor im Drama des Naturalismus. (Ein Beitrag zur Dramaturgie des Naturalismus), Diss. Greifswald 1936.

Bleicker, 1961 = W. Bleicker, Formen des Gesprächs im Prosawerk G.H's, Diss. Mainz 1961.

Brahm, 1913 = O. Brahm, Kritische Schriften über Drama und Theater, hrsg. v. P. Schlenther, 1913.

Brammer, 1972 = U. G. Brammer, Selbstbildnis in G.H's Dramen, Ph. D. Diss. University of Pittsburgh 1972.

Centenary Lectures, 1964 = Hauptmann Centenary Lectures, hrsg. v. K. S. Knight und F. Norman, London 1964.

Dill, 1972 = W. O. Dill, Der Dionysosmythos als Strukturelement in G. H's Prosa, Ph. D. Diss. University of California 1972.

Dosenheimer, 1967 = E. Dosenheimer, Das deutsche soziale Drama von Lessing bis Sternheim, 1967.

Fechter, 1922 = P. Fechter, G.H., 1922.

Fiedler, 1954 = R. Fiedler, die späten Dramen G.H's. Versuch einer Deutung, 1954.

Fischer, 1957 = G. Fischer, Erzählformen in den Werken G.H's, 1957.

Gregor, 1951 = J. Gregor, G.H. Das Werk und unsere Zeit, 1951.

Guthke, 1961 = K. S. Guthke, G.H. Weltbild und Werk, 1961, ²1980 (überarb.).

Hauptmann, 1942 = G.H. zum 80. Geburtstag am 15. November 1942, 1942.

Heise, 1923 = W. Heise, G.H., 4 Bde., 1923.

Heynen, 1922 = Mit G.H.: Erinnerungen und Bekenntnisse aus seinem Freundeskreis, hrsg. v. W. Heynen, 1922.

Hensel, 1957 = M. Hensel, Die Gestalt Christi im Werk G.H's, Diss. Berlin (FU) 1957.

Heuser, 1961 = F. W. J. Heuser, G.H. Zu seinem Leben und Schaffen, 1961.

Hilscher, 1969 = E. Hilscher, G.H., 1969, ²1974, ³1979 (überarb.).

Hortenbach, 1965 = J. C. Hortenbach, Freiheitsstreben und Destruktivität. Frauen in den Dramen A. Strindbergs und G.H's, Oslo 1965.

Hurtig, 1956 = G. Hurtig, Die Lichtsymbolik bei G.H., Diss. Marburg 1956.

Kerr, 1917 = A. Kerr, Die Welt im Drama, 5 Bde., 1917.

Kersten, 1966 = G. Kersten, G.H. und L. N. Tolstoi. Studien zur Wirkungsgeschichte von L. N. Tolstoi in Deutschland 1885–1910, 1966.

Krause, 1952 = E. Krause, G.H's frühe Dramen im Spiegel der Kritik, Diss. Erlangen 1952.

Künzel, 1962 = H. Künzel, Die Darstellung des Todes in den Dramen G.H's und G. Kaisers, Diss. Erlangen 1962.

Langer, 1932 = L. Langer, Komik und Humor bei G.H., Diss. Kiel 1932.
Leiner, 1955 = F. Leiner, Der Gedanke der Wiedergeburt im Leben und Werk G.H's, Diss. München 1955.
Liebenstein, 1950 = W. Liebenstein, G.H. und das Reformationszeitalter, Diss. München 1950.
Lindner, 1949 = A. Lindner, Das Alterswerk G.H's. Versuch einer Deutung, Diss. Wien 1949.
Machatzke, 1963 = G.H. Die Kunst des Dramas. Über Schauspiel und Theater, zusammengest. v. M. Machatzke, 1963.
Marcuse, 1922 = G.H. und sein Werk, hrsg. v. L. Marcuse, 1922.
Mehring, 1961 = F. Mehring, Aufsätze zur deutschen Literatur von Hebbel bis Schweichel, hrsg. v. H. Koch, 1961.
Meixner, 1961 = H. Meixner, Naturalistische Natur: Bild und Begriff der Natur im naturalistischen Drama, Diss. Freiburg i. Br. 1961.
Mendelssohn, 1970 = P. de Mendelssohn, S. Fischer und sein Verlag, 1970.
Metken, 1954 = G. Metken, Studien zum Sprachgestus im dramatishen Werk G.H's, Diss. München 1954.
Michaelis, 1962 = R. Michaelis, Der schwarze Zeus. G.H's zweiter Weg, 1962.
Müller, 1939 = I. Müller, G.H. und Frankreich, 1939.
Muller, 1950 = S. H. Muller, G.H. und Goethe, 1950 (auf engl. 1949).
Osborne, 1971 = J. Osborne, The Naturalist Drama in Germany, Manchester 1971.
Requardt, 1955 = W. Requardt, Erkner im Leben und Werk G.H's unter besonderer Berücksichtigung der Novelle »Fasching«, Diss. Hamburg 1955.
Requardt/Machatzke, 1980 = W. Requardt und M. Machatzke, G.H. und Erkner. Studien zum Berliner Frühwerk, 1980.
Rohmer, 1958 = R. Rohmer, Die Romane G.H's, Diss. Leipzig 1958.
Schreiber, 1946 = H. Schreiber, G.H. und das Irrationale, 1946.
Schrimpf, 1963 = H. J. Schrimpf, Struktur und Metaphysik des sozialen Schauspiels bei G.H., in: Literatur und Gesellschaft vom neunzehnten ins zwanzigste Jahrhundert, Festgabe für B. v. Wiese, hrsg. v. H. J. Schrimpf, 1963, S. 274–308.
Shaw, 1958 = L. R. Shaw, Witness of Deceit. G.H. as Critic of Society, Berkely u. Los Angeles 1958.
Sinden, 1957 = M. Sinden, G.H. The Prose Plays, Toronto 1957.
Steffen, 1964 = H. Steffen, Figur und Vorgang im naturalistischen Drama G.H's, in: DVjs, 38 (1964), S. 424–449.
Taube, 1936 = G. Taube, Die Rolle der Natur in G.H's Gegenwartswerken bis zum Anfang des 20. Jahrhunderts, 1936.
Tettenborn, 1950 = J. Tettenborn, Das Tragische bei G.H., Diss. Jena 1950.
Thielmann, 1937 = H. Thielmann, Stil und Technik des Dialogs im neueren Drama. (Vom Naturalismus bis zum Expressionismus), Diss. Heidelberg 1937.
Van der Will, 1962 = W. van der Will, Voraussetzungen und Möglichkeiten einer Symbolsprache im Werke G.H's, Diss. Köln 1962.

Voigt, 1965 = F. A. Voigt, G.H. und die Antike, hrsg. v. W. Studt, 1965.
Vollmers-Schulte, 1923 = F. Vollmers-Schulte, G.H. und die soziale Frage,
   1923.
Weisert, 1949 = J. J. Weisert, The Dream in G.H., New York 1949.
Zimmermann, 1964 = R. C. Zimmermann, Die Pathetik des heiligen
   Berstens und ihre Gestaltwandlungen im Werk G.H's, in: Formenwan-
   del, Festschrift zum 65. Geburtstag von P. Böckmann, hrsg. v. W.
   Müller-Seidel u. W. Preisendanz, 1964, S. 426–470.

I. Handschriften, Selbstzeugnisse, Ausgaben und Bibliographien

Der *handschriftliche Nachlaß* Gerhart Hauptmanns befindet sich im Besitz der *Staatsbibliothek Preußischer Kulturbesitz* in West-Berlin. Gegen Ende des Krieges wurde der Nachlaß von Agnetendorf nach Schloß Kaibitz in der Oberpfalz gebracht, und von dort gelangte er auf Umwegen nach Ronco in der Schweiz, wo ihn Benvenuto Hauptmann bis zu seinem Tode betreute. Anfang Dezember 1968 wurde der gesamte Bestand von der Witwe an die Staatsbibliothek verkauft, für die stattliche Summe von 3,7 Millionen DM. Der Nachlaß besteht aus Werkmanuskripten und Tagebüchern, einer umfangreichen Briefsammlung und Teilen der Bibliothek. (Der Hauptteil der Bibliothek befindet sich im Märkischen Museum in Ost-Berlin.) Im Hinblick auf die Manuskriptsituation ist zu bemerken, daß sich zu den meisten Werken Typoskripte, Abschriften oder andere Materialien in West-Berlin auffinden lassen, daß jedoch Werkmanuskripte aus der Hand des Dichters nur selten vorhanden sind. (Hauptmann pflegte schon in der Frühphase seines Schaffens anderen seine Werke in die Feder zu diktieren.) Das vorliegende Material ist für die Zeit nach 1900 reichhaltiger als für die Zeitspanne davor. Unterlagen für »Vor Sonnenaufgang«, »Der Apostel«, »Einsame Menschen«, »Kollege Crampton«, »Die Weber«, »Der Biberpelz« und einige andere Werke sind äußerst dürftig oder fehlen völlig. Der Manuskript-Teil des Nachlasses ist katalogisiert worden und steht der Forschung zur Verfügung. Ein Teil des Katalogs liegt als Buch-Veröffentlichung vor.

Handschriftliches Material befindet sich auch an einigen anderen Stätten, jedoch handelt es sich meist um Briefbestände. Hauptsächlich kommt hier das Literaturarchiv der Ostberliner Akademie der Künste in Frage, desgleichen das Schiller-Nationalmuseum in Marbach, die Universitätsbibliothek in Wrocław (Breslau) sowie einige amerikanische Forschungsstätten (s. dazu K. W. Jonas). In Marbach und vor allem Wrocław befinden sich Teile der einstigen Hauptmann-Sammlung von Max Pinkus; was Manuskripte betrifft, ist die Existenz der Handschrift des »Bunten Buches« in Wrocław zu vermerken.

Briefbände Hauptmanns liegen nicht vor, wohl aber ist die Korrespondenz mit einigen Personen und Institutionen (z. B. Ida Orloff, Max Burkhard, Oskar v. Miller, Österreichische Akademie der Wissenschaften) veröffentlicht worden, ferner sind hier und da Einzelbriefe und Briefauszüge im Druck erschienen. Die Herausgabe des Briefwechsels mit Ludwig v. Hofmann scheint empfehlenswert, schon wegen des Umfangs und der Zeitspanne, über die er sich erstreckt (vier Jahrzehnte). Wichtiger jedoch als die Veröffentlichung des Briefbestandes, oder eines Teils bzw. einer Auswahl davon, ist die Herausgabe der Tage- und Notizbücher. Martin Machatzke kommt dieser Aufgabe seit einigen Jahren nach. Die Tagebuchaufzeichnungen für 1897 und 1917–1933 liegen bereits im Druck vor. Es ist zu erwarten, daß die Hauptmannforschung von hier aus neue Impulse erhält.

Sammelausgaben der Hauptmannschen Werke sind bereits zu Anfang des Jahrhunderts erschienen. Das erste Vorhaben dieser Art wurde 1902/05 in Rußland durchgeführt. Die erste deutsche Ausgabe des »Gesammelten Werkes« erschien im Jahre 1906; sie war nach thematischen Prinzipien geordnet und erfaßte die dramatischen und erzählerischen Werke. 1912 wurde eine Ausgabe ähnlichen Formats vorgelegt, diesmal jedoch in chronologischer Anordnung. Höhepunkte der weiteren editorischen Tätigkeit waren die Publikationen der »Großen Ausgabe« (1922) und der »Ausgabe letzter Hand« zum 80. Geburtstag des Dichters. Nach dem Tode Hauptmanns wurden in Ost und West verschiedene Ausgaben publiziert, doch kulminierten die Bestrebungen in der Veröffentlichung der *Centenar-Ausgabe,* die seit 1962 erscheint. Die Centenar-Ausgabe bietet das gesamte Werk dar und erschließt den Nachlaß des Dichters. Ein editorischer Vorbericht (von H.-E. Hass) informiert über die Textgestaltung und editorischen Prinzipien. Historisch-kritische Edition will die Centenar-Ausgabe nicht sein, wohl aber ein verläßlicher Text, der auf intensiver kritischer Revision beruht. Klaus Kanzog hat in einer Arbeit über diese Ausgabe auf die Notwendigkeit einer historisch-kritischen Edition hingewiesen und die Herausgabe des Variantenmaterials empfohlen.

Grundlegend für die bibliographische Erfassung der Werke von und über Hauptmann waren die Bemühungen von Viktor Ludwig, der bereits in den 20er Jahren mit Hilfe von Max Pinkus eine *Bibliographie* erscheinen ließ. Diese Arbeit wurde 1931/32 ergänzt, auch erschienen in den 30er Jahren in den Hauptmann-Jahrbüchern bibliographische Übersichten. In jüngerer Zeit haben sich in bibliographischer Hinsicht H. D. Tschörtner und W. A. Reichart verdient gemacht. Tschörtners Bibliographie der Werke Hauptmanns (Neufassung 1971, Nachtrag 1976) hat sich als unentbehrliches Hilfsmittel erwiesen, desgleichen die auswählende Bibliographie Reicharts zur Sekundärliteratur. Zudem liegen bibliographische Übersichten zur Hauptmann-Literatur in einzelnen Ländern vor. Von diesen Zusammenstellungen sind die Arbeiten Reicharts zur Erfassung des amerikanischen Materials hervorzuheben. Demgegenüber läßt die bibliographische Situation in der Sowjetunion zu wünschen übrig; selbst die Moskauer Zusammenstellung erreicht nicht den Stand der angelsächsischen Bemühungen. Für einige andere nationale Wirkungskreise vermißt man Arbeiten bibliographischer Natur (z. B. Italien und die Niederlande). Zu erwähnen ist noch, daß S. Hoefert an einer zweibändigen Hauptmann-Bibliographie arbeitet.

Handschriften und Nachlaß: F. A. Voigt, Die G.H.-Sammlung der Staats- und Universitätsbibliothek zu Breslau, in: GHJ, I. Bd., 1936, S. 145–146; *ders.*, unter gleichem Titel, in: ZB, 53 (1936), S. 298–307; J. *Krüger*, Die Bibliothek G.H's, in: ZB, 72 (1958), H. 5/6, S. 325–328; R. *Adolph*, G.H's Bibliothek zugänglich gemacht, in: BDB, 1959, Nr. 78a, S. 1313–1314; *ders.*, Der Nachlaß G.H's in der Staatsbibl. (PK), in: BDB, 1969, Nr. 82, S. 2568–2569; G. H.-Gedächtnis- und Forschungsstätte im Märkischen Museum, 1959; E. *Hühns*, Die G.H.-Gedächtnis- und Forschungsstätte im Märkischen Museum in Berlin, in: Marginalien, 1960, H. 7, S. 25–26; A. *Münch*, Das Hauptmann-Archiv. Geschichte und Ausblick, in: Radebeul. Stadt der Arbeit – Stadt der Kultur, 1961, S. 32–36; W. *Mueller*, »Das Bunte Buch«, in: BDB, 1962, Nr. 77, S. 1670–1671; Übersicht über die von der Deutschen Akademie der Künste betreuten Schriftstellernachlässe, 1962, S. 63–75; K. *Schwerin*, Max Pinkus: Seine Schlesierbücherei und seine Freundschaft mit G.H., in: JbSB, 8 (1963), S. 210–235; N. *Honsza*, Polnische Hauptmanniana, in: KN, 12 (1965), S. 286–291; *ders.*, Hauptmann-Materialien in Wrocław, in: WB, 1968, H. 5, S. 1066–1072; G. *Erdmann*, Führer durch die Gedenkstätte Kloster auf Hiddensee, 1969; A. C. *Groeger*, Der Schatz vom Wiesenstein: Irrwege des literarischen Nachlasses von G.H., in: JbSB, 14 (1969), S. 356–367; K. W. *Jonas*, G. H. in Amerika and England, in: BDB, 1969, Nr. 52, S. 1601–1609; *ders.*, G.H's Manuskripte in Europa, in: BDB, 1970, Nr. 60, S. A 121–A 139; H. *Knaus*, Der Nachlaß G.H's, in: Mittln. (PK, Berlin), Nr. 10, 1969, S. 1–11; H. R. *Külz*, Schicksale eines Dichternachlasses, in: JbSPK, 1969, S. 41–55; B. *Rühle*, G.H.-Gedenkstätte Erkner, 1969; H.-G. *Wormit*, Erwerb des G.H.-Nachlasses, in JbSPK, 1969, S. 12–15; A. *Dreifuß*, Wertvolle Hauptmannia im Märkischen Museum, in: Marginalien, 1970, H. 37, S. 48–54; R. *Ziesche*, Katalogisierung des Nachlasses G.H., in: Mittln. (Staatsbibl. PK), 3 (1971), H. 1, S. 29–33; *ders.*, Der Manuskriptnachlaß G.H's. Tl. 1: GH Hs 1–230,1977; L. *Schneider*, Die neugestaltete G.H.-Gedenkstätte in Kloster auf Hiddensee aus denkmalpflegerischer Sicht, in: Neue Museumskunde, 21 (1978), S. 135–142; M. *Machatzke*, Grundsatzbetrachtungen zur Nachlaßedition G.H's, in: Jb. für internationale Germanistik, Kongreßberichte, 1979, Bd. 4, S. 229–232.

Selbstzeugnisse und Briefe: Rolland und *G.H.*: ein Briefwechsel, in: VZ, 10. 9. 1914; Brief an F. E. *Mason* über die russ. Hungerhilfe, in: Abendblatt der VZ, 29. 7. 1921; Brief über die polit. Lage in Deutschland an Bürgermeister *Hesse* in Dessau vom 12. 11. 1924, in: BT, 15. 11. 1924;

G.H. über seine Gespräche. Brief vom 12. 12. 1924 an J. *Chapiro*, in: BT, 25. 11. 1924; Brief an H. E. *Jacob*, in: BT, 10. 10. 1925 u. 27. 10. 1926; Briefe an die Akademie d. Künste, in: Die Literatur, 28 (1925/26), S. 623, 30 (1927/28), S. 373; G.H. und der Faschismus, in: Times, 3. 3. 1926; Absage an die Akademie, in: BT, 27. 5. 1926; Brief an W. v. *Scholz*, in: VZ, 22. 1. 1928; W. A. *Reichart*, A Hauptmann Letter Concerning »Tiberius«, in: GR, 4 (1929), S. 198–201; *ders.*, G.H. and His British Friends: Documented in Some of Their Correspondence, in: GQ, 50 (1977), S. 424–451; Brief an F. *Engel*, in: BT, 3. 4. 1930; W. *Raupp*, Eugen d'Albert. Ein Künstler- und Menschenschicksal, 1930; K. *Glossy*, Wiener Studien, 1933, S. 169–180; F. A. *Voigt*, Freytag und G.H. in ihren gegenseitigen Beziehungen, in: Voigt, Hauptmann-Studien, 1. Bd., 1936, S. 91–99; Brief an J. *Gregor*, in: Theater der Welt, 1 (1937), H. 5/6, S. 257–258; A. *Mahler*, Gustav Mahler. Erinnerungen und Briefe, Amsterdam 1940, S. 326–328, 396; E. *Buschbeck*, H. und Wien, in: Die Pause, 1942, H. 7, S. 14ff.; J. *Gregor*, G.H. und die Antike, in: Der Augarten, 7 (1942), S. 121–132; Aus Tagebüchern, in: MNN, 9. 10. 1944; Aus dem Diarium, in: MNN, 30. 12. 1944; Gorki und H. im Sturm der Zeit, in: Aufbau, 3 (1947), S. 318–321; G.H. und die Österr. Akademie d. Wissenschaften, in: Phaidros, 2 (1948), S. 7–15; G. *Goldschmidt*, Die Autographensammlung d. Universitätsbibl. Münster, in: Westfalen, 35 (1957), H. 1/2, Abb. 48; Meine Tischgesellschaft auf Capri (Tagebuchnotizen von 1883), hrsg. v. Ivo *Hauptmann*, in: Hamburger Abendblatt, 1958, Nr. 299; *ders.*, Bilder und Erinnerungen, 1976; G.H. in Selbstzeugnissen u. Bilddokumenten, dargest. v. K. L. *Tank*, 1959; H. M. *Meyer*, Briefe der Brüder H., in: Schlesien, 6 (1961), S. 102–105; A. *Gustavs*, G.H. und Hiddensee: Kleine Erinnerungen, hrsg. v. G. Erdmann, 1962, S. 74–105; Aus H's Tagebuch (15. 9. 1897), in: Jahrhundertfeier für G.H. 15.–21. November 1962, Köln 1962, S. 33–35; G.H. Leben und Werk. Gedächtnisausstellung d. Dt. Literaturarchivs zum 100. Geburtstag d. Dichters im Schiller-Nationalmuseum Marbach, hrsg. v. B. *Zeller*, 1962; N. *Honsza* u. G. *Koziełek*, Unbekannte G.H.-Autographen: ASG, 5 (1962), S. 31–56; L. *Lanckoroński*, Begegnung mit G.H., in: Schlesien, 7 (1962), S. 148–149; E. *Zimmermann*, Meine Begegnung mit G.H. im Januar 1940, in: ASf, 28 (1962), S. 371–374; *Machatzke*, 1963; *ders.*, G.H. Italienische Reise 1897, 1976; *ders.*, G.H. Diarium 1917–1933, 1980; M. E. *Gilbert*, Two Unpublished Hauptmann Letters, in: Centenary Lectures, 1964, S. 137–141; N. *Honsza* u. K. *Koczy*, G.H.-Autographen an M. Heimann, in: KN, 11 (1964), Nr. 3, S. 243–248; *dies.;* G.H. an W. Bölsche, in: WB, 1965, Nr. 4, S. 590–603; F. *Klemm*, Oskar v. Miller und G.H., in: Deutsches Museum, 34 (1966), S. 35–46; K. *Wolff*, Briefwechsel eines Verlegers 1911–1963, 1966, S. 407–411; Venezianische Blätter, hrsg. v. H.-E. *Hass*, 1966; H. *Satter*, Weder Engel noch Teufel. Ida Orloff, 1967; *G.H. und Ida Orloff.* Dokumentation einer dichterischen Leidenschaft, 1969; *Mendelssohn*, 1970; G. *Erler*, Fontane und H., in: Fontane-Blätter, 2 (1972), S. 393–402; D. *Bader*, Lajos Hatvanys Briefwechsel mit der Familie Hauptmann, in: Német Filológiai Tanulmányok, 6 (1972), S. 131–145; T. E. *Frank*, G.H. and Eugen d'Albert: A Note on Their Friendship, in: MGS, 1 (1975), S. 234–241; G. *Erdmann*, Zu neun

4

unbekannten H.-Briefen, in: Jb. des Märkischen Museums, 4 (1978), S. 114–125; K. *Bohnen,* Georg Brandes im Briefwechsel mit G.H. und H. v. Hofmannsthal, in: JbDS, 23 (1979), S. 51–68; K. W. *Jonas,* G.H. und H. v. Seeckt, in: Imprimatur, 9 (1980), S. 216–239.

Gesamt- und Sammelausgaben: Ges. Werke, 6 Bde., Berlin 1906; Ges. Werke. Volksausgabe, 6 Bde., Berlin 1912; Ges. Werke. Große Ausgabe, 12 Bde., Berlin 1922; Ges. Werke. Jubiläumsausgabe, 8 Bde., Berlin 1922; Ausgew. Werke, 6 Bde., Berlin 1925; Das dramatische Werk, 6 Teile in 2 bzw. 3 Bdn., Berlin 1932; Das epische Werk, 6 Teile in 2 Bdn., Berlin 1935; Das Gesammelte Werk. Ausgabe letzter Hand zum 80. Geburtstag des Dichters, 17 Bde., Berlin 1942; Ausgew. Dramen, 4 Bde., hrsg. v. H. Mayer, Berlin 1952; Ausgew. Werke, 5 Bde., hrsg. v. J. Gregor, Gütersloh 1952/54; Ausgew. Prosa, 4 Bde., hrsg. v. H. Mayer, Berlin 1956; Ausgew. Werke, 8 Bde., hrsg. v. H. Mayer, Berlin 1962; Sämtl. Werke. (Centenar-Ausgabe zum 100. Geburtstag des Dichters, 15. November 1962), hrsg. v. H.-E. Hass, fortgeführt v. M. Machatzke u. M. Bungies (ab Bd. 10), 11 Bde., Frankfurt/M. 1962ff.; weitere Angaben über Ausgaben in: H. D. *Tschörtner,* G.H.-Bibliographie, 1971, S. 16–30; H.-E. *Hass,* Die Centenar-Ausgabe der sämtlichen Werke G.H's. Ein editorischer Vorbericht, 1964; K. *Kanzog,* Kritisch durchgesehener Text oder historisch-kritische Ausgabe? Zu einem textkritischen Problem, dargest. an drei Reden G.H's in der CA, in: JbDS, 10 (1966), S. 336–377; *Mendelssohn,* 1970; K. S. *Guthke,* Authentischer oder autorisierter Text? Die CA der Werke G.H's, in: GGA, 228 (1976), S. 115–147.

Bibliographien: W. *Requardt,* G.H. Bibliographie, 3 Bde., 1931; V. *Ludwig,* G.H. Werke von ihm und über ihn (1881–1931), 1932; C. F. W. *Behl,* G.H.-Bibl., in: GHJ, 1 (1936), S. 147–162, Forts.: 2 (1937), S. 150–160; *Müller,* 1939, S. 156–180; W. A. *Reichart,* Fifty Years of Hauptmann Study in America (1894–1944): A Bibliography, in: MH, 37 (1945), S. 1–31; *ders.,* Hauptmann Study in America. A Continuation Bibliography, in MH, 54 (1962), S. 297–310; *ders.,* Bibliographie der gedruckten und ungedruckten Dissertationen über G.H. und sein Werk, in: Philobiblon, 11 (1967), S. 121–134; ders., G.H.-Bibliographie, 1969; B. P. *Lichatschow,* G. Gauptman. Bio-bibliografitscheskij ukasatel, Moskau 1956; H. D. *Tschörtner,* G.H. Ein bibliogr. Beitrag zu seinem 100. Geburtstag, 1962; *ders.,* G.H., in: Bibliogr. Kalenderblätter, Sonderbl. 14, 1962 (Nachtrag 1966, 1971); *ders.,* G.H.-Bibliographie, 1971 (Nachtrag 1976); W. J. *Hutchins* u. A. C. *Weaver,* H. in England. A Bibliography, in: Centenary Lectures, 1964, S. 142–167; Interntl. Bibliographie zur Geschichte d. dt. Literatur, hrsg. v. Kollektiv für Literaturgeschichte im Verlag Volk und Wissen u. v. Maxim-Gorki-Institut für Weltliteratur zu Moskau, 1971, Tl. II, 1, S. 571–588; S. *Hoefert,* Die slawischen Übersetzungen der Werke G.H's: Ein Beitrag zu seiner Wirkung in Osteuropa, in: Studia Historica Slavo-Germanica, 9 (1979), bes. S. 114–128; R. C. *Cowen,* H.-Kommentar zum dramatischen Werk, 1980.

II. Leben und Werk Hauptmanns

1. Jugend und schöpferische Anfänge (1862–1889)

Um die Mittagstunde des 15. November 1862 wurde *Gerhart Johann Robert Hauptmann* in Salzbrunn (Kreis Waldenburg) im Gasthof »Zur Krone«, nachmals »Preußische Krone«, als vierter Sohn des Gastwirts und späteren Hotelbesitzers *Robert Hauptmann* und seiner Ehefrau *Marie*, geb. *Straehler*, geboren. Die Familien der Eltern waren in Schlesien alteingesessen; der älteste nachweisbare Vorfahre des Vaters lebte im späten 16. Jh. in Dippelsdorf bei Lähn a. d. Bober, der älteste nachweisbare Vorfahre der Mutter um 1600 in Klein-Wandriss im Kreis Striegau. Unter den Ahnen befinden sich auf der Seite des Vaters vor allem Häusler, Weber und Handwerker, auf der Seite der Mutter Angestellte und Dienstleute.

Die Jugendjahre Hauptmanns waren schwierig und verliefen für einen aus bürgerlichem Milieu stammenden Dorfjungen nicht den Erwartungen entsprechend; sie boten ihm jedoch das Erlebnis schlesischer Umwelt, auf das er immer wieder zurückgreifen sollte. Im Frühjahr 1868 trat er in die Volksschule ein, doch vermochte man ihn kaum zu inspirieren, lesen lernte er nicht bei dem Lehrer Brendel, sondern anhand von »Robinson Crusoe« und Coopers »Lederstrumpf«. Später erhielt er private Lateinstunden, die ihn zur Aufnahme in die höhere Schule vorbereiten sollten. Im April 1874 kam er nach *Breslau* auf die Realschule am Zwinger; er litt auch dort unter dem autoritären Schulbetrieb und konnte das Pensum kaum bewältigen. 1876/77 erlebte er in Breslau die Meininger Schauspieltruppe, deren Aufführungen ihn nachhaltig beeindruckten; erste literarische Versuche entstanden, darunter die Szenenfolge »Helene« und »Amor und Hermes«. Nach mehrmaligem Sitzenbleiben und nachdem die Eltern die »Preußische Krone« aus wirtschaftlichen Gründen hatten aufgeben müssen, ging Hauptmann im April 1878 mit Versetzung in die Oberquarta von der Schule ab.

Zunächst wurde er auf dem Gut seines Onkels (Gustav Schubert) in Lohnig Landwirtschaftseleve. Anderthalb Jahre war er dort und im benachbarten Lederose tätig. Die Atmosphäre pietistischen Christentums und herrnhutischen Geistes wurde ihm vertraut und nährte religiöse Neigungen, doch konnte er die schwere körperliche Arbeit nicht vertragen und mußte den Landwirtsberuf aufgeben. Im Oktober 1879 kehrte er nach Breslau zurück, um sich auf das Einjährigen-Examen (womit die Ableistung einer verkürzten

Militärdienstzeit verbunden war) vorzubereiten. Auch hier blieb der Erfolg aus. Er geriet in einen pangermanisch ausgerichteten Primanerbund und schrieb unter dem Eindruck der Werke von Felix Dahn, Wilhelm Jordan und dergleichen Schriftsteller Gedichte und dramatische Szenen (u. a. »Frithiofs Brautwerbung«, »Konradin«, »Athalarich«) sowie ein Versepos, das »Hermannslied«, von dem nur Bruchstücke erhalten sind. Bei einem Besuch in Lederose hatte er ein heftiges Liebeserlebnis mit seiner dortigen Nachfolgerin: Anna Grundmann.

Hauptmann entschloß sich zu der Zeit, das in ihm schlummernde bildnerische Talent auszubilden; er trat 1880 in die Bildhauerklasse der Königlichen Kunst- und Gewerbeschule in Breslau ein. Trotz hochfliegender Pläne waren die Fortschritte nur mäßig; zudem wurde er Anfang 1881 wegen schlechten Betragens und mangelnden Fleißes von der Schule verwiesen. Nur dem persönlichen Einsatz eines Professors war es zu danken, daß er nach einigen Monaten wieder aufgenommen wurde. In dieser Zeit des Suchens wurde ihm der Freundeskreis, in dem er sich bewegte, wichtig. Die utopischen Ideale, denen in diesem Kreis gehuldigt wurde, beeinflußten seine Entwicklung und fanden einen Nährboden in seinem Sozialempfinden; auch standen einige der damaligen Freunde später Modell für literarische Gestalten in seinem Werk (so A. Plötz, H. E. Schmidt, F. Simon). Einige Plastiken wurden hergestellt, auch schrieb Hauptmann aus Anlaß der Hochzeit seines Bruders Georg mit Adele Thienemann ein Festspiel mit dem Titel »Liebesfrühling«; es ist das erste vollständige Werk, das er veröffentlichte, wenn auch nur im Privatdruck. Er verlobte sich mit *Marie Thienemann* und konzipierte ein aus dem Hermann-Stoffkreis stammendes Schauspiel: »Germanen und Römer«; im Spätsommer 1882 wurde es einem beschäftigungslosen Turnlehrer diktiert. Dieses Stück hat in der Sekundärliteratur eine gewisse Resonanz gefunden, was darauf zurückzuführen sein mag, daß es lange als erste und besonders charakteristische Jugenddichtung Hauptmanns gegolten hat. F. W. J. Heuser hat es 1942 eingehend behandelt; er sieht darin einen »erstaunlich vielversprechenden Erstling«, erkennt jedoch, daß es die Schwäche anderer Jugendwerke Hauptmanns aufweist, nämlich zu viele Begebenheiten zu gestalten, die mit dem Hauptthema nur weitläufig verknüpft sind.

Im Frühjahr 1882 schied Hauptmann aus der Kunstschule aus und erhielt durch Vermittlung des Professors Haertel die Erlaubnis, sich an der Universität Jena als stud. hist. zu immatrikulieren. Er hörte bei den Professoren Eucken, Böthlingk, Haeckel, Gaedechens und Gelzer, setzte seine dramatischen Versuche fort (u. a.

»Perikles«) und gestaltete eine Büste des Barden Sigwin aus dem Drama »Germanen und Römer«. Im April 1883 unternimmt er von Hamburg aus eine Schiffsreise, die ihn nach Spanien, Frankreich und Italien führt. Nach einem kurzen Deutschlandaufenthalt kehrt er im Oktober 1883 nach Rom zurück und läßt sich dort als freier Bildhauer nieder. Eine schwere Typhuserkrankung setzt jedoch dem römischen Séjour ein Ende und im März 1884 kehrt Hauptmann zu den Eltern, die inzwischen nach Hamburg übergesiedelt sind, zurück. Nach einem kurzen Zwischenspiel in der Zeichenklasse der Königlichen Akademie in Dresden wendet er sich vollends der Dichtkunst zu; im Herbst 1884 wird das bis auf Reste verlorengegangene Drama »Das Erbe des Tiberius« beendet sowie das Festspiel »Der Hochzeitszug«, das wiederum aus Anlaß einer Hochzeit mit einer der Thienemann-Schwestern, diesmal der seines Bruders Carl mit Martha, entsteht. Auch schreibt Hauptmann sich an der Universität Berlin ein und hört bei den Professoren Curtius, DuBois-Reymond, Deussen und Treitschke. Zudem nimmt er Schauspielunterricht und treibt seine dichterischen Pläne voran.

Am 5. Mai 1885 heiratet er in Dresden Marie Thienemann und schlägt nach einer kurzen Hochzeitsreise sein Domizil in Berlin-Moabit auf. Das Versepos »Promethidenlos«, dessen Wurzeln in die Zeit der Mittelmeerreise zurückreichen, gewinnt endgültig Gestalt und liegt 1885 im Druck vor. Diese byronisierende Versdichtung wird von der Forschung gewöhnlich als persönliches Bekenntnis und wichtiges Zeugnis einer Übergangsepoche gewertet, in der die junge Dichtergeneration um den Ausdruck rang, der ihrem Streben gemäß war; auch wird der hier bereits anklingende Zug sozialen Aufbegehrens mit Genugtuung verzeichnet. Im allgemeinen wird die Bedeutung dieses Werkes zu hoch veranschlagt.

Da Hauptmanns Gesundheit in der Stadt Berlin immer mehr gefährdet schien, zog er mit seiner Frau im Herbst 1885 nach Erkner. In die Erkner-Zeit fallen einige wichtige Begebenheiten; Hauptmann fand Anschluß an die Literaten »Jüngstdeutschlands«, an die Friedrichshagener Wilhelm Bölsche, Bruno Wille, die Brüder Hart und andere, auch trat er dem Verein »Durch« bei und hielt einen Vortrag über den damals noch kaum bekannten Georg Büchner. Zwei Söhne wurden ihm geboren: Ivo (1886) und Eckart (1887); er schreibt Aufsätze und Besprechungen (»Gedanken über das Bemalen von Statuen«, »›Lieder eines Sünders‹ von H. Conradi«), betreibt religionsgeschichtliche Forschungen, arbeitet an novellistischen Dichtungen, an einem »Leben-Jesu«-Drama und -roman. Auch mußte er 1887 im Breslauer Sozialistenprozeß als Zeuge auftreten und einige Freunde entlasten.

Anfang 1887 entstand in Erkner die auf einen lokalen Unglücksfall zurückgehende Novelle »Fasching«, kurz darauf die ebenfalls in märkischer Landschaft spielende novellistische Studie »Bahnwärter Thiel«. Die erste Erzählung, die das Schicksal eines leichtlebigen Segelmachers gestaltet, erschien 1887 in der Zeitschrift »Siegfried«, die andere, die die Triebgebundenheit, den psychischen Zerfall und die Wahnsinnstat eines Streckenwärters schildert, erschien 1888 in der »Gesellschaft«.

Die »Fasching«-Novelle wurde kaum bekannt und fand auch nach ihrer Wiederentdeckung (im Jahre 1922) nur spärlichen Widerhall in der Forschung. Erst 1955 legte W. Requardt darüber eine eingehende Untersuchung vor, in welcher die »dramatisch abgefaßte, außerordentlich stark dialogisierte Form« (S. 120) dieses Erzählwerkes hervorgehoben wird. Besondere Beachtung findet zumeist die Vorstellung des Segelmachers, daß er sich kurz vor seinem tragischen Ende auf einem ungeheuren Raubtierkäfig befinde; für K. S. Guthke enthüllt sich hier bereits der »Scheincharakter« des scheinbar so »rational gesicherten Weltbildes« der Naturalisten, für E. Hilscher handelt es sich um eine poetische Erhöhung einer »dem Naturalismus sehr geläufigen Dämonisierung der Natur«. Beachtenswert ist in dieser Beziehung noch R. Zimmermanns Studie (1964), in der das tragische Ende als Zielpunkt der pathetischen Gestaltungsabsicht gesehen und die Novelle als erste überzeugende Arbeit, in der die »Pathetik des heiligen Berstens« zum Ausdruck käme, verstanden wird.

Gegenüber der Novelle »Fasching« hat der »Bahnwärter Thiel« schon von jeher beim Lesepublikum und bei der Kritik starken Widerhall gefunden, was auch damit verbunden sein mag, daß er vielerorts als Schullektüre benutzt wird.

In der Literatur ist die genaue Wiedergabe der psychischen Prozesse, die glaubhafte Motivierung der Handlung, die straffe Durchformung und klar zutage tretende Gestaltungskraft des Autors gepriesen worden. Auch steht im Mittelpunkt der kritischen Bemühungen schon seit geraumer Zeit die Eisenbahnstrecke, die die Seelenlage des Bahnwärters spiegelt. Bereits Berthold Schulze (1920) hat in einer frühen Untersuchung auf den »impressionistischen Charakter« dieser »naturalistischen Augenblicksaufnahmen« sowie auf die Verschmelzung von Naturalismus, Symbolismus und Mystizismus aufmerksam gemacht und darauf hingewiesen, daß man darin schon ein »anfängliches Hinaustreten des jungen Dichters über die Grenzen des Naturalismus« (S. 298) erkennen könne; und eine der neueren Interpretationen, die B. v. Wieses (1956), spricht die Eisenbahnstrecke als das zentrale Dingsymbol an und stellt fest, daß in dieser »ersten naturalistischen Novelle« Realismus und Symbolismus zusammenfließen und der Autor durch die symbolische Bildgestaltung das Programm des Naturalismus bereits überschritten habe. Andere interpretatorische Arbeiten betonen die Evidenz der »selbständigen Büchner-Nachfolge« und die Zusammenhänge zwischen Vitalem und Maschinellem (P. Requadt), befassen sich mit der Bedeutung visionärer Elemente gegenüber rein psychologischen Aspekten (M. Ordon), rücken die biographische Komponente ins Blickfeld (K. Post), untersuchen die Erzählstruktur und Gesprächsformen oder bieten eine syntaktische Analyse dar, in der die enge Verbindung zum Erzählstil des poetischen Realismus sichtbar wird (F. Martini). Festzuhalten ist im Hinblick auf die letzterwähnte Arbeit, daß die Wandlung gegenüber dem poetischen Realismus im Weltanschaulichen liegt und daß die moderne Technik »als eine Art Mythos« erscheint. Ein Versuch aus marxistischer Sicht (I. Heerdegen), in dem herausgestellt wird, daß die Katastrophe »letzten Endes aus der sozialen Problematik des Helden« (S. 359) erwachse, bleibt unzulänglich, schon weil der Text diesbezüglich unergiebig ist.

Im Sommer 1887 hatte Hauptmann »Das bunte Buch« zusammengestellt, eine Sammlung früher Gedichte und Versdichtungen, die 1888 im Druck vorlag, jedoch durch den Konkurs des Verlegers nicht auf den Markt gelangte. Melancholische Stimmungen überwiegen in diesem Werk, und in den bekanntesten Gedichten (»Im Nachtzug«, »Die Mondbraut«, »Der Wächter«) zeichnet sich das soziale Empfinden des Autors ab, ein Zug, der auch in der Literatur hervorgehoben wird. Besondere Beachtung haben lediglich »Im Nachtzug« sowie einige der nach pommerschen Sagen gestalteten Gedichte gefunden. 1888 verbrachte Hauptmann einige Zeit bei seinem Bruder Carl in Zürich; er hörte Vorlesungen des bekannten Psychiaters Forel, traf Breslauer Freunde wieder (Plötz, Simon), kam auch mit Karl Henckell, Frank Wedekind und anderen Schriftstellern zusammen, war mit einem autobiographischen Roman beschäftigt und plante noch weitere Werke (u. a. ein »Weber«-Drama). Nach der Rückkehr nach Berlin lernte er Arno Holz und Johannes Schlaf kennen und konzipierte das Drama »Der Säemann«, das Juni 1889 beendet wurde und auf Anregung von Holz den Titel »Vor Sonnenaufgang« erhielt. Um die Zeit wurde ihm auch der dritte Sohn (Klaus) geboren. »Vor Sonnenaufgang« erschien sehr bald im Druck, fand ungewöhnliche Beachtung und wurde schließlich vom Theaterverein »Freie Bühne« am 20. Oktober 1889 im Lessingtheater uraufgeführt.

Die skandalöse Aufführung dieses Stückes ist in der Geschichte der »Freien Bühne« ohnegleichen geblieben und war ein Wendepunkt in der Entwicklung des deutschen Theaters. Der Einfluß der kraß-realistischen Darstellungsweise Tolstois war erkennbar, die Enthüllungstechnik Ibsens hatte augenscheinlich als Vorbild gedient, und auch an Zolas »Germinal« fühlte man sich erinnert. Dem Vererbungsgedanken und Alkoholismus wird in »Vor Sonnenaufgang« eine beherrschende Stellung eingeräumt, und das Milieu eines durch die Industrialisierung reich gewordenen schlesischen Bauern findet sich genau nachgezeichnet. Eine ehebrecherische Frau, die die Stieftochter an den Liebhaber verkuppeln will, eine erblich belastete Tochter, die mit einem skrupellosen Spekulanten verheiratet ist, dazu der dem Alkohol verfallene Bauer sowie ein Nationalökonom, der im entscheidenden Moment aus Prinzipientreue versagt: das sind die Hauptgestalten dieses sozialen Dramas.

Die Gestalt des Ökonomen, Alfred Loth, hat das besondere Interesse der Kritik hervorgerufen; fast jede Untersuchung erwägt das Für und Wider seines Handelns, und das Urteil über ihn ist geteilt. Für Fontane war Loth »ein anständiger Kerl, etwas verrannt, starker Doktrinär und Prinzipienreiter, aber durchaus ehrlich und zuverlässig« (S. 711); H. Hart sah ihn als unbarmherzigen Theoretiker, der von seinen Anschauungen auch nicht ein Quentchen abweichen wollte; M. Gorki dagegen stellte sich ganz hinter Loth und nahm vorbehaltlos für ihn Stellung, auch lehnte er jegliches Mitgefühl für die Frau, die Loth verließ, ab; nach K. S. Guthke ging es Hauptmann bei der Gestaltung Loths darum, »gewisse Schwächen des Weltbeglückertums« (S. 63) zu entlarven, er wollte damit am Reformertum des Naturalismus »implizit auch Kritik« ausüben; H. Mayer kam zu dem Schluß, daß Loth »im Grunde ein jämmerlicher Ideologe, halb Utopist, halb bereits – wenigstens in den objektiven Bestandteilen seines Denkens – Vertreter reichsdeutscher imperialistischer Gedankengänge« (S. 36) gewesen sei; und U. Münchow verteidigte Loth, indem sie darauf hinwies, daß er zu den »tapferen sozialdemokratischen Journalisten« gehöre und daß der Autor »ihn der naturalistischen Theorie entsprechend bewußt nicht als positiven Helden, in seiner entsagungsvollen Tätigkeit, sondern in seiner Schwäche gezeigt« habe (S. 91). Auch H. Steffens Bemühung, Loths Verhalten »widerspruchlos« klären zu wollen, erreicht keine schlüssige Position; er sieht Loth als Sklaven eines »utopischen Idealismus«, der ihn dem »Intimbereich« entfremdet habe, doch fällt dann in Steffens Darstellung die Betonung auf einige Nebenfiguren, so daß hauptsächlich ihr Verhalten, weniger das Loths, geklärt wird. Mehr strukturell ausgerichtete Untersuchungen sehen in Loth den »Boten aus der Fremde« (E. H. Bleich) oder die Maske des »epischen Ichs« (P. Szondi), mit deren Hilfe der Dichter an seinen Gegenstand herantritt. Sie vermögen jedoch dem »Problem« Loth nicht beizukommen; denn daß die Form des Boten-Dramas es bedinge, daß der Bote, wie Szondi sagt, zum Schluß wieder abtrete und daß hierin – in der »formalen Funktion« Loths – die Verzerrung seiner Züge begründet liege, ist nicht vertretbar; ein Vergleich mit dem Boten in den »Webern« hätte das klären können. Werden heute die episierenden Züge des Stückes im allgemeinen betont, so sind von jeher das Charakterisierungsvermögen des Autors sowie die Gestaltung der zentralen Liebesszene gelobt worden. Hauptmann hatte sich mit »Vor Sonnenaufgang« als Dramatiker fest etabliert.

Biographisches und Erinnerungen: H. *Bahr,* In Erwartung H's, in: Heynen, 1922, S. 34–68; M. *Fleischer,* Der Breslauer Kunstschüler, ebd.,

S. 11–16; H. *Lux,* Der Breslauer Sozialistenprozess, ebd., S. 69–82; *Meo* [Max Müller], Der Nothelfer, ebd., S. 17–33; L. *Goldstein,* Erste Begegnung, in: Marcuse, 1922, S. 104–106; O. *Brahm,* Briefe und Erinnerungen, mitgeteilt v. G. Hirschfeld, 1925; H. F. *Kammeyer* u. F. A. *Voigt,* Hohenhaus, in: GHJ, II. Bd., 1937, S. 81–100; A. J. F. *Zieglschmid,* G.H's Ikarier, in: GR, 13 (1938), S. 32–39; E. *Glaeser,* Die Ahnen G.H's, in: Hauptmann, 1942, S. 159–167; M. *Goebel,* Neue Forschungen zur Abstammung G.H's, in: ASf, 1942, H. II, S. 241–247; A. *Kloß,* Ein vergessenes Jahr aus G.H's Breslauer Zeit, in: G.H. Studien zum Werk und zur Persönlichkeit, 1942, S. 81–109; M. *Halbe,* Sämtl. Werke, I. Bd., 1945, S. 396 f.; *Behl,* 1948, S. 86–94; H. *Weiss,* Die Schwestern vom Hohenhaus, 1949 (s. dazu: *Heuser,* 1961, S. 92–99); F. A. *Voigt,* G.H. der Schlesier, 1953, S. 14–53; *Heuser,* 1961, S. 7–26; F. *Richter,* Die Schwestern Thienemann in schlesischer Literatur, in: Schlesien, 14 (1969), S. 149–155; W. *Requardt,* G.H. und der Breslauer Sozialistenprozeß 1887, in: Schlesien, 23 (1978), S. 80–89.

»Liebesfrühling«, ein lyrisches Gedicht. Entst.: 1881, Erstveröffentl.: Salzbrunn 1881 (Privatdruck); CA, Bd. 8; Lit.: *Gregor,* 1951, S. 313–316.

»Germanen und Römer«, dramatische Dichtung. Entst.: 1881–1882; Erstveröffentl.: CA, Bd. 8; Lit.: W. A. *Reichart,* G.H's »Germanen und Römer«, in: PMLA, 44 (1929), S. 901–910; F. A. *Voigt,* Hauptmann-Studien, I. Bd., 1936, S. 26–30; *ders.,* 1965, S. 15–18; *Behl,* 1948, S. 90–94; *Gregor,* 1951, S. 435–439; J. H. *Seyppel,* The Genesis of G.H's »Germanen und Römer«, in: PQ, 36 (1957), S. 285–288; *Shaw,* 1958, S. 7–10; *Heuser,* 1961, S. 196–255; *Hilscher,* 1969, S. 59–61; *Brammer,* 1972, S. 49–56, 121–125.

»Der Hochzeitszug«, dramatische Dichtung. Entst.: 1884; Erstveröffentl.: CA, Bd. 8.

»Promethidenlos«, eine Dichtung. Entst.: 1884/85; Erstausgabe: Berlin: Issleib 1885; Lit.: F. B. *Wahr,* H's »Promethidenloos«, in: GR, 2 (1927), S. 213–218; F. A. *Voigt,* Hauptmann-Studien, I. Bd., 1936, S. 31–34; *Gregor,* 1951, S. 218–224; *Shaw,* 1958, S. 11–17; *Guthke,* 1961, S. 46–48; W. G. A. *Shepherd,* Social Conscience and Messianic Vision. A Study in the Problems of G.H's Individualism, Ph. D. Diss. University of Edinburgh 1962, S. 44–64; H. F. *Garten,* H's Epic Poetry, in: Centenary Lectures, 1964, S. 97–100; *Zimmermann,* 1964, S. 434–437; R. T. *Loyd,* The Young G.H.: A Comparative Study of Promethidenlos, Fasching, and Bahnwärter Thiel, Ph. D. Diss. University of Virginia 1976.

»Das bunte Buch«, Gedichte, Sagen und Märchen. Entst.: 1880–1887; Erstausgabe: Beerfelden: Meinhards Verlagshandlung 1888 (Neudruck: Leipziger Bibliophilen-Abend 1924); Lit.: F. B. *Wahr,* G.H's »Das Bunte Buch«, in: JEGP, 26 (1927), S. 325–336; F. A. *Voigt,* Hauptmann-Studien, I. Bd., 1936, S. 34–37; R. *Ibscher,* Der Lyriker G.H., in: G.H. Studien zum Werk und zur Persönlichkeit, hrsg. v. Dt. Institut d. Univ. Breslau, 1942; *Gregor,* 1951, S. 229–238; *Guthke,* 1961, S. 48–50; H. D. *Tschörtner,* Ein Lied von unserem Jahrhundert, in: NDL, 9 (1961), H. 6, S. 181–184; G. *Erdmann,* Einige pommersch-rügensche Motive in G.H's Schaffen, in: GSJ, 5 (1965), S. 214 ff.; W. *Krogmann,* G.H. und Pommern, in: Baltische

Studien, 52 (1966), S. 111 ff.; *Hilscher*, 1969, S. 64–68; *Requardt/ Machatzke*, 1980, S. 120–132.

»*Fasching*«, eine Studie. Entst.: 1887; Erstveröffentl.: Siegfried, August 1887; erste Einzelausgabe: Berlin: Otto von Holten 1923; Lit.: *Taube*, 1936, S. 18–20 et passim; *Requardt*, 1955, S. 50–120; *Bleicker*, 1961, S. 73–86; *Guthke*, 1961, S. 50–53; *ders.*, Nachwort zur Reclam-Ausgabe, 1963; *Zimmermann*, 1964, bes. S. 439–441; *Hilscher*, 1969, S. 94–96; R. T. *Loyd*, The Young G.H.: A Comparative Study of Promethidenlos, Fasching, and Bahnwärter Thiel, Ph. D. Diss. University of Virginia 1976; A. E. *Hammer*, A Note on the Dénouement of G.H's »Fasching«, in: NGS, 4 (1976), S. 87–89; D. *Turner*, Setting the Record Straight on H's »Fasching«, in: NGS, 4 (1976), S. 157–159; G. J. *Carr*, G.H's »Fasching«: The Grandmother, in: NGS, 5 (1977), S. 59–61; I. H. *Washington*, The Symbolism of Contrast in G.H's »Fasching«, in: GQ, 52 (1979), S. 248–251; *Requardt/Machatzke*, 1980, S. 70–91.

»*Bahnwärter Thiel*«, novellistische Studie. Entst.: 1887; Erstveröffentl.: GES, 1888, H. 10; Einzelausgabe: Berlin: S. Fischer 1892; Lit.: B. *Schulze*, Die Eisenbahnstrecke in G.H's »Bahnwärter Thiel«, in: Monatsschrift für höhere Schulen, 19 (1920), S. 298–302; *Taube*, 1936, S. 20–22 et passim; M. *Ordon*, Unconscious Contents in »Bahnwärter Thiel«, in: GR, 26 (1951), S. 223–229; P. *Requadt*, Die Bilderwelt in G.H's »Bahnwärter Thiel«, in: Minotaurus, hrsg. v. A. Döblin, 1953, S. 102–111; F. *Martini*, Das Wagnis der Sprache. Interpretationen deutscher Prosa von Nietzsche bis Benn, 1954, S. 59–98; W. *Silz*, Realism and Reality. Studies in the German Novelle of Poetic Realism, Chapel Hill 1954, S. 137–152; U. *Goedtke*, G.H's Erzählungen. Untersuchungen über die erzählte Welt and ihre Erzähler, Diss. Göttingen 1955, S. 11–44; *Requardt*, 1955, S. 269–278; B. v. *Wiese*, Die deutsche Novelle von Goethe bis Kafka, I. Bd., 1956, S. 268–283; W. *Zimmermann*, Deutsche Prosadichtung in der Gegenwart, 1956, S. 38–59; I. *Heerdegen*, G.H's Novelle »Bahnwärter Thiel«, in: WB, 4 (1958), S. 348–360; *Bleicker*, 1961, S. 87–109; *Guthke*, 1961, S. 54–56; *Hilscher*, 1969, S. 98–101; H. *Shintani*, Ein Versuch der Interpretation: »Bahnwärter Thiel« [jap. mit dt. Zusammenfassung], in: DB, 16 (1971), S. 162–184; H. *Fischer*, G. Büchner. Untersuchungen und Marginalien, 1972, S. 41–61; J. M. *Ellis*, Narration in the German Novelle. Theory and Interpretation, Cambridge 1974, S. 169–187; V. *Neuhaus*, G. H.: Bahn-wärter Thiel. Erläuterungen und Dokumente (RUB), 1974; Y. *Arakawa*, Die Symbolik der Novelle: »Bahnwärter Thiel« und »Reitergeschichte«, in: DB, 1976, H. 56, S. 73–82; J. L. *Hodge*, The Dramaturgy of »Bahnwärter Thiel«, in: Mosaic, 9 (1976), S. 97–116; R. T. *Loyd*, The Young G.H.: A Comparative Study of Promethidenlos, Fasching, and Bahnwärter Thiel, Ph. D. Diss. University of Virginia 1976; R. *Poppe*, G. H. Bahnwärter Thiel: Unterrichtsbezogene Erläuterungen und Vorschläge, 1976; R. *Atkinson*, Patterns of Restraint in H's »Bahnwärter Thiel«, in: Proceedings Pacific Northwest Council on Foreign Languages, 29 (1978), Tl. 1, S. 56–61; L. D. *Wells*, Words of Music: G.H's Composition »Bahnwärter Thiel«, in: Wege der Worte, Festschrift für W. Fleischhauer, hrsg. von D. C. Riechel, 1978, S. 377–391; K. D. *Post*, G. H. Bahnwärter Thiel: Text,

Materialien, Kommentar, 1979; R. A. *Clouser*, The Spiritual Malaise of a Modern Hercules: H's »Bahnwärter Thiel«, in: GR, 55 (1980), S. 98–108; H. *Krämer*, G. H. Bahnwärter Thiel: Interpretation, 1980; *Requardt/ Machatzke*, 1980, S. 115–119.

»*Vor Sonnenaufgang*«, soziales Drama. Entst.: 1889; Selbstzeugnisse: *Machatzke*, 1963, S. 93–95; Erstausgabe: Berlin: C. F. Conrads Buchhandlung 1889; Urauff.: 20. 10. 1889, Lessingtheater Berlin (Verein Freie Bühne); Lit.: O. E. *Hartleben*, »Vor Sonnenaufgang« auf der freien Volksbühne, in: FB, 1890, I. Bd., 2. Tl., S. 1088–1089; *A. v. Hanstein*, Das jüngste Deutschland, 1900, S. 165–172; H. *Hart*, Ges. Werke, 4. Bd., 1907, S. 313–316; *Brahm*, 1913, S. 255–263; *Kerr*, 5. Bd., 1917, S. 35–39; W. *Schmidtbonn*, Ein unbekanntes Stück G.H's, in: Marcuse, 1922, S. 94–96; *Vollmers-Schulte*, 1923, S. 16–27, 67–72; G. C. *Cast*, Das Motiv der Vererbung im deutschen Drama des 19. Jahrhunderts, Madison 1932, S. 77–80; W. *Kauermann*, Das Vererbungsproblem im Drama des Naturalismus, Diss. Kiel 1933, S. 57–62, 69–70; N. *Zabludowski*, Das Raumproblem in G.H's Jugenddramen, 1934, S. 9–22; *Bleich*, 1936, passim; *Taube*, 1936, S. 56–66; F. A. *Voigt*, Hauptmann-Studien, I. Bd., 1936, S. 63–80; *Thielmann*, 1937, S. 32–41; *Tettenborn*, 1950, S. 104–114; *Krause*, 1952, S. 43–52; M. *Gorki*, Sobranije sotschinenij, Bd. 23, Moskau 1953, S. 328–332; K. F. *Schäfer*, Die Kunst der Bühnendarstellung von Menschen bei G.H., Diss. Heidelberg 1953, S. 49–68; *Sinden*, 1957, S. 16–28; *Shaw*, 1958, S. 33–48 et passim; *Guthke*, 1961, S. 61–64; *Meixner*, 1961, S. 24–33; K. L. *Tank*, Die unvollendete Revolution. Anmerkung zu einem ethischen Problem im sozialen Drama, in: Jahrhundertfeier für G.H., Köln 1962, S. 21–24; Van der *Will*, 1962, S. 37 ff. u. 60 ff., T. *Fontane*, Causerien über Theater, Tl. 2, 1964, S. 710–718; *Steffen*, 1964, bes. S. 426–432; W. *Ackermann*, Die zeitgenössische Kritik an den deutschen naturalistischen Dramen, Diss. München 1965, S. 5–29; *Hortenbach*, 1965, S. 27–33; *Kersten*, 1966, S. 28–48; H. *Ihering*, Theater der produktiven Widersprüche, 1967, S. 239–243; H. *Mayer*, G.H., 1967, S. 34–37; G. *Schley*, Die Freie Bühne in Berlin, 1967, S. 45–55, 125–128; P. *Szondi*, Theorie des modernen Dramas, 1967, S. 65–68; U. *Münchow*, Deutscher Naturalismus, 1968, S. 89–93; *Hilscher*, 1969, S. 103–111; *Mendelssohn*, 1970, S. 101–110; *Osborne*, 1971, S. 76–87; R. C. *Cowen*, Der Naturalismus, 1973, S. 156–163; W. A. *Coupe*, An Ambiguous Hero: In Defence of Alfred Loth, in: GLL, 31 (1977), S. 13–22; D. *Kafitz*, Struktur und Menschenbild naturalistischer Dramatik, in: ZDP, 97 (1978), bes. S. 245–249; *Requardt/ Machatzke*, 1980, S. 139–160.

Beiträge in Zeitungen: »Lieder eines Sünders« von H. Conradi, in: Allg. Dt. Universitätsztg., 16. 4. 1887, S. 194; Gedanken über das Bemalen der Statuen, in: Allg. Dt. Universitätsztg., 13. 8. 1887, S. 399–400.

Fragmente: »Helene«, Entst.: 1877/78; Erstveröffentl.: CA, Bd. 8. – »»Amor und Hermes««, Entst.: 1877/78; Erstveröffentl.: CA, Bd. 8. – »Frithiofs Brautwerbung«, Entst.: 1879; Erstveröffentl.: Früheste Dichtungen. Faksimileausgabe, hrsg. v. R. Italiaander, Berlin: Freie Akademie der Künste 1962. – »Hermann«, Entst.: 1880; Erstveröffentl.: ebd. – »Der Falkner«, Entst.: 1880; Erstveröffentl.: ebd. – »Konradin«, Entst.: 1880;

Erstveröffentl.: ebd. – »Athalarich«, Entst.: 1880; Erstveröffentl.: ebd. – »Das Erbe des Tiberius«, Entst.: 1884; Erstveröffentl.: CA, Bd. 8; Lit.: W. A. *Reichart,* A Hauptmann Letter Concerning »Tiberius«, in: GR, 4 (1929), S. 198–201; *Voigt,* 1965, S. 23–25. – ›Leben-Jesu-Drama‹, Entst.: nach 1882, wahrsch. 1885/86; Erstveröffentl.: CA, Bd. 9 (zuerst masch. in: Requardt, 1955). – »Der Dorfpastor als Bittsteller«, Entst.: wahrsch. 1886; Erstveröffentl.: CA, Bd. 11 (zuerst masch. in: Requardt, 1955). – »Der Buchstabe tötet«, Entst.: wahrsch. 1887; Erstveröffentl.: CA, Bd. 11 (zuerst masch. in: Requardt, 1955). – »Autobiographischer Roman« [I und II], Entst.: wahrsch. 1887, 1888/89; Erstveröffentl.: CA, Bd. 11 (zuerst masch. in: Requardt, 1955, bzw. im Neuen Wiener Tagblatt, 25. 12. 1894). – »Ein linker Kunde«, Entst.: 1888/89; Erstveröffentl.: CA, Bd. 11 (zuerst masch. in: Requardt, 1955).

2. Die Entwicklung bis zur Jahrhundertwende (1889–1900)

Noch im Oktober 1889 nahm Hauptmann ein anderes Stück in Angriff, und einge Monate nach der Uraufführung von »Vor Sonnenaufgang« erschien sein zweites dramatisches Werk: »*Das Friedensfest*«. Diese »Familienkatastrophe«, wie es im Untertitel heißt, zeigt die Auswirkung von Vererbungs- und Umweltfaktoren und stellt die unerquicklichen Verhältnisse in einer bürgerlichen Familie dar, deren Mitglieder sich im täglichen Zusammenleben gegenseitig aufreiben. Das Stück fand beim Publikum wenig Widerhall, wurde aber in Kreisen der »Moderne« viel diskutiert (s. dazu Heuser). Die Kritik hat den Zusammenhang mit Ibsen, vornehmlich im Hinblick auf die Vererbungsproblematik, unter die Lupe genommen und auch am Ausgang des Stückes oft herumgerätselt; verschiedene Parteien haben sich gebildet, – je nachdem, ob der Schluß des Dramas positiv, negativ oder einfach »offen« bewertet wurde.

Die Schwerpunkte bilden dabei die Arbeiten von K. S. Guthke und N. E. Alexander. Guthke wies darauf hin, daß »Das Friedensfest« »tiefer strukturiert« sei, als man gewöhnlich anzunehmen bereit war, und untersuchte insbesondere die Versöhnungsszene im 2. Akt; er stellte fest, daß sich das Entscheidende im Wortlosen abspiele, daß aus dem Unterbewußtsein heraus agiert werde. Diese Feststellung ist dann der Ausgangspunkt einer Folgerung, die darin gipfelt, daß das Werk keine »naturalistische Tragödie« sei und daß es eine »unausgesprochene Auseinandersetzung mit dem Hauptdogma der naturalistischen Ideologie« (S. 69), der Determination durch Anlage und Umwelt, beinhalte.

Alexander hat sich mit dem »Friedensfest« in detaillierter Weise befaßt, und es ist bedauernswert, daß er sich nicht mit Guthkes Ansichten auseinandergesetzt hat, zumal er fast die entgegengesetzte Position einnimmt. Das typisch Naturalistische dieses Dramas und überhaupt der Bühnendichtungen Hauptmanns sieht Alexander in der Gestaltung der Sprache; das antithetische Gestaltungsprinzip des Autors und seine mimische Darstellungsweise werden hervorgehoben. Einige »elementare Grenzsituationen« des Menschen seien hier mit naturalistischen Mitteln dargestellt worden, und die Versöhnungsszene sei ein »Musterbeispiel für die Anwendung des ‹stummen Spiels‹«. Daß in diesem Werk Hauptmanns »großartige gestische Kunst fern jedem melodramatischen Ton« (S. 73) verwendet wurde, ist für Alexander der bedeutendste Beitrag des Schlesiers zum naturalistischen Drama.

Im Februar/März 1890 unternahm Hauptmann eine Reise, die

ihn über Zürich nach Italien führte. Nach seiner Rückkehr nach Berlin befaßte er sich mit dem Anna-Stoff und mit Vorarbeiten zu den »Webern«; auch schrieb er im Frühjahr den »*Apostel*«, der 1890 in der »Modernen Dichtung« erschien. Diese novellistische Studie, die gewöhnlich als Vorstufe des Romans »Der Narr in Christo Emanuel Quint« gewürdigt wird, ist ein durchaus selbständiges Werk, das Hauptmann unter dem Einfluß der Büchnerschen »Lenz«-Novelle und dem Eindruck einer Zürcher Begegnung mit dem Naturprediger Johannes Guttzeit erschaffen hat. In der Sekundärliteratur werden die Büchner-Nachfolge und Christusproblematik sowie der Kontrast in der Naturdarstellung gegenüber »Fasching« vermerkt, auch ist man sich darüber einig, daß es sich um einen psychopathologischen Fall handelt, um die Schilderung jener Vorstufe, die dem Wahnsinn vorangeht. Der zivilisationskritische Aspekt der Novelle (so der Ekel an der Großstadt) ist dagegen bisher kaum wahrgenommen worden.

In der letzten Hälfte des Jahres 1890 war Hauptmann vor allem mit einer Bühnendichtung beschäftigt, die ursprünglich »Martin und Martha« oder »Das Wunderkind« genannt werden sollte, die dann aber den Titel »*Einsame Menschen*« erhielt und im Januar 1891 inszeniert wurde. Dieses Werk bot nicht mehr eine der Wirklichkeit abgelauschte Nachzeichnung eines interessanten Einzelfalls, sondern das Abbild eines Typs, der unter den Generationsgenossen des Autors oftmals zu finden war: den des Geistesmenschen, der das Neue verwirklichen wollte, aber im Herkömmlichen noch zu befangen war, um sich davon lösen zu können. Der Protagonist dieses Stückes, Johannes Vockerat, fühlt sich von seiner Frau und den Menschen seiner Umgebung nicht verstanden und wird dazu gezwungen, sich von einer gleichgesinnten Studentin abzuwenden; er endet als Selbstmörder, zumal er erkennt, daß der neue, geistig fundierte Zustand der Gemeinschaft zwischen Mann und Frau, den er vorzuempfinden vermeinte, eine Illusion ist. Biographische und autobiographische Elemente sind in dem Werk erkannt worden, und oft ist es mit Arbeiten anderer Autoren, besonders mit Ibsens »Rosmersholm«, verglichen worden. Auch wurden Beziehungen zu C. Hauptmann, A. Dumas fils, Tolstoi, Strindberg, Tschechow und Garschin aufgewiesen.

Im Mittelpunkt der Betrachtung hat J. Vockerat gestanden. Gewöhnlich wird seine kompromißlerische Haltung hervorgehoben und sein persönliches Dilemma mit dem Hauptproblem der Generation, dem Hin- und Herschwanken zwischen christlicher Tradition und neuem Wissenschaftsglauben, identifiziert. Daneben hat der Liebeskonflikt einige Beachtung gefunden, und die Studentin ist unterschiedlich bewertet worden – von J.

C. Hortenbach und S. Schroeder negativ, von U. Münchow positiv. Gewisse Schwächen des Stückes im Dramatischen sind auf eine Verschiebung der Konflikte im Gefüge des Werkes, auf das Akzentuieren des Liebeskonflikts zugunsten der anfänglichen Auseinandersetzung zwischen Christentum und Wissenschaftsglauben (L. Fehlau) zurückgeführt worden. Auch nach einem Ausweg aus dem Dilemma der Generation ist gefahndet worden; für L. R. Shaw ergab sich daraus Hauptmanns »Strategie des Mitleids«.

Das Moderne dieses Stückes lag – obwohl Hauptmann durch den »Abbau von gesellschaftsreformerischen Überzeugungen« (H. Steffen) und das Ad-absurdum-Führen der antizipierten neuen Gemeinschaftsform (Guthke) am Ideengut der jungen Generation Kritik übte – in der Problemstellung und Gestaltungsweise. Es sind dem Leben nachgebildete Szenen, die sich zu einem künstlerisch durchgestalteten Ganzen zusammenfügen. Trotz einiger Schwächen war es das erste Werk Hauptmanns, das sich auf öffentlichen Bühnen behaupten konnte. Die Menschengestaltung sprach an, desgleichen die Tatsache, daß die psychologischen Einsichten sowie die Wiedergabe der wechselnden Stimmungen eine weitaus größere Rolle spielten, als das bislang im Drama der Fall gewesen war. Hinzu kam die dem Alltag abgelauschte Kunst der Gesprächsführung und die von den naturalistischen Sprachprinzipien weniger abweichende als vielmehr sie ergänzende Eigenart der Dialogtechnik: die kunstvolle Verwendung des mimisch-gestischen Elements.

Im Frühjahr 1891 ist Hauptmann mit weiteren Vorarbeiten zum «Weber«-Drama beschäftigt; verschiedene Reisen in das Eulengebirge werden unternommen, Augenzeugen des Weber-Aufstandes von 1844 befragt, und relevante Örtlichkeiten besichtigt. Im Mai entstehen einige Dramenfragmente (»Dromsdorf«, »Die Rose von Dromsdorf«), und im Sommer zieht Hauptmann mit seiner Familie nach Schreiberhau in ein dort erworbenes Haus, das er gemeinsam mit seinem Bruder Carl bewohnt. Derweil die Arbeit an der Dialektfassung des »Weber«-Dramas (»De Waber«) vorangetrieben wird, faßt er auch Pläne zu verschiedenen anderen Bühnenwerken. Eine Aufführung des »Geizigen« von Molière regt ihn im Herbst zur Arbeit am »Kollegen Crampton« an, einer Komödie, die in kurzer Zeit beendet wird. Gegen Ende des Jahres ist auch »De Waber« fertig, zudem entsteht eine Satire gegen Conrad Alberti (»Der räudige Hund«), die jedoch verschollen ist. Im Januar 1892 erfolgt die Uraufführung des »Kollegen Crampton«, eines Werkes, das in die Breslauer Kunstschulzeit zurückreicht und das den Beginn einer Reihe von Künstlerdramen im Schaffen Hauptmanns bildete. Die Kritiker waren sich darüber einig, daß der Autor ein meisterhaftes Charaktergemälde geschaffen hatte, doch erkannte man zugleich, daß Hauptmann Zugeständnisse an die Theaterkonventionen gemacht hatte. Der unentschiedene Ausgang des Stückes ist häufig erörtert worden, wobei die treffliche Parodie von O. E. Hartleben (6. Akt der »Cramptoniade«) nicht die Beachtung gefunden hat, die ihr zukommt. Die tragischen Züge in der Zeichnung Cramptons sind wahrgenommen worden und die komische Wirkung, die von ihm ausgeht, hat man zu ergründen versucht; mit dem »Urbild« der Hauptgestalt (Professor James Marshall) hat man sich auseinandergesetzt, auch mit dem Widerspiel des Tragischen und Komischen sowie der prekären Stellung des Künstlers im Gefüge der bürgerlichen Gesellschaft.

Die dem Hochdeutschen angenäherte Dialektfassung des »Weber«-Dramas (»Die Weber«) wurde im März 1892 beendet; auch arbeitete Hauptmann an einer Fortsetzung der »Jesus-Studien« und noch anderen literarischen Vorhaben; zugleich entstanden verschiedene Dramenfragmente (u. a. »Jubilate«, »Der eingebildete Kranke«), Vorstudien zum »Florian Geyer« wurden unternommen und »Der Biberpelz« gewann Gestalt. Gegen Ende des Jahres schließlich konnte Hauptmann die modifizierte Fassung der »Weber« bei der Zensurbehörde einreichen; auch sie wurde (wie bereits »De Waber«), abgelehnt. Dieses Drama stellt, zusammen mit dem »Biberpelz«, den Höhepunkt der naturalistischen Dichtung in Deutschland dar. Die Vorgänge spielen in den 40er Jahren des 19. Jahrhunderts, hatten jedoch Gegenwartsbezug. Schon die Tatsache der Zensurschwierigkeiten und der Aufführungsverbote bezeugt dies.

Im Februar 1893 wurden »Die Weber« in einer geschlossenen Vorstellung durch den Verein »Freie Bühne« zum ersten Male aufgeführt. Die Wirkung war nachhaltig, ließ sich jedoch nicht mit der vergleichen, die die erste öffentliche Aufführung (1894) hinterließ. Die summarischen Bemerkungen in der Jahreschronik des »Neuen Theater-Almanachs« (VI, S. 134) sind in dieser Hinsicht bezeichnend: »Stürmische Kundgebungen! Als ein Ereignis von politischer Bedeutung betrachtet!« Das hatte zwar nicht in der Absicht des Autors gelegen, war aber kaum zu vermeiden gewesen; der Rechtsstreit mit den Behörden hatte das Interesse an dem Stück gesteigert und seine Popularität erhöht. Hauptmann selbst ging es darum, das Elend im Notstandsgebiet der Weber auf der Bühne darzustellen und zu zeigen, wie es zum Aufstand im Eulengebirge gekommen war.

Was das kritische Schrifttum über »Die Weber« betrifft, so hat W. Bölsche bereits 1892 auf zwei Gegebenheiten hingewiesen, die auch heute noch in der Einschätzung eine eminente Rolle spielen: die »technischen Merkwürdigkeiten« des Stücks und der »schwierige« letzte Akt der »Weber«. Die Diskussion der technischen Merkwürdigkeiten hat sich zuerst am Fehlen eines im Sinne des herkömmlichen Dramas eigentlichen Helden entzündet. Daß die Masse der Weber der eigentliche Held des Dramas ist, wurde schon früh erkannt, wiewohl es auch in dieser Beziehung abweichende Stellungnahmen gab (z. B. J. Gregor). In der Forschung wird dazu gewöhnlich betont, daß es keine undifferenzierte Masse ist, die hier zum Kollektivhelden wird, sondern daß Hauptmann dank der überragenden Kunst seiner Menschengestaltung imstande war, eine Fülle von individuell gesehenen Menschen auf die Bühne zu stellen. Eine andere technische Merkwürdigkeit sah man darin, daß es sich hier um eine Folge von Bildern handelte, die im Zuständlichen gründeten und nur lose miteinander verknüpft waren. In diesem Zusammenhang wurde auch die Bedeutung des Weberliedes erkannt, das »gewissermaßen das Rückgrat des Schauspiels« (F. Mehring) darstellt; es hält die einzelnen Episoden zusammen, steigert sie wirkungsvoll und ermöglichte es so dem Autor, der ständig um sich greifenden Revolte sinnfälligen Ausdruck zu geben.

Man erkannte auch, daß in der mehr oder weniger dokumentarischen Bildfolge und den Mitteln, die herangezogen wurden (Bericht, Reihung, detaillierte Milieuschilderung etc.), um die Entwicklung der Revolte zu gestalten, die Gefahr einer zu starken Episierung begründet lag.

Gerade auf diesen Aspekt hat die Literaturbetrachtung in jüngerer Zeit ihr besonderes Augenmerk gerichtet. H. J. Geerdts stellte z. B. fest, daß sich das Stück auf der »Grenze zwischen dramatischem und epischem Theater« bewege; C. F. W. Behl konstatierte, daß in den »Webern« zum ersten Male das »epische Theater« in einem anderen Sinne als bei Brecht in Erscheinung trete; P. Szondi folgerte, dem Stücke fehle der dramatische Nerv und seine Einheit wurzele »nicht in der Kontinuität der Handlung, sondern in der des unsichtbaren epischen Ich, das die Zustände und Ereignisse« (S. 70) vorführe; K. May dagegen machte auf die »dogmatischen Voraussetzungen« in der Argumentation aufmerksam und wies darauf hin, daß der Kampf der Weber gegen das sie erdrückende Milieu durchaus dramatisch sei, und U. Münchow konzedierte, daß hinter der Bildfolge wohl ein Berichterstatter stehe, daß der »Atem des Stückes« aber »hoch dramatisch« sei.

Der andere Vorbehalt Bölsches, der Hinweis auf den »schwierigen« letzten Akt, hat die gesamte Sekundärliteratur immer wieder beschäftigt; das Ende des Dramas, der Tod des alten Hilse, ist der am häufigsten diskutierte Aspekt im kritischen Schrifttum. Bölsche hielt damals fest, daß der alte Hilse »im gewissen Sinne sehr deutlich den Chor des endenden Stückes« (S. 185) bilde und daß Hauptmann eine »symbolische Lösung« darbiete, und zwar weil im Sieg der Weber bereits ihre Niederlage sichtbar werde.

In der neueren Forschung heißt es, daß der Autor hier »untypisch, fatalistisch, metaphysisch« werde und daß der letzte Akt erkennen lasse, inwieweit Hauptmann versagt habe (Geerdts); daß der fünfte Akt in »einer Art Rückspiegelung« das tragische Ende der Revolte aufscheinen lasse (Behl); daß Hilses Loslösung vom Kollektiv die Gesamtbewegung widerlege und daß der Schluß »eine Wendung ins Geistige, ins Geistliche, überraschend, aber eindeutig sichtbar« werden lasse (May); daß der Schlußakt als »Anti-Klimax« wirke und die Rebellion gegen das im Transzendenten verwurzelte Lebensbewußtsein Hilses gewogen und als zu leicht befunden werde (Guthke); daß der Schluß eine Wendung sei, die das »Revolutionsdrama in eine beinah zynisch gezeichnete Märtyrertragödie umschlagen« lasse, was darauf zurückzuführen sei, daß hier ein »Widerspruch zwischen epischer Thematik und nicht aufgegebener Form« bestehe (Szondi); daß Hilses Tod eine Notwendigkeit sei, denn so stehe am Ende »mächtig und unanfechtbar die Solidarität der Weber gegen ihre Ausbeuter« (Münchow); und daß hier sichtbar werde, daß man sich bei der »Entscheidung auf Sein oder Nichtsein nicht abseits stellen und dem Geschick der eigenen Klasse nicht entgehen kann« (Hilscher). Die politischen Positionen, dies wird deutlich, zeichnen sich in den Stellungnahmen der Interpreten mehr oder weniger eindeutig ab.

In der Sekundärliteratur zu den »Webern« sind noch andere Aspekte ausführlich behandelt worden, – so die Beziehungen zwischen Zolas »Germinal« und Hauptmanns Stück (J. C. Blankenagel, C. H. Moore, E. Waversich), doch sind diese Arbeiten kaum ergiebig. Auch die Frage, ob es sich um ein Tendenzdrama handle, hat lange Zeit die Gemüter bewegt. Von Hauptmann selbst wurde dies verneint, und die Hauptmannforschung hat sich meist allzu bereitwillig hinter die entsprechenden Äußerungen des Autors verschanzt. Halten wir fest, daß »Die Weber« sozialkritisch angelegt sind und daß diesem Werk revolutionäre Tendenzen innewohnen. Lenin hatte das seinerzeit klar erkannt und die Konsequenzen daraus gezogen. Bisweilen liest man auch, daß dieses Drama »im Grunde ohne Folgen geblieben« sei (H. Ihering); dem wäre entgegenzuhalten, daß die Wirkung des Dramas im Umkreis des Naturalismus eminent ist und daß von den »Webern« zu den Revolutionsdramen der Expressionisten starke Impulse hinführen. Auch spricht die Wirkung der »Weber« in Rußland für sich (s. E. Mandel). In den letzten Jahren hat sich M. Brauneck eingehend mit der Rezeption dieses Stückes befaßt. Es geht ihm um die Ambivalenz des Naturalismusverständnisses, und die Aufnahme der »Weber« im deutschen Sprachgebiet dient ihm als Fall-Studie. Die Arbeit bietet eine Fülle von neuen Einsichten, und es ist zu hoffen, daß andere Werke Hauptmanns in ähnlicher Weise untersucht werden.

Im Sommer 1893 arbeitete Hauptmann an der »Hannele«-Dichtung, und im September des Jahres wurde »Der Biberpelz« zum ersten Male aufgeführt. War Schlesien der landschaftliche Hintergrund in den »Webern«, so ist es jetzt die Mark Brandenburg und Berlin. Nur in der Hauptgestalt, der Mutter Wolff, bricht das Schlesische durch; es verbindet sich mit dem Berlinisch-Märkischen und gibt ihrem Dialekt zusätzliche Individualität. Überhaupt ist die sprachliche Gestaltung wesentlich differenzierter als in der »Weber«-Tragödie. Das gilt auch für die Menschengestaltung, dennoch ist das Werk als Ganzes den »Webern« nicht ebenbürtig. Wohl ist die Wolffen eine der lebensvollsten Gestalten Hauptmanns, und ihrem Daseinskampf steht der Leser mit einer gewissen Sympathie gegenüber, doch nimmt sich die Motivation des Stückes etwas dürftig aus. Es wird nur immer die Unfähigkeit eines auf den ersten Blick als unfähig erkannten Amtsvorstehers unterstrichen. Anfangs ist das Geschehen noch possenhaft, doch gewinnen satirische Elemente immer mehr an Raum.

In der Forschung hat man sich mit entstehungsgeschichtlichen Fragen befaßt; auch ist auf die Verwandtschaft mit Kleists »Zerbrochenem Krug« hingewiesen und der Zusammenhang mit dem »Roten Hahn«, der Fortsetzung des Stückes, sondiert worden; vor allem aber hat der offene Schluß des Dramas zu kritischen Bemühungen angeregt. Mit dieser ›Schlußproblematik‹ sind zwei Fragenkomplexe verbunden, die von jeher die Aufmerksamkeit der Kritiker herausgefordert haben: die moralischen Erörterungen und die Aufbauprobleme. Abgesehen von einigen konservativen Kritikern, die eine Zeitlang richtungweisend wirkten, war O. E. Hartlebens Hinweis auf das »Ethos« der Wolffen tonangebend. Innerhalb dieses moralischen Fragenkomplexes ist vor allem der Kontrast zwischen dem Amtsvorsteher und der Wolffen hervorgehoben worden, außerdem wurden die satirische Ausrichtung und gesellschaftskritische Dimension des Stückes intensiv beleuchtet. Besonders hinzuweisen ist dabei auf Brechts Bearbeitung des Stückes. Gegen den Aufbau ist der Einwand der Kompositionslosigkeit schon früh erhoben worden; die Forschung hat sich intensiv damit befaßt und ist diesem Problem in jüngerer Zeit in positiver Weise begegnet. Neben W. Schulze, der die szenische Gliederung des Stückes herausstellte, hat J. Vandenrath gezeigt, daß dem scheinbar einfachen Gefüge klar erkennbare Bauprinzipien zugrunde liegen und daß »Der Biberpelz« symmetrisch angelegt ist; auch hat R. Grimm auf die sorgfältig durchdachte Anlage des Ganzen (zwei kleinere Pyramiden, die sich an der Basis überschneiden) hingewiesen, und F. Martini spricht in jüngster Zeit von der genau durchdachten Spielarchitektur des Stückes und hebt hervor, daß der Schluß kein willkürliches Aufhören, sondern die Kulmination der Täuschungsleistung sei.

Kaum zwei Monate nach der Uraufführung des »Biberpelzes« gelangte »*Hanneles Himmelfahrt*« auf die Bühne. Die Grenzen des Naturalismus wurden in diesem Stück bereits überschritten; neben naturalistischen Szenen stehen solche, die voller Poesie und romantisierender Elemente sind. Dieses Werk Hauptmanns wird in der Sekundärliteratur vor allem unter dem Aspekt des Überganges von einer literarischen Strömung zur anderen behandelt: hier vollziehe sich der Übergang vom Naturalismus zur Neuromantik und zum Symbolismus. Schon früh hat man sich dieser Frage zugewandt. Bereits 1893 sah Ludwig Speidel die Träume des Dorfkindes als durch Bibel, Märchen, Katechismus und Hungererfahrungen hervorgerufen, und kurz darauf lobte Gustav Freytag die behutsame Motivierung der Visionen und hielt fest, daß das Stück wirkliche Poesie enthalte. Danach ging es dann im kritischen Schrifttum meistens darum, ob es sich um psychologisch begründete Visionen handele oder ob dahinter noch etwas anderes verborgen sei.

In neuerer Zeit stellte H. Schreiber dazu fest, daß die Dichtung ein »psychologisch durchaus glaubhafter, mit zahlreichen Echtheitszeichen ausgestatteter Traum« (S. 119) sei; für H. Künzel wurde hier auf realem Untergrund eine Poesie errichtet, der im kausalen Denken und empirische Zeit keine Geltung haben; K. S. Guthke war geneigt, den Traum als »mehr denn als Halluzination« zu begreifen, obwohl der Text dazu keinen »absolut zweifelsfreien Anhalt« darbiete; und für N. E. Alexander ist der Traum psychologisch nahezu lückenlos fundiert, und eine Analyse zeige, daß er »keine eigene Wirklichkeit besitzt, daß er nur vergangene Erlebnisse oder erlernte christliche Vorstellungen enthält« (S. 82). Alexander hat sich am intensivsten mit dem Stück befaßt; es ging ihm um die stilgeschichtliche Bedeutung des Werkes; das Hauptmerkmal der neuromantischen Technik lasse sich erkennen: die lyrisch pathetische Sprache des Hauptteils, – dies ersetze die Gestik der naturalistischen Stücke.

Im Herbst 1893 lernte Hauptmann *Margarete Marschalk*, seine spätere Gemahlin, näher kennen. Die schon lange während Ehekrise spitzte sich zu, und als der Autor sich gerade in Paris aufhielt, fuhr seine Frau mit den Kindern in die Vereinigten Staaten. Hauptmann reiste der Familie nach, in Meriden (Conn.) sind die Gatten versöhnt, und er arbeitet an der Mythendichtung *»Der Mutter Fluch«*, einer Vorstufe des »Helios« und der »Versunkenen Glocke«. Nach der gemeinsamen Rückfahrt wird im Sommer 1894 eine Studienreise nach Franken unternommen und die Arbeit am *»Florian Geyer«* begonnen. Hauptmann führte zu der Zeit ein unruhiges Leben und reiste zwischen Schreiberhau, Dresden und Berlin viel umher. Auseinandersetzungen innerhalb der Ehe verschärften sich, und die Trennung von seiner ersten Frau bahnte sich an. Ein Lichtblick ist die erste öffentliche Aufführung der »Weber« im September 1894. Zu der Zeit wird der Haushalt in Schreiberhau aufgelöst; seine Frau übersiedelt mit den Kindern nach Dresden, Hauptmann selbst nach Berlin. Das autobiographische *»Romanfragment«* (über die Frühzeit seiner Ehe) erscheint im »Neuen Wiener Tagblatt«. Mit Freytag korrespondiert er über die Umsturzvorlage im preußischen Landtag, auch wird die Arbeit am »Florian Geyer« fortgesetzt. Im Herbst 1895 ist das Drama ausgearbeitet, und im Januar 1896 erfolgt in Berlin die Uraufführung; von der Kritik und dem Publikum wird es abgelehnt.

Die Bühnengeschichte des »Florian Geyer« hat lange im Mittelpunkt des Interesses gestanden, und vor allem hat sich A. Scholz darum bemüht, doch bedürfen seine Ausführungen der Ergänzung; auch sollte die Geyer-Rezeption während der Zeit des 3. Reiches untersucht werden. In thematischer Hinsicht war evident, daß es sich um ein breit angelegtes Abbild der Zeit der Bauernkriege handelt, in dem der Autor an das Nationalgefühl der Deutschen appelliert. L. R. Shaw differenzierte diesen Aspekt, indem er darauf hinwies, daß statt der Hoffnung auf die neue Nation, wie man sie in den Werken der Frühzeit des Autors vorfand, jetzt ein »disillusioned epigraph« auf diese Nation dargebracht wurde.

Die Gestalt Geyers ist von der Forschung immer wieder beleuchtet worden. Dabei geht man gewöhnlich von der Einsicht aus, daß das Stück eine Massenbewegung vorführt, aus der sich ein Einzelheld erhebt und scheitert. Im Zusammenhang damit ist das Führerproblem erörtert worden. Geyer wird zumeist als Opfer seines Idealismus und als tragischer Held gesehen, doch seine Idealisierung wird auch gerügt. In linksorientierten Kreisen wird zuweilen die Sickingen-Debatte ins Spiel gebracht; Hauptmann wiederhole in der Geyer-Darstellung die »wesentlichen Fehler Lassalles« (H. Mayer).

Oft hat sich die Forschung mit quellengeschichtlichen Studien (besonders H. Weigand, C. Owen, H. Herrmann, F. A. Voigt) sowie der Entstehung des Stücks befaßt. Die Vielfalt der benutzten Quellen und der Umfang der historisch-sprachlichen Studien Hauptmanns ist nachgewiesen worden, und schon früh wurde darauf aufmerksam gemacht, daß das naturalistische Echtheitsbedürfnis und der Schritt ins Geschichtliche den Zugang zum »Florian Geyer« erschwert haben. Mit der Struktur des Dramas hat man sich dagegen nur wenig befaßt. Die Zweiteiligkeit des Aufbaus ist erkannt worden, desgleichen die überreiche Nuancierung und der starke epische Zug, der den dramatischen Verlauf verzögert. Die Schlußepisode ist als »sinngebender Epilog« (Guthke), in dem Geyers Geschick mit dem Märtyrerschicksal in Verbindung gebracht wird, gedeutet worden. Bisweilen ist Hauptmanns Drama auch mit anderen Werken im Kontext des Geyerstoffes verglichen worden, besonders mit Goethes »Götz von Berlichingen«.

Dem Mißerfolg der Geyer-Inszenierung von 1896 folgte nach anfänglicher Niedergeschlagenheit eine Periode intensiver Arbeit. Nicht zuletzt wurde sie ausgelöst durch die Verleihung des Grillparzer-Preises für die »Hannele«-Dichtung durch die Akademie der Wissenschaften in Wien. Die Lektüre von Grillparzers Novelle »Das Kloster von Sendomir« regte Hauptmann besonders an, und in wenigen Tagen schrieb er eine Dramatisierung des Elga-Stoffes nieder. Hauptmanns Drama »*Elga*«, das erst 1905 veröffentlicht wurde, hat wiederholt zu Vergleichen mit der Grillparzerschen Quelle herausgefordert. Gewöhnlich lobt man Hauptmanns Version, vor allem die psychologische Vertiefung seiner Charaktere.

Die eingehendste Untersuchung des Werkes ist von N. E. Alexander vorgelegt worden; er betont die Triebgebundenheit der Personen, untersucht die antithetische Gestaltungsweise im Szenenbau und in der Sprache und weist auf den grundsätzlichen Mangel bezüglich des Theatralisch-Gestischen hin.

Im Jahre 1896 entstand auch das Dramenfragment »*Helios*«, das zusammen mit »Der Mutter Fluch« in die Werkreihe gehört, die in dem Drama «*Die versunkene Glocke*« abschließende Gestaltung finden sollte. Im Dezember 1896 wird Hauptmanns Glockengießerdrama in Berlin uraufgeführt. Viel ist über dieses »deutsche Märchendrama« geschrieben worden, doch steht die Fülle des Geschriebenen in keinem Verhältnis zur geringen Qualität des Werkes. Das grundlegende Erlebnis ist aufs engste mit den Eheproblemen des Autors verknüpft, und der Hauptimpuls war der Mißerfolg des »Geyer«-Dramas. Das Hauptinteresse der Forschung richtete sich auf die Künstler-Mensch-Problematik, die sprachliche Schichtung und den Gegensatz von hell und dunkel in den verschiedensten Abwandlungen. Zudem sind Märchen- und Sagenmotive nachgewiesen und Verbindungslinien zu anderen Schriftstellern und Denkern, vor allem zu Nietzsche, herausgestellt worden.

Nach einer längeren Italienreise mit Margarete Marschalk im Jahre 1897, während der verschiedene Dramenentwürfe entstanden (u. a. »Sittulhassan«), versucht sich Hauptmann wiederum am Jesus-Stoff; auch nimmt er ein »Kynast«-Drama und den »Armen Heinrich« in Angriff; zudem arbeitet er an der »Bahnhofstragödie« und dem Dramenwerk »Ein flämischer Kerl«, das schließlich zum »Fuhrmann Henschel« reifen sollte. Trotz häufigen Hin- und Herreisens und vielerlei Familienzwistigkeiten wurde dieses schlesische Dialektstück im Herbst 1898 beendet und kurz darauf zur Aufführung gebracht. Für dieses Drama erhielt Hauptmann zum zweiten Male den Grillparzer-Preis, und Schriftsteller verschiedener Couleur fanden Worte des Lobes dafür (H. Stehr, T. Mann, M. Gorki). Von der Kritik wurde »Fuhrmann Henschel« als »neue Schicksalstragödie« (Kerr) angesprochen, und im Schrifttum ist zuerst das Ehedrama beleuchtet worden. Die Verbindung zum »Bahnwärter Thiel« und zur Thematik der Frühzeit wurde aufgewiesen; die Rückkehr zur naturalistischen Technik wurde allgemein vermerkt, und die psychologische Struktur ist untersucht worden. Bisweilen legte man zu großes Gewicht auf psychoanalytische Kriterien, so E. Glass in den frühen 30er Jahren. Die Überbetonung des Unbewußt-Triebhaften, die seine Interpretation kennzeichnet, ist später von M. Sinden korrigiert worden; sie hebt hervor, daß Henschels Schicksal auf dem Hintergrund seines gesellschaftlichen Milieus gesehen werden müsse und daß es dem Autor darauf ankam, den Sinn des Rezipienten für das Unbekannte hinter dem Real-Bekannten zu schärfen. Von dieser Position aus führen Linien hin zu Stellungnahmen in noch jüngerer Zeit.

So ist für Guthke das Wesentliche des Dramas das Erlebnis der menschlichen Grenzen, die »mystische Erfahrung« des »Umgreifenden« durch den Fuhrmann. Auf marxistischer Seite wird dagegen der gesellschaftliche Konnex herausgestellt. Hilscher bedauert beispielsweise, daß gesellschaftlich-soziale Umschichtungen nur mittelbar eine Ursache der Tragödie Henschels sind; durch stärkere Präsenz der daraus resultierenden persönlichen Existenzangst wäre der Selbstmord besser motiviert worden.

Verschiedene andere Fragmente und Pläne entstanden in den Jahren 1898/99. Bisweilen handelt es sich dabei um Vorstufen späterer Arbeiten (z.B. »Der Maler«, »Patriarchenluft«, »Frau Bürgermeister Schuller«), bisweilen werden sie nicht weiter ausgeführt (»Antonius und Kleopatra«, »Die Nibelungen«). Der Eindruck, den der Tod des Vaters und des Bruders Georg in Hauptmann hinterließ, fand in einigen Gedichten und in »Velas Testament« seinen Niederschlag. Beendet wurde 1899 das Bühnenwerk

»*Schluck und Jau*«. Ihm war zunächst kein Erfolg beschieden. Dieses dunkelgetönte Scherzspiel war zu langatmig, es wirkte gewollt und forciert, und selbst Kerr sprach vom »fehlgeratenen Stück« des Autors. Hauptmann griff hier auf ein altes literarisches Motiv zurück, das des einfachen Mannes, der für kurze Zeit in einen Fürsten verwandelt wird und später wieder seine alte Rolle übernehmen muß. Er lehnte sich dabei hauptsächlich an »Tausendundeine Nacht« und die Shakespearesche Bearbeitung des Motivs. Später wurde dem Stück etwas mehr Wohlwollen entgegengebracht. Gewöhnlich wird die psychologische Vertiefung des Grundmotivs gelobt, der Ton des Tragischen, die Problematik von Schein und Sein, die Verschränkung von Traum und Wirklichkeit sind darüberhinaus Gegenstand der Untersuchungen. Die letzte Arbeit, die über das Drama vorliegt (W. Nehring), stellt die impressionistischen Züge heraus.

»*Biographisches und Erinnerungen*«, A. *Plötz*, G.H. in Amerika, in: NDR, 5 (1894), S. 723—728; G. *Hirschfeld*, Von Brahm zu Hauptmann, in: *Heynen*, 1922, S. 117–138; H. *Stehr*, Ein Erinnerungsblatt, ebd., S. 150–173; M. *Dessoir*, Eine Erinnerung, in: Marcuse, 1922, S. 15–21; O. *Brahm*, Briefe und Erinnerungen, mitgeteilt v. G. Hirschfeld, 1925; F. A. *Voigt*, G.H's Lebenswende 1896 bis 1899, in: GRM, 23 (1935), S. 241–260; *Heuser*, 1961, S. 27–66.

»*Der Apostel*«, novellistische Studie. Entst.: 1890; Erstveröffentl.: Moderne Dichtung, 1890, H. 1; erste Einzelausgabe: Berlin: S. Fischer 1892; Lit.: *Taube*, 1936, S. 22–23 et passim; H. *Steinhauer*, H's Vision of Christ. An Interpretative Study of »Der Narr in Christo Emanuel Quint«, in: MH, 29 (1937), bes. S. 334; W. *Neuse*, H's and Rilke's »Der Apostel«, in: GR, 18 (1943), S. 196–201; *Schreiber*, 1946, S. 219–221; *Weisert*, 1949, S. 46–49; *Shaw*, 1958, S. 29–32; *Bleicker*, 1961, S. 110–131; *Guthke*, 1961, S. 56–57; *Heuser*, 1961, S. 167–169.

»*Das Friedensfest*«, eine Familienkatastrophe. Entst.: 1889; Selbstzeugnisse: *Machatzke*, 1963, S. 96–98; Erstveröffentl.: FB, 1890, H. 1–3; erste Einzelausgabe: Berlin: S. Fischer 1890; Urauff.: 1. 6. 1890, Ostendtheater Berlin (Verein Freie Bühne); Lit.: Brahm, 1913, S. 294–303; *Kerr*, 1917, Bd. 5, S. 179–185; *Fechter*, 1922, S. 53–56; *Vollmers-Schulte*, 1923, S. 33–38; G. C. *Cast*, Das Motiv der Vererbung im deutschen Drama des 19. Jahrhunderts, Madison 1932, S. 80–84; W. *Kauermann*, Das Vererbungsproblem im Drama des Naturalismus, Diss. Kiel 1933, S. 63–71; *Bleich*, 1936, S. 51–52 et passim; *Taube*, 1936, S. 66–71; *Thielmann*, 1937, S. 41–44; *Tettenborn*, 1950, S. 114–121; *Krause*, 1952, S. 53–61; *Metken*, 1954, S. 19–32; *Sinden*, 1957, S. 28–35; H. M. *Wolff*, »Das Friedensfest«, in: *Guthke* u. *Wolff*, Das Leid im Werke G.H's, 1958, S. 51–64; *Guthke*, 1961, S. 64–69; ders., G.H's Menschenbild in der Familienkatastrophe »Das Friedensfest«, in: GRM, 12 (1962), S. 39–50; *Heuser*, 1961, S. 232–236; W. *Emrich*, Dichterischer und politischer Mythos. Ihre wechselseitigen Verblendungen, in: Akzente, 10 (1963), bes. S. 193–196; *Alexander*, 1964, S. 33–46; T. *Fontane*, Causerien über Theater, 1964, Tl. 2, S. 739–743; *Steffen*, 1964, bes. S. 432–435; G. *Schley*, Die Freie Bühne in Berlin, 1967, S. 76–80; U. *Münchow*, Deutscher Naturalismus, 1968, S. 93–96; J. *Osborne*, H's Family Tragedy »Das Friedensfest«, in: FMLS, 4 (1968), S. 223–233 (auch in: *Osborne*, 1971); G. *Mahal*, Naturalismus, 1975, S. 214–234; *Requardt/Machatzke*, 1980, S. 161–167.

»*Einsame Menschen*«, Drama. Entst.: 1890; Selbstzeugnisse: *Machatzke*, 1963, S. 98–102; Erstveröffentl.: FB, 1891, H. 1–7; erste Einzelausgabe: Berlin: S. Fischer 1891; Urauff.: 11. 1. 1891, Residenztheater Berlin (Verein Freie Bühne); Lit.: L. *Flatau-Dahlberg*, Der Wert des Monologs im realistisch-naturalistischen Drama der Gegenwart, Diss. Bern 1907, S. 79–86; *Brahm*, 1913, S. 350–355; *Kerr*, 1917, Bd. 5, S. 28–32; L. *Stein*, G.H s »Einsame Menschen« und »Gabriel Schillings Flucht«, Diss. Wien 1918; *Fechter*, 1922, S. 56–60; *Heise*, 1923, Bd. 3, S. 3–29; A. *Steiner*, Glosses on G.H.: »Einsame Menschen« and »La Dame aux Camélias«, in: JEGP, 32 (1933), S. 586–593; E. *Feise*, H's »Einsame Menschen« and Ibsen's »Rosmersholm«, in: GR, 10 (1935), S. 145–165; *Bleich*, 1936, S. 76–78 et passim; *Taube*, 1936, S. 71–82; H. *Bluhm*, Die Bewertung der Sinnenwelt in H's Dramen »Einsame Menschen« und »Die versunkene Glocke«, in: MH, 29 (1937), S. 341–346; *Thielmann*, 1937, S. 44–48; *Müller*, 1939, S. 29–38; T. *Horikawa*, Die dramatische Struktur in den »Einsamen Menschen« von G.H., Diss. Kyoto 1941; F. W. J. *Heuser*, Biographic and Autobiographic Element in G.H's »Einsame Menschen«, in: GR, 22 (1947), S. 218–225 (auch in: *Heuser*, 1961); R. *Zander*, Der junge G.H. und H. Ibsen, Diss. Frankfurt 1947, S. 108–144; M. *Gravier*, Strindberg et le théâtre moderne: I. L'Allemange, Lyon u. Paris 1949, S. 30–34; U. E. *Fehlau*, Another Look at H's »Einsame Menschen« in: MH, 42 (1950), S. 409–413; *Tettenborn*, 1950, S. 122–129; *Krause*, 1952, S. 62–69; *Sinden*, 1957, S. 35–52; dies., »Marianne« and »Einsame Menschen«, in: MH, 54 (1962), S. 311–321; *Shaw*, 1958, S. 51–58 et passim; *ders.*, The Playwright and Historical Change, Madison 1970, S. 20–48; K. *Musiol*, Carl Hauptmann und Josepha Kodis. Ihr gegenseitiges Verhältnis im Spiegel des dichterischen Werkes, in: DVjs, 34 (1960), S. 257–263; *Guthke*, 1961, S. 69–72; C. *Jolles*, Einführung zu »Einsame Menschen«, London u. Edinburgh 1962; *Steffen*, 1964, bes. S. 436–438; W. *Ackermann*, Die zeitgenössische Kritik an den deutschen naturalistischen Dramen, Diss. München 1965, S. 33–35 et passim; *Hortenbach*, 1965, S. 33–40, 91–107; *Kersten*, 1966, S. 48–64; *ders.*, Zu einem russischen Gedicht in G.H's Drama »Einsame Menschen«, in: Ost und West, 1 (1966), S. 42–46; G. *Schley*, Die Freie Bühne in Berlin, 1967, S. 86–90; U. *Münchow*, Deutscher Naturalismus, 1968, S. 96–97; dies., Nachwort zu: Naturalismus 1892–1899, 1970, S. 719–720; *Hilscher*, 1969, S. 114–117; E. M. *Batley*, Functional Idealism in G.H's »Einsame Menschen«: An Interpretation, in: GLL, 23 (1970), S. 243–254; *Osborne*, 1971, S. 104–118; *Brammer*, 1972, S. 164–174; D. E. *Jenkinson*, Satirical Elements in H's »Einsame Menschen«, in: NGS, 2 (1974), S. 145–156; H. A. *Lea*, The Spectre of Romanticism, in: GR, 49 (1974), S. 267–283; S. *Schroeder*, Anna Mahr in

G.H's »Einsame Menschen« – the »Emancipated Woman« Re-examined, in: GR, 54 (1979), S. 125130; *Requardt/Machatzke*, 1980, S. 167–177.

»*Kollege Crampton*«, Komödie. Entst.: 1891; Erstausgabe: Berlin: S. Fischer 1892; Urauff.: 16. 1. 1892, Deutsches Theater Berlin; Lit.: O. E. *Hartleben*, »Kollege Crampton«. Sechster Akt, in: FB, 3 (1892), S. 218–219; F. *Mauthner*, Zum Streit um die Bühne. Ein Berliner Tagebuch, 1893, S. 5–10; H. *Hart*, Ges. Werke, 1907, Bd. 4, S. 320–323; *Brahm*, 1913, S. 376–382; K. *Rathaus-Hoffmann*, Das Urbild des »Kollegen Crampton«, in: *Marcuse*, 1922, S. 124–156; *Heise*, 1923, Bd. 3, S. 3–16; *Vollmers-Schulte*, 1923, S. 27–33; H. *David-Schwarz*, Zur Psychologie und Pathologie von G.H's »College Crampton«, in: Psychologische Rundschau, 2 (1930), S. 41–45; *Langer*, 1932, S. 36–41; *Taube*, 1936, S. 88–91; *Thielmann*, 1937, S. 53–55; *Krause*, 1952, S. 82–88; K. S. *Guthke*, Die Gestalt des Künstlers in G.H's Dramen, in: NPh, 39 (1955), S. 37–39; *ders.*, G. H. und die Kunstform der Tragikomödie, in: GRM, 7 (1957), S. 363–364; K. *Schneider*, Die komischen Bühnengestalten bei G.H. und das deutsche Familienlustspiel, Diss. Köln 1957, S. 177–185; *Sinden*, 1957, S. 103–109; *Zimmermann*, 1964, S. 426–428; *Hilscher*, 1969, S. 156–160.

»*Die Weber*«, Schauspiel aus den vierziger Jahren. Entst.: 1891–1892; Selbstzeugnisse: K. *Haenisch*, G.H. und das deutsche Volk, 1922, S. 97; Mittln. vom 13. 9. 1930 im Programm von: »Die Weber«. Anläßlich des 40jährigen Bestehens der Volksbühne, 20. September 1930; Erstausgabe der Dialektfassung u.d.T. »De Waber«: Berlin: S. Fischer 1892, Erstausgabe der Übertragung: ebd. 1892; Urauff.: 26. 2. 1893, Neues Theater Berlin (Verein Freie Bühne); Lit.: W. *Bölsche*, G.H's Webertragödie, in: FB, 3 (1892), S. 180–186; P. *Marx*, Der schlesische Weberaufstand in Dichtung und Wirklichkeit, in: MAG, 1892, H. 7, S. 112–115; F. *Spielhagen*, G.H's »Weber«, in: MAG, 1893, H. 9, S. 144–146; M. *Baginski*, G.H. unter den schlesischen Webern, in: SMh, 11 (1905), Nr. 2, S. 150–156; *Brahm*, 1913, S. 406–413; E. *Kühnemann*, Vom Weltreich des deutschen Geistes, 1914, S. 421–425; A. *Klaar*, »De Waber«, in: *Marcuse*, 1922, S. 97–103; *Heise*, 1923, Bd. 1, S. 3–24; W. *Schumann*, Die Masse in G.H's Dramen, Diss. Hamburg 1923, S. 13–44; *Vollmers-Schulte*, 1923, S. 72–90 et passim; J. C. *Blankenagel*, The Mob in Zola's »Germinal« and in H's »Weavers«, in: PMLA, 39 (1924), S. 705–721; *ders.*, Alfred Zimmermann as a Source of H's »Weber«, in: MLN, 41 (1926), S. 242–248; *ders.*, Early Reception of H's »Die Weber« in the United States, in: MLN, 68 (1953), S. 334–340; H. H. *Houben*, Verbotene Literatur von der klassischen Zeit bis zur Gegenwart, Bd. 1, 1924, S. 337–368; S. *Liptzin*, The Weavers in German Literature, Baltimore 1926, S. 86–93; H. *Rabl*, Die dramatische Handlung in G.H's Webern, 1928; N. *Zabludowski*, Das Raumproblem in G.H's Jugenddramen, 1934, S. 36–48; *Bleich*, 1936, passim; *Taube*, 1936, S. 83–88; *Thielmann*, 1937, S. 48–53; *Müller*, 1939, S. 6–29; F. *Hadamowsky*, Der Kampf um »Die Weber« in Wien, in: Phaidros, 2 (1948), S. 80–92; S. D. *Stirk*, Aus frühen »Weber«-Kritiken, in: GHJ, 1948, S. 190–210; *Tettenborn*, 1950, S. 130–140; E. *Waversich*, Vergleichende Betrachtung von Zolas »Germinal« und H's »Webern«,

Diss. Wien 1950; *Gregor,* 1951, S. 267–275 et passim; H. J. *Geerdts,* G.H.: Die Weber, Diss. Jena 1952; *Krause,* 1952, S. 70–81; C. H. *Moore,* A Hearing on »Germinal« and »Die Weber«, in: GR, 32 (1957/58), S. 30–40; *Sinden,* 1957, S. 53–76; C. F. W. *Behl,* Der Einzelne und die Masse im Werke G.H's in: GR, 33 (1958), bes. S. 168–170; *Shaw,* 1958, S. 59–67; H. M. *Wolff,* Der alte Hilse, in: *Guthke* u. *Wolff,* Das Leid im Werke G.H's, 1958, S. 65–73; H. *Schwab-Felisch,* »Die Weber« – ein Spiegel des 19. Jahrhunderts, in: G.H., Die Weber, hrsg. v. H. Schwab-Felisch, 1959, S. 73–113 (dazu: Dokumentation u. Stellungnahmen); *Ide,* H's »Weber« in unserer Zeit, in: JbSB, 5 (1960), S. 250–263; K. *May,* »Die Weber«, in: Das deutsche Drama vom Barock bis zur Gegenwart, hrsg. v. B. v. *Wiese,* Bd. II, 1960, S. 157–165; *Guthke,* 1961, S. 72–77; *Mehring,* 1961, S. 277–285, 293–294, 563–566; *Meixner,* 1961, S. 141–155; M. *Boulby,* Einführung in: »Die Weber«, London 1962; J. *Chodera,* Das Weltbild in den naturalistischen Dramen G.H's, Diss. Poznań 1962, S. 105–108; T. *Fontane,* Causerien über Theater, 1964, Tl. 2, S. 681–682; *Steffen,* 1964, bes. S. 439–441; W. *Ackermann,* Die zeitgenössische Kritik an den deutschen naturalistischen Dramen, Diss. München 1965, S. 44–47 et passim; *Kersten,* 1966, S. 64–71; P. *Pósa,* A »Takácsok« Magyarországon, in: AG et R, 1 (1966), S. 57–83; *Dosenheimer,* 1967, S. 132–141; H. *Ihering,* Theater der produktiven Widersprüche, 1967, S. 14–16; E. *Mandel,* G.H's »Weber« in Rußland, in: ZfSl, 12 (1967), S. 5–19; G. *Schley,* Die Freie Bühne in Berlin, 1967, S. 99–102; P. *Szondi,* Theorie des modernen Dramas, 1967, S. 68–73; U. *Münchow,* Deutscher Naturalismus, 1968, S. 97–102; C. *Chung Tschöl Zä,* Zur Problematik des Gesellschaftsbildes im Drama G.H's, Diss. Köln 1969, S. 127–133; *Hilscher,* 1969, S. 131–154 et passim; *Osborne,* 1971, S. 119–131; M. *Yokomizo,* Einige Probleme der »Weber«, in DB, 1971, H. 47, S. 64–73 (jap. mit dt. Zusammenfassung); K. *Watanabe,* Memoralien zum H'schen Drama »De Waber«, in: DB, 16 (1971), S. 185–209 (jap. mit dt. Zusammenfassung); R. C. *Cowen,* Der Naturalismus, 1973, S. 189–198; K. *Gafert,* Die soziale Frage in Literatur und Kunst: Ästhetische Politisierung des Weberstoffes, Bd. 1, 1973, bes. S. 240–261; M. *Brauneck,* Literatur und Öffentlichkeit im ausgehenden 19. Jahrhundert. Studien zur Rezeption des naturalistischen Theaters in Deutschland, 1974; A. *Kipa,* G.H. in Russia: 1889–1917. Reception and Impact, Hamburg 1974; F. *Hubicka,* Recepcja Tkaczy Gerharta Hauptmanna w Polsce, in: Germanica Wratislaviensia, 26 (1976), S. 87–101; U. *Schröter,* Zum Verhältnis von Sprachschichten und Sprecherschichten, dargestellt an G.H's Schauspiel »De Waber«, in: Sprachpflege, 25 (1976), S. 100–102; S. *Wölfl,* G.H's »Die Weber«. Untersuchungen zur Rezeption eines »naturalistischen« Dramas, Diss. München 1979; J. *Kozłovski,* G.H's »Weber« im Dienste der Sache der Arbeiterklasse in Polen während der Zeit der Teilungen, in: ZfSl, 25 (1980), S. 642–668.

»*Der Biberpelz*«, eine Diebskomödie. Entst.: 1892–1893; Selbstzeugnisse: *Machatzke,* 1963, S. 103–105; Erstausgabe: Berlin: S. Fischer 1893; Urauff.: 21. 9. 1893, Deutsches Theater Berlin; Lit.: F. *Spielhagen,* G.H's »Biberpelz«, in: MAG, 1893, Nr. 40, S. 638–640; C. F. W. *Behl,* Der Kampf um H.: Kritisches aus drei Jahrzehnten gesichtet und gewertet, in:

Marcuse, 1922, S. 170–172 (es handelt sich um eine Kritik von Hartleben); *Heise*, 1923, Bd. 4, S. 17–35; *Langer*, 1932, S. 41–53; *Taube*, 1936, S. 91–95; *Thielmann*, 1937, S. 56–59; *Krause*, 1952, S. 89–94; B. *Fischer*, Quellenkundliche Beiträge zu G.H's »Biberpelz« und »Roter Hahn«, in: Märkische Heimat, 2 (1957), S. 178–192; *ders.*, G.H. und Erkner: Quellenkundliche Studien zum »Biberpelz« und anderen Werken, in: ZDP, 81 (1962), bes. S. 441–467; K. *Schneider*, Die komischen Bühnengestalten bei G.H. und das deutsche Familienlustspiel, Diss. Köln 1957, S. 188–196; *Sinden*, 1957, S. 150–162; H. *Razinger*, Nachwort zur Propyläen-Textausgabe, 1959; W. *Schulze*, Aufbaufragen zu H's »Biberpelz«, in: WW, 10 (1960), S. 98–105; J. *Vandenrath*, Der Aufbau des »Biberpelz«, in: RLV, 26 (1960), S. 210–237; *Mehring*, 1961, S. 295–300; *Meixner*, 1961, S. 118–127; H. *Reichert*, H's Frau Wolff and Brecht's »Mutter Courage«, in: GQ, 34 (1961), S. 439–448; R. *Grimm*, Strukturen, 1963, S. 15–22; K. *Bräutigam*, Die Sprache der handelnden Personen als Schlüssel zur Deutung von Dramen, in: DU, 16 (1964), bes. S. 75–77; *Dosenheimer*, 1967, S. 145–148; Theaterarbeit. 6 Aufführungen des Berliner Ensembles, hrsg. v. Berl. Ensemble u. H. Weigel, 1967, S. 171–226; R. *Dithmar*, Komik und Moral. Das Lustspiel im Unterricht am Beispiel von G.H's Diebskomödie »Der Biberpelz«, in: DU, 20 (1968), S. 22–34; U. *Münchow*, Deutscher Naturalismus, 1968, S. 102–104; *Hilscher*, 1969, S. 163–173; S. *Hoefert*, Rosenows »Kater Lampe«: Zur Wirkungsgeschichte G.H's, in: Seminar, 5 (1969), S. 141–144; F. *Martini*, G.H's »Der Biberpelz«. Gedanken zum Bautypus einer naturalistischen Komödie, in: Wissenschaft als Dialog, hrsg. v. R. v. Heydebrand u. K. G. Just, 1969, S. 83–111; H. J. *Schrimpf*, Das unerreichte Soziale. Die Komödien G.H's »Der Biberpelz« und »Der rote Hahn«, in: Das deutsche Lustspiel, Tl. 2, hrsg. v. H. Steffen, 1969, S. 25–60; *ders.*, Der Schriftsteller als öffentliche Person, 1977, S. 254–270; O. *Seidlin*, Urmythos irgendwo um Berlin. Zu G.H's Doppeldrama der Mutter Wolffen, in: DVjs, 43 (1969), S. 126–146; R. *Koester*, The Ascent of the Criminal in German Comedy, in: GQ, 43 (1970), S. 376–393; *Osborne*, 1971, S. 136–139; R. C. *Cowen*, Der Naturalismus, 1973, S. 206–214; R. *Weber*, G.H.: »Biberpelz«, in: Von Lessing bis Kroetz, hrsg. von J. Berg u. a., 1975, S. 68–87; W. *Mauser*, G.H's »Biberpelz«: Eine Komödie der Opposition?, in: MGS, 1 (1975), S. 215–233; A. *Subiotto*, Bertolt Brecht's Adaptations for the Berliner Ensemble, London 1975, S. 44–74; G. *Fischer*, Der Naturalismus auf der Bühne des epischen Theaters: Zu Brechts Bearbeitung von H's »Der Biberpelz« und »Der rote Hahn«, in: MH, 67 (1975), S. 224–236; J. *Jacobs*, H.: Der Biberpelz und Der rote Hahn, in: Die deutsche Komödie, hrsg. von W. Hinck, 1977, S. 195–212; W. *Bellmann*, G.H.: Der Biberpelz. Erläuterungen und Dokumente (RUB), 1978; *Requardt/Machatzke*, 1980, S. 178–210; I. *Ruttmann*, Zwischen Distanz und Identifikation. Beobachtungen zur Wirkungsweise von G.H's »Der Biberpelz« und »Der rote Hahn«, in: GRM, 30 (1980), S. 49–72.

»Hanneles Himmelfahrt«, Traumdichtung. Entst.: 1893, Erstausgabe u.d.T. »Hannele Matterns Himmelfahrt«, Berlin: S. Fischer 1893 (u.d.T. »Hannele«, 1894; u.d.T. »Hanneles Himmelfahrt«, 1897); Paralipomena in: CA, Bd. 9; Urauff.: 14. 9. 1893, Königliches Schauspielhaus Berlin;

Lit.: G. *Freytag,* »Hannele«, in: Deutsche Revue, 19 (1894), Nr. 2, S. 124–129; F. *Spielhagen,* Neue Beiträge zur Theorie und Technik der Epik und Dramatik, 1898, S. 296–301; E. *Wulffen.* G.H's Dramen, 1911, S. 121–142; M. *Heimann,* Prosaische Schriften, Bd. 2, 1918, S. 146–151; F. *Linne,* Die Sagen- und Märchendramen G.H's und ihre Quellen, Diss. Köln 1922, S. 70–80; *Heise,* 1923, Bd. 2, S. 3–17; K. *Eiland,* G.H's Traumspiel »Hanneles Himmelfahrt«, Diss. Wien 1931; *Taube,* 1936, S. 95–98; F. A. *Voigt,* Zu »Hanneles Himmelfahrt«. Der III. Akt des »Märchenhannele«, in: Voigt, Hauptmann-Studien. Untersuchungen über Leben und Schaffen G.H's, 1. Bd., 1936, S. 81–90; *Thielmann,* 1937, S. 68–72; *Müller,* 1939, S. 38–48; *Schreiber,* 1946, S. 113–120; *Weisert,* 1949, S. 50–54; *Krause,* 1952, S. 101–108; *Metken,* 1954, S. 84–90; *Sinden,* 1957, S. 170–178; H. M. *Wolff,* Hanneles Erdenpein und Himmelfahrt, in: *Guthke* u. *Wolff,* Das Leid im Werke G.'H's, 1958, S. 74–82; *Guthke,* 1961, S. 92–94; *Heuser,* 1961, S. 46–58 et passim; *Mehring,* 1961, S. 301–304; *Künzel,* 1962, S. 6–9; *Van der Will,* 1962, S. 76–93; L. *Speidel,* Kritische Schriften, 1963, S. 204–209; *Alexander,* 1964, S. 77–91; *Dosenheimer,* 1967, S. 152–155; U. *Münchow,* Deutscher Naturalismus, 1968, S. 106–107; *Hilscher,* 1969, S. 181–187 et passim; *Osborne,* 1971, S. 130–131; W. *Hinck,* Metamorphosen eines Wiegenlieds, in: Zeiten und Formen in Sprache und Dichtung, Festschrift für F. Tschirch, hrsg. von K.-H. Schirmer u. B. Sowinski, 1972, S. 290–306; R. *Kauf,* Hanneles Traum: Fieberphantasie oder religiöse Offenbarung?, in: ASSL, 1974, S. 62 f.; G. *Kluge,* Hanneles Tod und Verklärung, in: Literatur und Theater im Wilhelminischen Zeitalter, hrsg. von H.-P. Bayerdörfer u.a., 1978, S. 141–165.

»*Florian Geyer*«, die Tragödie des Bauernkrieges. Entst.: 1894–1895; Selbstzeugnisse: *Machatzke,* 1963, S. 105–107; Erstausgabe: Berlin: S. Fischer 1896; Paralipomena in: CA, Bd. 9; Urauff.: 4. 1. 1896, Deutsches Theater Berlin; Lit.: P. *Schlenther,* G.H's »Florian Geyer«, in: NDR, 7 (1896), S. 60–71; F. *Spielhagen,* Neue Beiträge zur Theorie und Technik der Epik und Dramatik, 1898, S. 302–311; E. *Guggenheim,* Der Florian-Geyer-Stoff in der deutschen Dichtung, Diss. Leipzig 1908; A. *Zweig,* »Florian Geyer«, in: G. H. Kritische Studien, Sonderheft der Schl. Heimatblätter, 1909, S. 13–16; *Kerr,* 1917, Bd. 1, S. 70–74; Bd. 2, S. 255–260, Bd. 5, S. 32–35; *Fechter,* 1922, S. 84–91; H. *Herrmann,* A. Gryphius als Quelle für G.H., in: PJ, 188 (1922), S. 307–324; *Heise,* 1923, Bd. 3, S. 30–57; W. *Schumann,* Die Masse in G.H's Dramen, Diss. Hamburg 1923, S. 45–68; *Vollmers-Schulte,* 1923, S. 61–66; N. *Zabludowski,* Das Raumproblem in G.H's Jugenddramen, 1934, S. 66–77; *Thielmann,* 1937, S. 63–65; C. *Owen,* H's Sources for »Florian Geyer«, in: GR, 16 (1941), S. 286–306; H. *Weigand,* Zur Textkritik von H's »Florian Geyer«, in: MH, 33 (1941), S. 198–202; *ders.,* Auf den Spuren von H's »Florian Geyer«, in: PMLA, 57 (1942), S. 1160–1195, 58 (1943), S. 797–848; *ders.,* Wagners Siegfried in »Florian Geyer«, in: GHJ, 1948, S. 221–229; A. *Scholz,* Zur Bühnengeschichte von H's »Tragödie des Bauernkrieges«, in: MH, 35 (1943), S. 16–22; *ders.,* Zur Quellenforschung von G.H's »Florian Geyer«, in: MLN, 58 (1943), S. 292–293; *ders.,* G.H's »Florian Geyer« in der

32

Literaturgeschichte, in: GQ, 20 (1947), S. 49–56; F. A. *Voigt,* Die Entstehung von G.H's »Florian Geyer«, in: ZDP, 69 (1945), S. 149–213; *ders.,* Eine Goethe-Reminiscenz im »Florian Geyer«, in: Aufbau, 5 (1949), S. 555–556; *Muller,* 1950, S. 38–44; *Tettenborn,* 1950, S. 67–72; *Gregor,* 1951, S. 283–291; *Krause,* 1952, S. 109–118; F. *Martini,* Nachwort zur Reclam-Ausgabe, 1953; P. *Petr,* Hauptmanntv »Florian Geyer«, in: Časopis pro Moderní, Filologii, 38 (1956), S. 26–31; *Sinden,* 1957, S. 76–98; *Shaw,* 1958, S. 85–94; *Guthke,* 1961, S. 94–96; *Mehring,* 1961, S. 305–309; *Meixner,* 1961, S. 78–91; H. *Nyskiewicz,* Balladeske Formen in G.H's Drama »Florian Geyer«, in: PP, 18 (1964), S. 573–586; *Dosenheimer,* 1967, S. 141–145; H. *Mayer,* G.H., 1967, S. 46–50; U. *Münchow,* Deutscher Naturalismus, 1968, S. 104–105; *Hilscher,* 1969, S. 218–228; *Osborne,* 1971, S. 121–123; La Vern J. *Rippley,* Dramatic Structure in G.H's Florian Geyer, in: The University of Dayton Review, 10 (1973), S. 39–47; G.-M. *Schulz,* G.H's »Florian Geyer«. Historisches Drama im Naturalismus, in: Literatur und Theater im Wilhelminischen Zeitalter, hrsg. von H.-P. Bayerdörfer u.a., 1978, S. 185–216; H.-D. *Tschörtner,* G.H's Bauernkriegsdrama »Florian Geyer« und seine Rezeption in der DDR, in: Mühlhäuser Beiträge, 1978, H. 1, S. 23–31.

»*Die versunkene Glocke*«, ein deutsches Märchendrama. Ents.: 1896; Erstausgabe: Berlin: S. Fischer 1897; Paralipomena in: CA, Bd. 9; Urauff.: 2. 12. 1896, Deutsches Theater Berlin; Lit.: A. *Rode,* H. und Nietzsche. Ein Beitrag zum Verständnis der »Versunkenen Glocke«, 1897; F. *Spielhagen,* Neue Beiträge zur Theorie und Technik der Epik und Dramatik, 1898, S. 312–323; M. *Schütze,* H's »Die versunkene Glocke«, in: Americana Germanica, 3 (1899), S. 60–95; J. *Walz,* The Folklore Elements in H's »Die versunkene Glocke«, in: MLN, 16 (1901), S. 45–53, 65–71; *ders.,* Heinrich's Message in H's »Die versunkene Glocke« in MLN 16 (1901), S. 112; P. *Repge,* G.H. »Die versunkene Glocke« und der Naturalismus F. Nietzsches, in: Die Reformation, 1 (1902), S. 309–312; A. *Lunatscharski,* Etjudy kritischeskije i polemitscheskije, Moskau 1905, S. 46–65; E. *Wulffen,* G.H's Dramen, 1911, S. 170–205; H. *Wood,* Literary Adaptations in G.H's »Versunkene Glocke«, in: Germanistic Society Quarterly, 3 (1916), S. 1–13, 56–74; F. *Linne,* Die Sagen- und Märchendramen G.H's und ihre Quellen, Diss. Köln 1922, S. 81–102; J. *Petersen,* »Versunkene Glocke« und »Ketzer von Soana« in: PJ, 190 (1922), S. 166–170; Heise, 1923, Bd. 2, S. 18–40; M. *Kober,* Das deutsche Märchendrama, 1925, S. 137–140; A. *Otsuki,* Über »Die versunkene Glocke« von G.H., Diss. Kyoto 1931; G. *Hirschfeld,* Hauptmann-Premièren, in: Prisma, 7 (1931), S. 110–112; A. *Steiner,* Glosses on G.H. »Die versunkene Glocke« – a Re-interpretation, in: JEGP, 32 (1933), S. 589–593; H. *Bluhm,* Die Bewertung der Sinnenwelt in H's Dramen »Einsame Menschen« und »Die versunkene Glocke«, in: MH, 29 (1937), S. 346–353; K. M. *Gunvaldsen,* »The Master Builder« and »Die versunkene Glocke«, in: MH, 33 (1941), S. 153–162; R. *Zander,* Der junge G.H. und Henrik Ibsen, Diss. Frankfurt 1947, S. 162–190; H. *Hütter,* Die Naturgeister bei G.H., Diss. Wien 1948, S. 10–54; *Muller,* 1950, S. 29–31; *Tettenborn,* 1950, S. 141–149; J. J. *Weisert,* Critical Reception of G.H's »The Sunken Bell« on the American Stage, in: MH, 43

(1951), S. 221–234; *Krause*, 1952, S. 119–127; *Metken*, 1954, S. 33–61; K. S. *Guthke*, Die Gestalt des Künstlers in G.H's Dramen, in: NPh, 39 (1955), S. 29–32; *ders.*, 1961, S. 87–89; *Leiner*, 1955, S. 33–37; *Hurtig*, 1956, S. 21–43; *Hensel*, 1957, S. 31–48; W. *Krogmann*, G.H's »Versunkene Glocke«, in: ZDP, 79 (1960), S. 350–361, 80 (1961), S. 147–164; W. *Maurer*, H's »Die versunkene Glocke« and Ibsen's »Auf den Höhen«, in: MH, 52 (1960), S. 189–193; *Mehring*, 1961, S. 310–313; *Künzel*, 1962, S. 13–16; E. A. *McCormick*, Rautendelein and the Thematic Imagery of the »Versunkene Glocke«, in: MH, 54 (1962), S. 322–336; *Van der Will*, 1962, S. 94–123; *Hilscher*, 1969, S. 237–239 et passim.

»*Elga*«, Drama. Entst.: 1896; Erstveröffentl.: NR, 1905; erste Einzelausgabe: Berlin: S. Fischer 1905; Urauff.: 4. 3. 1905, Lessingtheater Berlin; Lit.: A. *Kerr*, 1917, Bd. 2, S. 232–234; K. K. *Klein*, Der Elga-Stoff bei Grillparzer und G.H., in: Der Wächter, 11 (1929), S. 45–48, 84–90; G. *Reckzeh*, Grillparzer und die Slaven, 1929, S. 58–70; *Schreiber*, 1946, S. 120–121; *Weisert*, 1949, S. 58–59; *Gregor*, 1951, S. 353–355; H. *Hanisch*, Die Novellendramatisierungen G.H's, Diss. Mainz 1951, S. 73–95; *Krause*, 1952, S. 165–168; *Metken*, 1954, S. 91–95; *Künzel*, 1962, S. 9–13; *Alexander*, 1964, S. 92–109; *Hortenbach*, 1965, S. 142–153; W. A. *Reichart*, »Elga« und G.H's dramatische Kunst, in: Grillparzer-Forum Forchtenstein 1976, 1977, S. 1–17; K. *Schaum*, Grillparzers »Kloster bei Sendomir« und H's »Elga« – ein Vergleich, ebenda, S. 18–41; H. *Haider-Pregler*, Zur Bühnengeschichte von H's »Elga«: Interpretationsmöglichkeiten der Titelrolle, ebenda, S. 111–136.

»*Fuhrmann Henschel*«, Schauspiel. Entst.: 1897–1898; Erstausgabe der Dialektfassung: Berlin: S. Fischer 1899, Erstausgabe der Übertragung: ebd., 1899; Paralipomena in: CA, Bd. 9; Urauff.: 5. 11. 1898, Deutsches Theater Berlin; Lit.: M. *Heimann*, »Fuhrmann Henschel«, in: Wiener Rundschau, 3 (1898), S. 48–52; K. *Weymann*, Das tragische Moment im »Fuhrmann Henschel«, in: PJ, 97 (1899), S. 94–100; N. W. *Stephenson*, H's »Fuhrmann Henschel«, in: The Drama, 1 (1911), S. 169–175; *Kerr*, 1917, Bd. I, S. 74–82; *Heise*, 1923, Bd. I, S. 25–46; E. *Glass*, Psychologie und Weltanschauung in G.H's »Fuhrmann Henschel«, Diss. Erlangen 1933; *Taube*, 1936, S. 99–105; *Thielmann*, 1937, S. 61–62; *Behl*, 1948, S. 105–108, 150–152; *Tettenborn*, 1950, S. 167–173; *Krause*, 1952, S. 128–136; M. L. *Correns*, Bühnenwerk und Publikum. Eine Untersuchung der Struktur von erfolgreichen Dramen um die letzte Jahrhundertwende in Berlin (Sudermann: »Heimat«, Halbe: »Jugend«, Hauptmann: »Fuhrmann Henschel«, Holz/Jerschke: »Traumulus«), Diss. Jena 1956, S. 99–140; *Sinden*, 1957, S. 179–190; H. *Razinger*, Nachwort zur Propyläen-Textausgabe, 1959; *Guthke*, 1961, S. 96–97; *Mehring*, 1961, S. 314–319; *Meixner*, 1961, S. 155–156; *Hortenbach*, 1965, S. 107–119; *Kersten*, 1966, S. 74–81; *Dosenheimer*, 1967, S. 155–159; H. *Mayer*, G.H., 1967, S. 56–59; U. *Münchow*, Deutscher Naturalismus, 1968, S. 110–111; J. *Osborne*, H's Later Naturalist Dramas: Suffering and Tragic Vision, in: MLR, 63 (1968), S. 633–634; *Hilscher*, 1969, S. 255–258 et passim; L. *Gousie*, G.H. and German Surrealism, in: GR, 53 (1978), S. 156–165.

»*Schluck und Jau*«, Komödie. Entst.: 1899; Erstausgabe: Berlin: S.

Fischer 1900; Urauff.: 3. 2. 1900, Deutsches Theater Berlin; Lit.: H. *Tardel*, G.H's »Schluck und Jau« und Verwandtes, in: Studien zur vergleichenden Literaturgeschichte, 2 (1902), S. 184–202; J. H. *Beckmann*, H. and Shakespeare, »Schluck und Jau« in Relation to »The Taming of the Shrew«, in: PL, 23 (1912), S. 56–63; *Kerr*, 1917, Bd. I, S. 82–88; *Fechter*, 1922, S. 70–73; *Heise*, 1923, Bd. 4, S. 36–49; *Langer*, 1932, S. 56–61; F. A. *Voigt*, u. W. A. *Reichart*, H. und Shakespeare, 1947, S. 26–34; H. *Glass*, G.H's »Schluck und Jau« im Rahmen der Wachtraumdichtungen, Diss. Wien 1948; *Weisert*, 1949, S. 62–64; *Krause*, 1952, S. 137–143; H. *Gutknecht*, Studien zum Traumproblem bei G.H., 1954, S. 108–112; K. *Schneider*, Die komischen Bühnengestalten bei G.H. und das deutsche Familienlustspiel, Diss. Köln 1957, S. 198–204; *Guthke*, 1961, S. 84–86; *Mehring*, 1961, S. 320–324; K. *Bräutigam*, »Schluck und Jau«, in: Europäische Komödien, hrsg. v. K. Bräutigam, 1964, S. 133–154; K. L. *Tank*, Nachwort zur Reclam-Ausgabe, 1966; *Hilscher*, 1969, S. 242–244 et passim; W. *Nehring*, »Schluck und Jau«. Impressionismus bei G.H., in: ZDP, 88 (1969), S. 189–209.

Reden und Äußerungen: Realismus und Naturalismus (1890), in: F. A. *Voigt*, Hauptmann-Studien. Untersuchungen über Leben und Schaffen G.H's, I. Bd., 1936, S. 40 (auch in: *Machatzke*, 1963); Dankrede an die Akademie der Wissenschaften in Wien, in: Das kleine Journal, 23. 1. 1899.

Fragmente: Ansätze zu einem »Anna«-Drama (I. Anna, II. Die Rose von Dromsdorf, III. Hilde/Jubilate), Entst.: verm. 1890 bis 1892, Erstveröffentl.: GHJ, 1948, S. 28–51; CA, Bd. 9; Lit.: F. A. *Voigt*, Anna, in: GHJ, 1948, bes. S. 57–63; *Gregor*, 1951, S. 172–176; *Hilscher*, 1969, S. 553–554. – »Ein räudiger Hund«, Entst.: verm. 1890/91; Erstveröffentl.: Requardt, 1955. – »Der eingebildete Kranke«, Entst.: 1892, Erstveröffentl.: CA, Bd. 9. – »Frühling«, Entst.: 1894, Erstveröffentl.: CA, Bd. 9. – »Der Mutter Fluch«, Entst.: 1894; Erstveröffentl.: CA, Bd. 8; Lit.: G. *Reckzeh*, »Der Mutter Fluch«, Ein Drama G.H's aus dem Jahre 1894, in: GHJ, I. Bd., 1936, S. 103–120; *Hurtig*, 1956, S. 4–20; W. *Krogmann*, G.H's »Versunkene Glocke«, in ZDP, 79 (1960), S. 350–361, 80 (1961), S. 147–164; *Brammer*, 1972, S. 201–212. – »Jesus von Nazareth«, Entst.: 1894, 1897, 1898; Erstveröffentl.: CA, Bd. 9; Lit.: S. D. *Stirk*, G.H's »Jesus« Drama, in GHJ, I. Bd., 1936, S. 126–134; *ders.*, G.H's »Jesusstudien« in ihrer Beziehung zu dem Roman »Der Narr in Christo Emanuel Quint«, 1937; *Requardt*, 1955, S. 35–49; *Hensel*, 1957; *Requardt/ Machatzke*, 1980, S. 63–70. – »Romanfragment«, Erstveröffentl.: a) NWT, 25. 12. 1894, b) Die Welt am Montag, 7. 4. 1896. – »Helios«, Entst.: 1896, 1915; Erstveröffentl.: NFP, 25. 12. 1898; Manuskriptdruck 1899; CA, Bd. 8; Urauff.: 24. 11. 1912, Kammerspiele München (Freie Studentenschaft); Lit.: F. A. *Voigt*, »Helios«. Ein verschollenes Drama G.H's, in: ZDP, 59 (1934), S. 68–88; *ders.*, 1965, S. 31–35; *Leiner*, 1955, S. 31–32; *Hurtig*, 1956, S. 4–20; *Hensel*, 1957, S. 22–30; W. *Krogmann*, G.H's »Versunkene Glocke«, in: ZDP, 79 (1960), S. 350–361, 80 (1961), S. 147–164; G. *Erdmann*, Einige pommersch-rügensche Motive in G.H's Schaffen, in: GSJ, 5 (1965), S. 246–253; *Hilscher*, 1969, S. 236–237; *Brammer*, 1972, S. 217–224. – »Sittulhassan«, Entst.: 1897, Erstveröffentl.: CA,

Bd. 9. – »Bahnhofsdramen«, Entst.: 1897, 1905/07, Erstveröffentl.: CA, Bd. 9. – »Peter Hollmann«, Entst.: 1897, 1898/99, 1908; Erstveröffentl.: CA, Bd. 9. – »Kynast«, Entst.: 1897 bis 1918; Erstveröffentl.: GHJ, I. Bd., 1936, S. 38–48; CA, Bd. 9; Lit.: F. A. *Voigt,* Das »Kynast«-Fragment, in: GHJ, I. Bd. 1936, S. 135–139. – »Antonius und Kleopatra«, Entst.: 1898, Erstveröffentl.: CA, Bd. 9. – »Musikdrama«, Entst.: 1898, 1901; Erstveröffentl.: CA, Bd. 9. – »Peter Kruse«, Entst.: zwischen 1899 und 1903, Erstveröffentl.: CA, Bd. 9. – »Die Nibelungen«, Entst.: 1899 (überarbeitet 1933), Erstveröffentl.: CA, Bd. 9. – »Sebaldus-Grab«, Entst.: 1899; Erstveröffentl.: CA, Bd. 11. – »Rovio«, Entst.: wahrsch. 1899 und 1907 bis 1914; Erstveröffentl.: CA, Bd. 11. – »Jugendjahre«, Entst.: zwischen 1899 und 1904; Erstveröffentl.: CA, Bd. 11. – »Herr Denzin«, Entst.: zwischen 1899 und 1914; Erstveröffentl.: CA, Bd. 11. – »Das verwunschene Schloß«, Entst.: 1900; Erstveröffentl.: CA, Bd. 9. – »Das Fest«, Entst.: 1900; Erstveröffentl.: NWT, 18. 5. 1902.

3. Von der Jahrhundertwende bis zum 1. Weltkrieg (1900–1914)

Zu Beginn des 20. Jahrhunderts hält sich Hauptmann in Berlin auf, doch bald finden wir ihn in Italien, der Schweiz und schließlich Agnetendorf. Die Grundsteinlegung des »Wiesensteins«, der künftigen Wohnstätte, erfolgt; er lernt H. *Stehr* kennen, schreibt auch später über ihn (u.a. den Aufsatz »Über ein Volksbuch«); es wird ihm der vierte Sohn, *Benvenuto,* geboren, diesmal von Margarete Marschalk. Hauptmann arbeitet zu der Zeit an verschiedenen Werken (u.a. »Der rote Hahn«, »Der arme Heinrich«, »Gudrun«), er beendet die Prosaskizze »Das Fest« sowie das Drama »Michael Kramer«, das im Dezember 1900 in Berlin uraufgeführt wird.

Bei der Bewertung des »*Michael Kramer*« haben die Spannungen zwischen Vater und Sohn im Zentrum des Interesses gestanden, doch wurden sie weniger als Ausdruck eines Generationenkonflikts, sondern eher als ein auf der Begegnung zweier verschiedener Künstlernaturen basierender Konflikt gesehen. Der undramatische letzte Akt befremdete die meisten Kritiker, doch feinfühlige Zeitgenossen (z.B. Rilke) begeisterten sich für die Rückkehr des Monologs und die Rhythmik der Sprache im Schlußbild. Damit sind auch bereits die Haupttendenzen der Forschung angedeutet: der Vater-Sohn-Konflikt, die Künstlerproblematik und die Gestaltung des Dramenschlusses. Hinzu kamen das Thema der Vereinsamung des Individuums, des Gegensatzes zwischen Künstlertum und Gesellschaft sowie der Leiderfahrung des Menschen. Neuere Deutungen beleuchten die enge Verbindung zwischen persönlichen Elementen und dem Profil der Künstlergestalten (C. R. Bachmann) oder betrachten Tochter und Sohn als Projektionen innerer Zustände des Vaters (H. F. Pfanner).

Im Februar 1901 und in der Folgezeit erkrankt Hauptmann mehrmals schwer. Er leidet sowohl an einer psychischen als auch einer physischen Krise, die erst nach der Scheidung von der ersten Frau, im Juli 1904, nachläßt und schließlich überwunden wird. Ein Endpunkt dieser Wirren ist die Eheschließung mit Margarete Marschalk im September 1904. Trotz des labilen Gesundheitszustandes wird die Arbeit in diesen Jahren vorangetrieben; »Der rote Hahn« wird im Herbst 1901 beendet, »Der arme Heinrich« im November 1902. Das letztgenannte Stück wurde sogleich in Wien uraufgeführt. Der Aufführung war Erfolg beschieden, doch konnte es sich im Repertoire der deutschen Bühne nicht durchsetzen.

Mit dem »*Roten Hahn*« war es noch übler. Vom Premierenpublikum wurde das Stück abgelehnt, und die Kritik war sich darüber einig, daß es sich um eine allzu schwache Fortsetzung des »Biberpelzes« handelte. Die Gestalt der Wolffen hatte sich zu ihrem Nachteil verändert, der Mangel an dramatischer Spannung und das Zurücktreten der Situationskomik (gegenüber dem »Biberpelz«) wurden bemerkt, desgleichen die schärfere Zeichnung des Ganzen. Kerr hob den sozialen Aspekt hervor und sprach von der »Komödie der steigenden Landproletarier« (S. 93).

Dieser Hinweis hat der Forschung die Richtung gegeben; fortan wurde die gesellschaftlich-soziale Komponente betont. So unterstrich E. Dosenheimer, daß das Drama »im Sinne eines allgemeinen sozialen Sittengemäldes« (S. 151) über den »Biberpelz« hinausgehe; H. Mayer betonte, daß die Hauptfigur »bürgerlichen Umriß« erhalten habe und daß ihr Aufstieg die »Anwendung bürgerlicher Geschäftsmethoden« (S. 54) mit sich gebracht habe; und für H. J. Schrimpf handelt es sich um den zweiten Teil eines Dramenkomplexes, der »unter veränderten gesellschaftlichen Bedingungen die tragischen und tragikomischen Konsequenzen aus den Voraussetzungen des ersten zieht« (S. 49). Auch Brecht liegt auf dieser Linie. Er bearbeitete den Stoff und fügte den »Roten Hahn« und »Biberpelz« zu einem Sechsakter zusammen, der ideologisch zurechtgebogen war.

Als Abweichung vom allgemeinen Kurs ist O. Seidlins Arbeit zu verzeichnen. Er geht mit der Idee des Matriarchats an das Doppeldrama heran und erkennt darin eine diesbezüglich steigende und fallende Linie.

Auch für die Betrachtung des »Armen Heinrich« waren die Ausführungen Kerrs grundlegend. Er legte den Finger auf die schwächste Stelle des Stückes und folgerte, daß Hauptmanns naturalistische Blickrichtung (z. B. die physiologische Begründung der Ekstase Ottegebes) nicht mit dem Mirakel-Schluß zusammenpasse: »Der Gipfel des Werks fällt aus dem Werk« (S. 108). Die Kritik vermerkte, daß das Stück dem Epischen stark verhaftet geblieben war und daß der Schwerpunkt auf der psychologischen Entwicklung der Hauptgestalt lag. Die Forschung hat sich eingehend mit der Entstehungsgeschichte, der seelischen Krisensituation des Helden und dem Bezug zur Vorlage des Werkes, dem »Armen Heinrich« von Hartmann von Aue, befaßt. Detaillierte Vergleiche sind durchgeführt worden (z. B. H. Hanisch, T. Buck, A. van der Lee).

Zu der Zeit, da Hauptmann an den »Armen Heinrich« letzte Hand legte (Herbst 1902), arbeitete er auch an einem Wiedertäuferdrama, zudem entwarf er den Plan für den Roman »Der Narr in Christo Emanuel Quint«. Eine Hollandreise (März 1903) führte ihn auf die Spuren der niederländischen Wiedertäufer, doch nahm ihn dann in Hirschberg, wo er als Geschworener tätig war, ein Prozeß gegen eine wegen Kindesmords angeklagte Landarbeiterin gefangen. Bereits während der Verhandlungen diktierte er Entwürfe zu einem Kindesmörderin-Drama, und in der Zeit von April bis September 1903 entstand schließlich »Rose Bernd«, ein Werk, das kurz darauf in Berlin uraufgeführt wurde. Ein großer Erfolg war es nicht. Das Stück blieb vorerst umstritten, setzte sich dann aber durch.

In der Literatur zu »*Rose Bernd*« ist festgehalten worden, daß es auf der Tradition des sozialen Dramas des 19. und 19. Jhdts. fußt; H. L. Wagner, Hebbel, bisweilen auch Büchner werden in dieser Beziehung angeführt. Ein Überblick über das Schrifttum ergibt, daß das Thema der Isoliertheit des Menschen an prominenter Stelle steht. Kerr war hier richtungweisend mit seinem »Jeder steht allein« und der Feststellung, daß gegen Ende des Dramas das Gefühl von dem »großen allgemeinen Verlassensein der Menschen« aufdämmere (S. 115).

In neuerer Zeit unterstreicht Guthke die Gottesferne des Stücks, und Schrimpf führt an, daß die Ursachen der Leiderfahrung in einem »unbegreiflichen Schicksal [liegen], das über sein Opfer hereinbricht, indem es sich menschlicher Elementarantriebe bedient« (S. 173). Dieses Zitat bekundet eine Tendenz der westlichen Hauptmannforschung, nämlich den Rückgriff auf ein dunkles Schicksal, das »es-haft« durch Milieu und Triebgebundenheit hindurch agiert. Bei Schrimpf geht diese Tendenz so weit, daß die Titelfigur am Ende »nicht mehr Person, sondern eher Sprachrohr der dunklen, unheimlichen Macht« (S. 182) genannt wird.

Ein anderer Punkt, der in Kerrs Ausführungen zum Ausdruck kam, ist, daß technisch »manches anfechtbar« sei. Kerr bezieht sich dabei auf die geringe Neigung des Dichters, »auszumerzen und hervorzuheben«. In dieser Hinsicht weicht die spätere Hauptmannforschung entschieden von Kerr ab. Denn es wird unterstrichen, daß die epische Breite hier viel weniger spürbar werde als in anderen Werken Hauptmanns.

So heißt es bei L. Lucas, daß die »reine Zustandsschilderung« zurücktrete, bei Guthke, daß »Rose Bernd« eine »ungewöhnlich zügig-geschlossene Tragödie« sei, und bei Osborne, daß es »the tautest in structure of all his Naturalist dramas« sei (S. 147).

In der ersten Hälfte des Jahres 1903 arbeitet Hauptmann auch an einem Romanwerk, das den Titel »Der Venezianer« erhält und in bruchstückhaften Teilen überliefert ist. Einiges davon ist in »Und Pippa tanzt!« und den »Neuen Christophorus« übernommen worden. Im Sommer 1904 werden »Die Jungfern vom Bischofsberg« begonnen, auch wird ein Bruchstück aus dem »Hirtenlied« veröffentlicht. Das Jahr 1905 nimmt seinen Auftakt mit der nochmaligen Verleihung des Grillparzer-Preises, zudem erhält Hauptmann zusammen mit seinem Bruder Carl und R. Beer-Hofmann den Volksschillerpreis, und in Oxford wird ihm der Titel eines Ehrendoktors verliehen. Einige Projekte werden in dieser Zeit fortgesetzt bzw. in Angriff genommen (»Christiane Lawrenz«, »Mutterschaft«, »Apollonius von Tyrus«); zu Ende geführt werden zwei Bühnenwerke (»Und Pippa tanzt!« »Die Jungfern vom Bischofsberg«), veröffentlicht werden »Elga« (s. S. 36) und kleinere Sachen (u. a. eine »Wiedertäuferszene«).

Das Glashüttenmärchen »Und Pippa tanzt!« wird im Januar 1906 in Berlin uraufgeführt; »Die Jungfern vom Bischofsberg« gelangen erst später (Februar 1907) auf die Bühne. Während das letztgenannte Stück von Anfang an auf Ablehnung gestoßen ist und zu den schwächsten Werken Hauptmanns gezählt werden kann, erzielte »Und Pippa tanzt!« einen Achtungserfolg. Dem Publikum schwer verständlich, hat dieses Werk vor allem die Gelehrtenwelt zu Deutungsversuchen angeregt. In der Hauptsache geht es dabei um Pippa – eine durch die Orloff-Episode lebendig gewordene Phantasiegestalt –, um die symbolische Bedeutung dieser Figur und der sie umgebenden Männerkonstellation.

So sieht R. Mühlher Pippa als den in der menschlichen Existenz gefangenen Seelenvogel, Heuser deutet sie als reine weibliche Schönheit in »paradiesischer Unschuld«, und Guthke betrachtet sie als »Chiffre jenes Umgreifenden«, für das die Welt der Phänomene transparent wird. Aus der umfangreichen Literatur zu diesem Werk sind folgende Punkte herauszuheben: F. Schöns Hinweis, daß die meisten Interpreten die Dramenfiguren in ungenügendem Maße »von der menschlichen Seite« her aufgefaßt haben, Guthkes Feststellung, daß das Stück das »Im-Mythos-Sein des Menschen zu seinem eigentlichen Gegenstand« habe (S. 105) und W. Raschs Hinweis, daß »Und Pippa tanzt!« im Grunde nur ein dreiaktiges Spiel (der vierte Akt ist nur eine Erweiterung des vorhergehenden) sei und daß der Tanz als mimische Gestaltung des Hauptmannschen Urdramas zu betrachten wäre.

Im Februar/März 1906 lernt Hauptmann K. *Stanislawski* kennen und ist vom Gastspiel des Moskauer Künstlertheaters tief beeindruckt. Im Juni erfolgt die endgültige Lösung von Ida Orloff, im September wird »Gabriel Schillings Flucht« fertiggestellt; die erste deutsche *Gesamtausgabe* (in 6 Bänden) seiner Werke erscheint, verschiedene dramatische Fragmente entstehen (»Equus«, »Auf Bertramshöhe«, »Neue Tragikomödie«), auch werden einige kleinere Arbeiten veröffentlicht (aus dem »Hirtenlied« und dem Roman »Eines Morgens lag Christian zu Bett«). Gegen Ende des Jahres erfolgt die Uraufführung des »*Hirtenlied*«-Fragments in Wien. In der Forschung hat dieses Werk einige Beachtung gefunden. Man wies darauf hin, daß Hauptmann sich darin mit der

Problematik des schöpferischen Menschen auseinandersetzte, daß Gedankengänge Jakob Böhmes sich in seinen Ausführungen widerspiegelten und daß auch seine Eheerfahrungen eine Rolle spielten. Entstehungsgeschichte, Hintergründe und Sprachform des »Hirtenlieds« sind untersucht worden (vor allem F. A. Voigt), und um die Sinndeutung hat man sich verschiedentlich bemüht. Wichtig sind in dieser Beziehung die Ausführungen Guthkes, der festhält, hier werde die Grundsituation des Hauptmannschen Künstlers gestaltet. Der Künstler sei in ein »irdisch-kosmisches Spannungsverhältnis« hineinversetzt, und seine Mittelstellung zwischen diesen Bereichen werde beleuchtet.

Das Jahr 1907 steht im Zeichen der Griechenlandreise, die Hauptmann im Frühling unternimmt. Noch während der Reise beginnt er ein Telemach-Drama, das langsam zum »Bogen des Odysseus« heranreift, auch sammelt er Material für ein Reisetagebuch. Im Sommer wird dieses Werk, der »Griechische Frühling«, niedergeschrieben. Zuerst erscheint es in der »Neuen Rundschau«, dann wird es als Buch vorgelegt. Es entsprach jedoch nicht der Erwartung des deutschen Antike-Beflissenen, und man warf Hauptmann Ehrfurchtlosigkeit gegenüber dem Kulturerbe vor. Es wurde betont, daß persönliche Erlebnisse und Empfindungen ihre Widerspiegelung erfahren hätten. Vergleiche mit Goethes »Italienischer Reise« drängten sich auf (später auch mit Hofmannsthal), und Verbindungslinien zum Gedankengut Nietzsches wurden aufgewiesen. Mit der Zeit wurde man sich der besonderen Stellung bewußt, die der »Griechische Frühling« innerhalb des Hauptmannschen Gesamtwerkes einnahm. Die Bemühungen um den Begriff der Tragödie führten zur Atriden-Tetralogie, von der Bekundung christlich-heidnischer Polarität bot sich die Verbindung zu Themenkreisen des Spätwerkes an.

Im Sommer 1907 wird auch das Schauspiel »Christiane Lawrenz« beendet, kurz darauf das Legendenspiel »Kaiser Karls Geisel«. Das Schauspiel war der Meinung Hauptmanns nach unzulänglich und blieb liegen. Das Legendenspiel wurde 1908 aufgeführt. Es war ein Mißerfolg. Man kam über die epische Breite und den Mangel an dramatischer Fügung nicht hinweg. Die Forschung hat allerlei Vergleiche angestellt, vor allem mit Grillparzer »Jüdin von Toledo«, auf die der Dichter hier zurückgreift. Die umfangreichen Untersuchungen, die über *»Kaiser Karls Geisel«* vorliegen, verdient dieses flüchtig geschriebene Werk nicht. In einigen Zügen ist Hauptmanns Legendenspiel mit dem Lustspiel »*Griselda*« verwandt, das 1908 abgeschlossen wird. Der Widerhall war etwas günstiger, jedoch wurde es ebenfalls als ein mit epischen Elementen übermäßig beladenes Stück gekennzeichnet. Auch dieses Bühnenwerk ist vor allem im Rahmen der literarischen Tradition, des Griselda-Stoffes, untersucht worden.. Dabei wurde auf die Wichtigkeit des Geschlechtstriebes als Handlungsimpuls sowie auf das »theatralische Wirkungsstreben« des Autors hingewiesen.

Gegen Ende des Jahrzehnts werden Hauptmann verschiedene Ehrungen zuteil (u. a. wird er zum Dr. phil. h.c. der Universität Leipzig promoviert). Die Freundschaft mit *Walter Rathenau* bahnt sich an, auch unterhält er mit der Familie Richard Wagners freundschaftliche Beziehungen. Im Herbst 1909 unternimmt er eine Vorlesungsreise, die ihn nach Berlin, Wien, Prag, Leipzig, Hamburg, München und Zürich führt. Im Winter 1909/10 entsteht auf dem »Wiesenstein« Clara Westhoff-Rilkes Hauptmann-Büste. Was die dichterische Arbeit betrifft, wird im wesentlichen »Emanuel Quint« fortgeführt; verschiedene andere Werke werden in Angriff genommen (»Atlantis«, »Die Ratten«, »Rom«), auch wird eine Szene aus dem »Wiedertäufer«-Drama veröffentlicht. In Portofino wird zu Ostern 1910 *Der Narr in Christo Emanuel Quint* abgeschlossen und sogleich publiziert.

Dieser Roman erregte beim Lesepublikum zwar einiges Befremden, wurde aber mehr oder weniger günstig aufgenommen. Die Kritik erhob einige Einwände (es ließe sich nicht absehen, woran man mit dem Autor sei), erkannte jedoch, daß hier ein bedeutendes Werk vorgelegt wurde. Später war man sich darüber einig, daß »Emanuel Quint« das Beste war, was Hauptmann auf dem Gebiet des Romanschaffens geleistet hatte. Ein Blick auf das Schrifttum ergibt, daß über dieses Werk sehr viel geschrieben worden ist. Immer wieder haben sich die Interpreten darum bemüht, die Stellung des Dichters zur Quintgestalt zu ergründen, und oft ist Hauptmann der Vorwurf gemacht worden, er habe den Leser darüber im Unklaren gelassen, ob es sich um einen pathologischen Kasus oder religiösen Idealtyp handele. Je nach Akzentuierung des Verständnisses, das man der Hauptgestalt entgegenzubringen bereit war, lassen sich die Forschungsarbeiten in verschiedene Lager einteilen.

Bereits M. Küsel, die sich um die theologischen Probleme in diesem Werk bemüht hat, unterschied zwei prinzipielle Richtungen. Zu der einen Gruppe, für die Quint eine pathologische Erscheinung ist, zählen u. a. die Arbeiten von Lomer, Faesi, Sulser, Fechter, Vollmers-Schulte, Kuder, Gregor, Geyer, und zur anderen Gruppe, die Quint als religiöses Phänomen zu erfassen bestrebt ist, zählen u. a. Schreiber, Stirk, Weimar, Sinden. Daneben sind die zeitkritischen Aspekte und das Ende des Romans besonders untersucht worden. Auch sind die Bezüge zu Dostojewskis »Idiot«

verschiedentlich herausgestellt worden, seltener die Verbindungslinien, die zum Werk Tolstois führen. Neuere Arbeiten befassen sich in stärkerem Maße als zuvor mit der Formgebung des Autors, und man glaubt, in Quints Gebaren eine mehr »krankhafte Imitatio Christi« (Hilscher) zu sehen.

Zwei weitere Arbeiten werden 1910 abgeschlossen: »Peter Brauer« und »Die Ratten«. »Peter Brauer«, ein schwaches Künstlerdrama, das in der Nachfolge des »Kollegen Crampton« steht, erscheint erst ein gutes Jahrzehnt nach seiner Entstehung und ist nicht viel beachtet worden. Zu vermerken ist lediglich die positiv gehaltene Meinung M. Sindens, derzufolge das Stück höher zu bewerten sei, als es gewöhnlich der Fall ist. »*Die Ratten*« sind Anfang 1911 uraufgeführt worden. Die Aufnahme war reserviert, erst später hatte das Werk Erfolg. In der Forschung hat man es zuerst übersehen. Als spätnaturalistisches Stück wurde es mit Argwohn betrachtet. Zwar konnte man sich der Symbolik nicht verschließen, aber man wußte nicht viel damit anzufangen. Bis in die zweite Nachkriegsära hinein liegt über das Werk nicht viel vor. Dann aber hat es sich durchgesetzt; die jüngere Forschung steht den »Ratten« äußerst positiv gegenüber (z. B. P. Berger). In den Arbeiten, die über dieses Drama geschrieben wurden, sind die Verbindungslinien zu Ibsen, Wedekind, Kafka, dem Expressionismus und der Detektivgeschichte aufgewiesen worden. Die Mehrschichtigkeit des Aufbaus bzw. die Zweisträngigkeit des Handlungsgefüges wurden herausgestellt, und man stieß auf balladeske Züge. Besondere Beachtung hat das Rattensymbol gefunden. Es verleihe dem Stück die nötige Einheit und stehe für die »zerstörerischen Kräfte«, die derzeit unterirdisch am Werke seien (B. v. Wiese). Ferner sind die Aspekte des Tragikomischen, die Kunstgespräche und die gesellschaftskritische Komponente untersucht worden, und zwar bezüglich des wilhelminischen Deutschlands wie der Großstadtgesellschaft im allgemeinen.

Gegen Ende 1911 entsteht das Fragment »Bismarckhaar«; im Winter 1911/12 wird in Sestri Levante und Castello Paraggi der Roman »Atlantis« beendet, auch werden dort die »Gral-Phantasien« (die Jugendbücher »Lohengrin« und »Parsival«) zu der Zeit niedergeschrieben, desgleichen das Fragment »Rautenkranz«. Während die »Gral-Phantasien« kaum Resonanz gefunden haben, hat »*Atlantis*« schon früh die Aufmerksamkeit der Kritiker auf sich gelenkt. Im Januar/April 1912 erschien es im »Berliner Tageblatt«, kurz darauf in Buchform. Es wurde mit vielen Vorbehalten aufgenommen. Die Detailtreue und Ausführlichkeit wurden kritisiert, Nachlässigkeiten und kolportagehafte Aspekte sind herausgestellt worden, und man fand, daß »Atlantis« eines der unausgeglichensten Werke Hauptmanns war. Allerdings ist die bezwingende Schilderung des Schiffsuntergangs, die an zentraler Stelle steht, positiv hervorgehoben worden. Als sich kurz nach Erscheinen des Werkes die »Titanic«-Katastrophe ereignete, schrieb man dem Dichter prophetische Weitsicht zu. Der Schiffsuntergang hat auch später im Zentrum des Interesses gestanden. Er wurde als allegorisches Bild im Geflecht der gesellschaftskritischen Bezüge gesehen und mit dem Krisenbewußtsein der Zeit verbunden.

Im Frühjahr 1912 wurde endlich *»Der Bogen des Odysseus«* vollendet. Dieses Heimkehrer-Drama, das von der Kritik zumeist ablehnend aufgenommen wurde, gab Anlaß zu Gegenüberstellungen mit der »Odyssee« Homers und anderen Werken, die das Odysseusthema behandelten. Es wurde nachgewiesen, daß Hauptmann von allen Bearbeitern des Themas sich am wenigsten an das Original gehalten hatte. Obwohl zunächst die kritischen Stimmen überwogen, hob man später die Eigenständigkeit des Hauptmannschen Werkes hervor. Später wurde festgestellt, daß der Kern des Dramas das »Urerlebnis des Bodens« (F. A. Voigt) gewesen sei. Dies weist auf eine andere Tendenz der Forschung hin, nämlich das Herausstellen der regenerativen Kraft heimatlicher Erde.

K. S. Guthke meint hierzu, daß dieser Zug oft überbetont wurde und daß Hauptmann sich bemühte, in dem Erleben die »Entgrenzung ins Göttliche« aufleuchten zu lassen. In neuerer Zeit ist auch das Verhältnis zwischen Mythos und Psyche sondiert worden. Dazu wurde festgehalten, daß das Drama durch den Toten- und Fruchtbarkeitskult des Altertums angeregt worden sei und daß Hauptmann den Mythos auch »psychologisch-erklärend« (P. C. Wegner) behandelt habe. Im allgemeinen wird dem Drama eine gewisse Bedeutung eingeräumt, schon weil es ein wichtiges Glied in der Weiterentwicklung des Dichters ist.

Im Sommer 1912 wird das Drama *»Gabriel Schillings Flucht«* in Lauchstedt aufgeführt. Trotz des Einspruchs von Kerr wurde es mehr oder weniger beifällig aufgenommen, und auch auf größeren Bühnen hat es sich durchsetzen können. Das Motiv des Mannes zwischen zwei Frauen rief Erinnerungen an die »Einsamen Menschen« wach, und man nahm biographische Einzelheiten wahr (das Modell für die Titelgestalt war H. E. Schmidt). Vergleiche mit den »Einsamen Menschen« und anderen Dramen Hauptmanns (»Michael Kramer«, »Die versunkene Glocke«) wurden angestellt, meist zum Vorteil von »Gabriel Schillings Flucht«. Schon früh wurden die Zusammenhänge mit dem Werk Ibsens und auch dem Strindbergs aufgespürt (zuletzt J. C. Hortenbach).

Innerhalb des Schrifttums kommt den Arbeiten Guthkes und Machatzkes besondere Beachtung zu. Guthke hat sich vornehmlich mit der Künstlerproblematik auseinandergesetzt, Machatzke hat die griechisch-antiken Elemente untersucht und darauf verwiesen, daß »mythisches Denken und Empfinden« bestimmende Merkmale des Werkes seien.

Zum 50. Geburtstag wird dem Dichter der Nobelpreis verliehen. Hauptmann hält Ansprachen und Vorlesungen (u. a. in Wien, Berlin, Leipzig, Stockholm), die zweite sechsbändige Gesamtausgabe erscheint, und in München wird das »Helios«-Fragment aufgeführt (s. S. 35). Im Mai 1913 geht dann in Breslau das »Festspiel in deutschen Reimen«, das Hauptmann auf Aufforderung des Breslauer Magistrats geschrieben hatte, über die Bretter. Es kommt zum Abbruch der Aufführungen und Meinungsstreit in der Öffentlichkeit. Das Stück, das die Erinnerung an die Freiheitskriege wachhalten sollte, wird als unpatriotisch empfunden. Statt einer Glorifizierung kriegerisch-deutschen Geistes bot Hauptmann eine ironisierende Darstellung geschichtlicher Figuren und ließ das Ganze mit einer Verherrlichung des Friedens ausklingen. Die Bewertung des Stückes war also von Anfang an mit einem Politikum verbunden, und diese Tendenz hat auf die Forschung abgefärbt, derart, daß die Untersuchung der künstlerischen Mängel in den Hintergrund gedrängt wurde. Auch die letzte einschlägige Arbeit, die über das »Festspiel« vorliegt, H.-E. Hass' Aufsatz, preist es als dichterischen Widerspruch gegen die politische Welt und stellt fest, daß das deutsche Volk vor dem Werk versagt habe (S. 113 f.).

Im weiteren Verlauf des Jahres 1913 wird der erste Hauptmann-*Film* (»Atlantis«) herausgebracht. Der Dichter arbeitet vor allem am »Weißen Heiland« und an »Indipohdi«, auch werden Szenen zum »Till Eulenspiegel«-Drama und zu anderen Fragmenten geschrieben, zudem entstehen einige plastische Arbeiten (des Bildhauers *Klein* und Schriftstellers *Wilm-Saalberg*). Im Herbst versucht Hauptmann sich als *Regisseur* – er inszeniert Schillers »Wilhelm Tell« und Kleists »Zerbrochenen Krug« –, und gegen Ende des Jahres erscheint »Kaiser Maxens Brautfahrt«, ein kleines Idyll, das ein Liebesabenteuer des »letzten Ritters« in das Blickfeld rückt.

In den ersten Monaten des Jahres 1914 weilt Hauptmann meist in Italien; von Castello Paraggi aus unternimmt er Autofahrten, auch in die Provence. Später reist er mit dem Auto durch Deutschland. Am 1. August wird er vom Ausbruch des Krieges überrascht, verschiedene Kriegsgedichte entstehen, und nach Veröffentlichung des Aufsatzes »Gegen Unwahrheit« kommt es zu einem polemischen Briefwechsel mit *Romain Rolland*. Von Wilhelm II. wird ihm im Winter 1914 der Rote Adler-Orden 4. Klasse verliehen.

Biographisches und Erinnerungen: Kerr, 2. Bd., 1917, S. 269–274; M. *Liebermann,* Erinnerung, in: NR, 43 (1932), S. 682–684; W. A. *Reichart,* G.H's Oxford Degree, in: GR, 8 (1933), s. 213–214; W. *Rothenstein,* Men and Memories: Recollections 1872–1922, New York 1934, 2. Bd., S. 23–25; H. v. *Hülsen,* Freundschaft mit einem Genius, 1947; C. H. *Moore,* Rolland und Hauptmann before the »Mêlée«, in: RR, 51 (1960), S. 103–114; *Heuser,* 1961, S. 100–154; C. F. W. *Behl,* »Mary«: G.H's erste Lebensgefährtin, in: Schlesien, 7 (1962), S. 65–73; H. *Satter,* Weder Engel noch Teufel. Ida Orloff, 1967; G. *Ahlström,* Kleine Geschichte der Zuerkennung des Nobelpreises an G.H., in: G.H., Große Erzählungen, 1968, S. 7–20.

»*Michael Kramer*«, Drama. Entst.: 1900; Selbstzeugnisse: CA, Bd. 11; Erstausgabe: Berlin: S. Fischer 1900; Paralipomena in: CA, Bd. 9; Urauff.: 21. 12. 1900, Deutsches Theater Berlin; Lit.: H. *Bahr,* Premieren (Winter 1900 bis Sommer 1901), 1902, S. 229–237; E. *Wulffen,* G.H's Dramen, 1911, S. 143–154; *Kerr,* 1917, Bd. I, S. 88–92, Bd. V, S. 23–28; R. M. *Rilke,* Briefe und Tagebücher aus der Frühzeit 1899 bis 1902, 1933, S. 409–418; *Taube,* 1936, S. 105–108; *Krause,* 1952, S. 144–150; *Metken,* 1954, S. 63–83; M. *Gieselberg,* Gestaltende Kräfte des Dramas bei G.H., Diss. Bonn 1955, S. 93–141; K. S. *Guthke,* Die Gestalt des Künstlers in G.H's Dramen, in: NPh, 39 (1955), S. 35–37; *ders.,* 1961, S. 91–92; U. *Münchow,* Das Bild des Künstlers im Drama G.H's, Diss. Berlin 1956, S. 45–46, 127–144; *dies.,* Das »tägliche Leben«. Die dramatischen Experimente des jungen Rilke, in: Rilke-Studien, 1976, S. 47–52; *Sinden,* 1957, S. 110–123; V. *Steege,* G.H's »Michael Kramer«, in: Das europäische Drama von Ibsen bis Zuckmayer, hrsg. v. L. Büttner, 1960, S. 63–86; *Mehring,* 1961, S. 325–327; *Künzel,* 1962, S. 25–29; F. *Martini,* Nachwort zur Reclam-Ausgabe, 1962; H. *Schmidt,* H's »Michael Kramer« and Joyce's »The Dead«, in: PMLA, 80 (1965), S. 141–142; D. *McMillan,* Influences of G.H. in Joyce's »Ulysses«, in: JJQ, 4 (1967), bes. S. 107–111; H. *Mayer,* G.H., 1967, S. 60–62; J. *Osborne,* H's Later Naturalist Dramas: Suffering and Tragic Vision, in: MLR, 63 (1968), S. 629–630; C. R. *Bachmann,* Life into Art: G.H. and »Michael Kramer«, in: GQ, 42 (1969), s. 381–392; G. *Bauer,* Zur Poetik des Dialogs, 1969, S. 37–43 et passim; *Hilscher,* 1969, S. 258–260; H. F. *Pfanner,* Deutungsprobleme in G.H's »Michael Kramer«, in: MH, 62 (1970), S. 45–54; J. *Frese,* Zur Möglichkeit der Anwendung philosophischer und soziologischer Handlungstheorien. Am Beispiel einer Sequenz aus G.H's »Michael Kramer«, in: Poetica, 8 (1976), S. 379–384.

»*Der rote Hahn*«, Tragikomödie, Entst.: 1900–1901; Erstausgabe: Berlin: S. Fischer 1901; Paralipomena in: CA, Bd. 9; Urauff.: 27. 11. 1901, Deutsches Theater Berlin; Lit.: *Kerr,* 1917, Bd. I, S. 92–101; *Langer,* 1932, S. 61–62; *Taube,* 1936, S. 109–112; *Behl,* 1948, S. 102–104, 152–155; *Krause,* 1952, S. 95–100; B. *Fischer,* Quellenkundliche Beiträge zu G.H's »Biberpelz« und »Roter Hahn«, in: Märkische Heimat, 2 (1957), S. 178–192; *ders.,* G.H. und Erkner: Quellenkundliche Studien zum »Biberpelz« und anderen Werken, in: ZDP, 81 (1962), bes. S. 467–468; K. *Schneider,* Die komischen Bühnengestalten bei G.H. und das deutsche

Familienlustspiel, Diss. Köln 1957, S. 196–198; *Sinden*, 1957, S. 162–169; K. L. *Tank*, Nachwort zur Propyläen-Textausgabe, 1959; *Mehring*, 1961, S. 328–330; *Dosenheimer*, 1967, S. 149–152; H. *Mayer*, G.H., 1967, S. 52–54; Theaterarbeit. 6 Aufführungen des Berliner Ensembles, hrsg. v. Berl. Ensemble u. H. Weigel, 1967, S. 171–226; G. *Kaiser*, Die Tragikomödien G.H's, in: Festschrift für K. Ziegler, 1968, S. 270–276; *Hilscher*, 1969, S. 173–178; H. J. *Schrimpf*, Das unerreichte Soziale. Die Komödien G.H's »Der Biberpelz« und »Der rote Hahn«, in: Das deutsche Lustspiel, 2. Tl., hrsg. v. H. Steffen, 1969, S. 25–60; *ders.*, Der Schriftsteller als öffentliche Person, 1977, S. 254–270; O. *Seidlin*, Urmythos irgendwo um Berlin. Zu G.H's Doppeldrama der Mutter Wolffen, in: DVjs, 43 (1969), S. 126–146; R. C. *Cowen*, Der Naturalismus, 1973, S. 206–214; G. *Fischer*, Der Naturalismus auf der Bühne des epischen Theaters: Zu Brechts Bearbeitung von H's »Der Biberpelz« und »Der rote Hahn«, in: MH, 67 (1975), S. 224–236; A. *Subiotto*, Bertolt Brecht's Adaptations for the Berliner Ensemble, London 1975, S. 44–74; J. *Jacobs*, H.: Der Biberpelz und Der rote Hahn, in: Die deutsche Komödie, hrsg. von W. Hinck, 1977, S. 195–212; *Requardt/Machatzke*, 1980, S. 211–228; I. *Ruttmann*, Zwischen Distanz und Identifikation. Beobachtungen zur Wirkungsweise von G.H's »Der Biberpelz« und »Der rote Hahn«, in: GRM, 30 (1980), S. 49–72.

»*Der arme Heinrich*«, eine deutsche Sage. Entst.: 1897, 1899–1902; Erstausgabe: Berlin: S. Fischer 1902; Paralipomena in: CA, Bd. 9; Urauff.: 29. 11. 1902, Hofburgtheater Wien; Lit.: H. *Tardel*, »Der arme Heinrich« in der neueren Dichtung, 1905, S. 42–58; B. *Schmitz*, Ein alter Sagen- und Legendenstoff und seine Wandlungen, in: Gottesminne, 4 (1906), S. 528–542, 665–684; *Kerr*, 1917, Bd. I, S. 101–113; M. *Georg*, Ottegebe die Frau in G.H.'s Werk, in: Marcuse, 1922, S. 77–88; F. *Linne*, Die Sagen- und Märchendramen G.H's und ihre Quellen, Diss. Köln 1922, S. 3–30; J. T. *Krumpelmann*, Longfellow's »Golden Legend« and the »Armer Heinrich« Theme in Modern German Literature, in: JEGP, 25 (1926), S. 173–192; W. A. *Reichart* u. P. Diamond, Die Entstehungsgeschichte des »Armen Heinrich«, in: GHJ, I. Bd., 1936, S. 59–87; W. J. *Mueller*, Germanischer Mythos und germanische Sage in den Dramen G.H's, Ph. D. Diss. Cornell University 1938, S. 40–70; *Schreiber*, 1946, S. 198–208; *Behl*, 1948, S. 155–162; H. *Hanisch*, Die Novellendramatisierungen G.H's, Diss. Mainz 1951, S. 53–72; *Krause*, 1952, S. 151–158; K. F. *Schäfer*, Die Kunst der Bühnendarstellung von Menschen bei G.H., Diss. Heidelberg 1953, S. 13–55; A. van der *Lee*, Hartmann von Aues »Armer Heinrich« en het gelijknamige drama van G.H., Groningen 1954; M. *Gieselberg*, Gestaltende Kräfte des Dramas bei G.H., Diss. Bonn 1955, S. 142–191; *Leiner*, 1955, S. 54–61; *Hurtig*, 1956, S. 44–48; *Guthke*, 1961, S. 100–102; *Mehring*, 1961, S. 331–335; *Künzel*, 1962, S. 16–20; F. *Martini*, Nachwort zur Reclam-Ausgabe, 1966; T. *Buck*, G.H's »Deutsche Sage«, in: Oxford German Studies, 3 (1968), S. 126–144; *Hilscher*, 1969, S. 244–250; *Brammer*, 1972, S. 235–245; S. *Hoefert*, Zur Entstehung des »Armen Heinrich« von G.H. – dargelegt an Hand der Manuskripte, in: Schlesien, 22 (1977), S. 26–33.

»*Rose Bernd*«, Schauspiel. Entst.: 1903, Erstausgabe: Berlin: S. Fischer

47

1903; Paralipomena in: CA, Bd. 9; Urauff.: 31. 10. 1903, Deutsches
Theater Berlin; Lit.: E. *Wulffen*, G.H's »Rose Bernd« vom kriminalisti-
schen Standpunkte, in: Juristisch-psychiatrische Grenzfragen, 4 (1906),
S. 13–23; *Kerr*, 1917, Bd. I, S. 113–118; K. *Schröder*, Die Grundlagen von
G.H's »Rose Bernd«, Diss. Rostock 1921; *Heise*, 1923, Bd. 1, S. 47–67;
Taube, 1936, S. 113–120; *Müller*, 1939, S. 62–71; *Krause*, 1952,
S. 159–164; K. F. *Schäfer*, Die Kunst der Bühnendarstellung von Menschen
bei G.H., Diss. Heidelberg 1953, S. 36–48; *Sinden*, 1957, S. 191–203; H. J.
Schrimpf, »Rose Bernd«, in: Das deutsche Drama vom Barock bis zur
Gegenwart, hrsg. v. B. v. Wiese, Bd. 2, 1958, S. 166–185; H. *Razinger*,
Nachwort für die Propyläen-Textausgabe, 1959; W. *Butzlaff*, Die Enthül-
lungstechnik in H's »Rose Bernd«, in: DU, 13 (1961), S. 59–70: *Guthke*,
1961, S. 102–104; *Meixner*, 1961, S. 171–183; *Zimmermann*, 1964,
S. 446–447; *Kersten*, 1966, S. 81–85; B. *Brecht*, Ges. Werke, Bd. 15, 1967,
S. 23–24; *Dosenheimer*, 1967, S. 159–164; H. *Mayer*, G.H., 1967,
S. 62–64; U. *Münchow*, Deutscher Naturalismus, 1968, S. 111–112; J.
Osborne, H's Later Naturalist Dramas: Suffering and Tragic Vision, in:
MLR, 63 (1968), bes. S. 631–632 (auch in: Osborne, 1971); *Hilscher*, 1969,
S. 262–266; L. *Lucas*, Dialogstrukturen und ihre szenischen Elemente im
deutschsprachigen Drama des 20. Jahrhunderts, 1969, S. 67–77; P. *Brachet*,
Zola et H.: »Rose Bernd« et »La Terre«, in: Les Cahiers naturalistes, 21
(1975), S. 149–167; G. *Künstler*, Interpretationen, 1976, S. 114–122.

»*Und Pippa tanzt!*«, ein Glashüttenmärchen. Entst.: 1905; Selbstzeug-
nisse: K. *Haenisch*, G.H. und das deutsche Volk, 1922, S. 150; *Machatzke*,
1963, S. 108–112; Erstausgabe: Berlin: S. Fischer 1906; Paralipomena in:
CA, Bd. 9; Urauff.: 19. 1. 1906, Lessingtheater Berlin; Lit.: T. *Rittner*,
»Und Pippa tanzt!«, in: Fackel, Nr. 200, 1906, S. 9–13; H. A. *Clarke*,
»Pippa Passes« and »Pippa Dances«, in: PL, 20 (1909), S. 122–128; P.
Grummann, H's Viewpoint in »Und Pippa tanzt!«, in: PL, 20 (1909), S.
129–145; *Kerr*, 1917, Bd. II, S. 221–231; A. *Goldnagel*, Das Bühnenbild
bei G.H.: Dekoration und Requisiten (Anhang: Das stumme Spiel im
Glashüttenmärchen »Und Pippa tanzt!«), Diss. Graz 1920; F. *Linne*, Die
Sagen- und Märchendramen G.H's und ihre Quellen, Diss. Köln 1922,
S. 103–115; O. *Rommel*, Die Symbolik von G.H's Glashüttenmärchen, in:
ZfDk, 36 (1922), S. 385–404; *Heise*, 1923, Bd. 2, S. 41–64; M. *Kober*, Das
deutsche Märchendrama, 1925, S. 141–144; *Thielmann*, 1937, S. 72–80; F.
Schön, G.H's Glashüttenmärchen »Und Pippa tanzt!«, Diss. Wien 1940;
Behl, 1948, S. 95–116; H. *Hütter*, Die Naturgeister bei G.H., Diss. Wien
1948, S. 55–70; *Weisert*, 1949, S. 68–71; *Tettenborn*, 1950, S. 152–156;
Gregor, 1951, S. 598–610; R. *Mühlher*, Dichtung der Krise, 1951,
S. 291–406; *Krause*, 1952, S. 169–175; *Metken*, 1954, S. 96–135; *Leiner*,
1955, S. 68–74; *Hurtig*, 1956, S. 49–54; *Sinden*, 1957, S. 100–102; E.
Eckersberg, Diese volle Zeit, 1958, S. 101–107; T. van *Alst*, Gestaltungs-
prinzipien des szenischen Naturalismus, Diss. Köln 1949, S. 35 ff.; W.
Rasch, ›Und Pippa tanzt!«, in: Das deutsche Drama vom Barock bis zur
Gegenwart, hrsg. v. B. v. Wiese, 1960 (2. Aufl.), Bd. 2, S. 186–206;
Guthke, 1961, S. 104–109; *Heuser*, 1961, S. 159–161 et passim; *Mehring*,
1961, S. 336–340; *Van der Will*, 1962, S. 149–150; H. F. *Rahde*, Der Eros

48

bei G.H., Ph. D. Diss. University of Utah 1964, S. 96–167; *Voigt*, 1965, S. 44–46; H. H. *Borcherdt*, G.H., in: Deutsche Literatur im 20. Jahrhundert. Sturkturen und Gestalten, hrsg. v. O. Mann u. W. Rothe, Bd. II, 1967, S. 266–270; H. *Mayer*, G.H., 1967, S. 64–66; *Hilscher*, 1969, S. 251–253 et passim; *Brammer*, 1972, S. 287–304; E. A. *McCormick*, GH's »Und Pippa tanzt!«, in: Theatrum Mundi, hrsg. v. E. R. Haymes, 1980, S. 93–108.

»*Die Jungfern vom Bischofsberg*«, Lustspiel. Entst.: 1904–1906; Erstausgabe: Berlin: S. Fischer 1907; Urauff.: 2. 2. 1907, Lessingtheater Berlin; Lit.: *Kerr*, 1917, Bd. II, S. 234–238; *Langer*, 1932, S. 66–67; *Krause*, 1952, S. 176–179; F. *Richter*, Die Schwestern Thienemann in schlesischer Literatur, in: Schlesien, 14 (1969), S. 149–150; *Brammer*, 1972, S. 152–163, 269–275.

»*Christiane Lawrenz*«, Schauspiel. Entst.: 1905–1907 (in 2. Fassung); Erstveröffentl.: CA, Bd. 8; Lit.: *Hilscher*, 1969, S. 266.

»*Griechischer Frühling*«, Entst.: 1907; Erstausgabe: Berlin: S. Fischer 1908 (unvollständige Fassung in: NR, 1908); Lit.: J. *Hofmiller*, »Griechischer Frühling«, in: SdMh, 6 (1909), S. 531–541; H. *Kessler*, »Griechischer Frühling«, in: NR, 20 (1909), S. 719–743; H. *Kienzl*, H. in Hellas, in: LE, 11 (1909), Sp. 1519–1521; W. A. *Oldfather*, H's »Griechischer Frühling«, in: The Classical Journal, 6 (1910), S. 15–23; H. E. *Jacob*, H. und die Antike, in: Marcuse, 1922, S. 47–55; E. *Meyenburg*, Goethes »Italienische Reise« und G.H's »Griechischer Frühling«, in: Goethe-Jb., hrsg. v. d. Goethe-Ges. in Japan, 2 (1933), S. 73–100; *Muller*, 1950, S. 57–64; *Leiner*, 1955, S. 82–88; U. *Münchow*, G.H's »Griechischer Frühling«, in: NDL, 4 (1956), S. 110–114; *Hensel*, 1957, S. 49–62; R. *Bechtle*, Wege nach Hellas. Studien zum Griechenlandbild deutscher Reisender, 1959, S. 169–187; *Guthke*, 1961, S. 109–112; *Michaelis*, 1962, S. 18–22; *Van der Will*, 1962, S. 151–181; *Voigt*, 1965, S. 55–61; H. *Mayer*, Zur deutschen Literatur der Zeit, 1967, S. 9–16; *Hilscher*, 1969, S. 268–274; *Dill*, 1972, S. 31–62.

»*Kaiser Karls Geisel*«, ein Legendenspiel. Entst.: 1906–1907; Erstausgabe: Berlin: S. Fischer 1908; Urauff.: 11. 1. 1908, Lessingtheater Berlin; Lit.: K. G. *Rendtorff*, H's »Kaiser Karls Geisel«, 1908; K. *Richter*, G.H's Legendenspiel »Kaiser Karls Geisel«, Bukarest 1908; P. *Goldmann*, Literatenstücke und Ausstattungsregie, 1910, S. 171–185; E. G. *Moore*, Ibsen's »Emperor and Galilean« and H's »Kaiser Karls Geisel«, in: Studies of the University of Nebraska, 10 (1910), S. 243–259; *Kerr*, 1917, Bd. II, S. 207–221; F. *Linne*, Die Sagen- und Märchendramen G.H's und ihre Quellen, Diss. Köln 1922, S. 31–48; L. v. *Wedel-Parlow*, »Die Jüdin von Toledo« und »Kaiser Karls Geisel«, Diss. Würzburg 1927; *Behl*, 1948, S. 109–112; H. *Hanisch*, Die Novellendramatisierungen G.H's, Diss. Mainz 1951, S. 96–104; *Krause*, 1952, S. 180–184; *Metken*, 1954, S. 136–162; *Mehring*, 1961, S. 341–343; *Hortenbach*, 1965, S. 165–169; *Brammer*, 1972, S. 304–317.

»*Griselda*«, Lustspiel. Entst.: 1908; Selbstzeugnisse: *Machatzke*, 1963, S. 112–114; Erstausgabe: Berlin: S. Fischer 1909; weitere Szenen in: BT, 18. 12. 1917, und in: S. Fischer Almanach »Das XXV. Jahr«, 1911, S. 178–186; Paralipomena in: CA, Bd. 9; Urauff.: 6. 3. 1909, Lessingtheater Berlin und Hofburgtheater Wien; Lit.: *Kerr*, 1917, Bd. II, S. 238–245; F. *Linne*, Die Sagen- und Märchendramen G.H's und ihre Quellen, Diss. Köln 1922, S. 49–69; K. *Laserstein*, Der Griseldisstoff in der Weltliteratur, 1926; *Langer*, 1932, S. 69–70; *Schreiber*, 1946, S. 186–190; H. *Hanisch*, Die Novellendramatisierungen G.H's, Diss. Mainz 1951, S. 105–119; *Krause*, 1952, S. 185–190.

»*Der Narr in Christo Emanuel Quint*«, Roman. Entst.: 1901/02, 1907, 1908–1910; Selbstzeugnisse: BT, 12. 9. 1912 (über Mißdeutungen des E. Quint); Erstveröffentl.: NR, 1910, H. 1–12; erste Einzelausgabe: Berlin: S. Fischer 1910; Paralipomnena in: CA, Bd. 11; Lit.: G. *Lomer*, Das Christusbild in G.H's »Emanuel Quint«, 1911; R. *Faesi*, G.H's »Emanuel Quint«, 1912; W. E. *Mosher*, The Promise of the Christ-Age in Recent Literature, New York 1912, S. 134–169; R. *Tombo*, The Identity of the Hassenpflugs in H's »The Fool in Christ«, in: MLN, 28 (1913), S. 5–8; P. *Grummann*, H's »Emanuel Quint«, in: PL, 27 (1916), S. 430–438; R. *Weber*, Das religiöse Problem bei G.H., in: JEGP, 15 (1916), bes. S. 396–405; *Fechter*, 1922, S. 121–127; *Vollmers-Schulte*, 1923, S. 92–95; W. *Sulser*, G.H's »Narr in Christo Emanuel Quint«. Ein Beitrag zur Geschichte der deutschen religiösen Dichtung, 1925; *Langer*, 1932, S. 70–73; H. *Stehr*, Das Stundenglas, 1936, S. 9–16; H. *Steinhauer*, H's Vision of Christ. An Interpretative Study of »Der Narr in Christo Emanuel Quint«, in: MH, 29 (1937), S. 331–340; S. D. *Stirk*, G.H's »Jesusstudien« in ihrer Beziehung zu dem Roman »Der Narr in Christo Emanuel Quint«, 1937; *Schreiber*, 1946, S. 221–233; J. H. W. *Rosteutscher*, Die Wiederkunft des Dionysos, 1947, S. 213–216; *Weisert*, 1949, S. 73–75; A. *Kuder*, Die Christusfigur bei H., Rosegger und Frenssen, Diss. Wien 1950; *Gregor*, 1951, S. 514–522 et passim; E. *Koch-Emmery*, Saint or Idiot. A Comparison between Dostoevsky's »Idiot« and H's »Der Narr in Christo Emanuel Quint«, in: AUP, 1951, S. 64–75; A. *Grosser*, »Le fou en Christ« de G.H., in: Langues Modernes, 46 (1952), S. 46–55; G. *Musa*, Emanuel Quint der Narr in Christo. Il primo romanzo di G.H., in: Letterature Moderne, 4 (1953), s. 319–328; M. *Sinden*, H's »Emanuel Quint«, in: GR, 29 (1954), S. 269–281; H. *Geyer*, Dichter des Wahnsinns, 1955, S. 197–217; *Leiner*, 1955, S. 107–119; M. W. *Stickelmann*, View-Point und Zeitstruktur als Basis morphologischer Interpretation, Diss. Bonn 1955, S. 64–175; *Hurtig*, 1956, S. 55–62; *Fischer*, 1957, S. 177–187 et passim; *Hensel*, 1957, S. 98–135; *Rohmer*, 1958, S. 28–95; K. S. *Weimar*, Another Look at G.H's »Der Narr in Christo Emanuel Quint«, in: GR, 34 (1959), S. 209–222; M. *Küsel*, G.H's »Narr in Christo Emanuel Quint«. Die theologischen Probleme und ihre dichterische Gestaltung im Roman, Diss. Kiel 1960; *Bleiker*, 1961, S. 132–180; *Guthke*, 1961, S. 112–118; *Heuser*, 1961, S. 171–174 et passim; G. J. *Jordan*, A Look at H's »Fool«, in: The South Central Bulletin, 23 (1963), S. 35–41; *Kersten*, 1966, S. 85–111; D. *Meinert*, Die Problematik der Nachfolge Christi in der Gegenwart in der Darstellung von G.H's »Der Narr in Christo Emanuel Quint« und Brechts »Der gute Mensch von Sezuan«, in: AG, 2 (1968), S. 35–53; *Hilscher*, 1969, S. 283–289 et passim; *Mendelssohn*, 1970, S. 549–554; G. A. *Riley*, An Examination of the Autobiographical Elements in G.H's Novel »Der Narr in Christo Emanuel Quint«, in: FMLS, 6 (1970), S. 169–172; T. *Ziol-kowski*, Fictional Transfigurations of Jesus, Princeton 1972, S. 110ff.; *Dill*, 1972, S. 63–96; M. *Godfroid*, Der Narr in Christo: Emanuel Quint et l'évolution religieuse de G.H., in: EG, 30 (1975), S. 30–41, 318–334, 455–465.

»*Peter Brauer*«, Tragikomödie. Entst.: 1908, 1910; Erstausgabe: Berlin: S. Fischer 1921; Paralipomena in: CA, Bd. 9; Urauff.: 1. 11. 1921, Lustspielhaus Berlin; Lit.: K. *Schneider*, Die komischen Bühnengestalten bei G.H. und das deutsche Familienlustspiel, Diss. Köln 1957, S. 185–188; *Sinden*, 1957, S. 136–144; G. *Kaiser*, Die Tragikomödien G.H's, in: Festschrift für K. Ziegler, 1968, S. 269–270; *Hilscher*, 1969, S. 160–161; A. *Schweckendiek*, Könnt ich Magie von meinem Pfad entfernen, 1970, S. 276–283.

»*Die Ratten*«, Berliner Tragikomödie. Entst.: 1909–1910; Selbstzeugnisse: *Machatzke*, 1963, S. 114–116; Erstausgabe: Berlin: S. Fischer 1911; Paralipomena in: CA, Bd. 9; Urauff.: 13. 1. 1911, Lessingtheater Berlin; Lit.: *Kerr*, 1917, Bd. II, S. 246–255; *Langer*, 1932, S. 73–76; *Behl*, 1948, S. 164–168; *Krause*, 1952, S. 191–195; M. *Gieselberg*, Gestaltende Kräfte des Dramas bei G.H., Diss. Bonn 1955, S. 192–244; K. S. *Guthke*, G.H. und die Kunstform der Tragikomödie, in: GRM, 38 (1957), S. 349–369 (auch in: Guthke, Geschichte und Poetik der deutschen Tragikomödie, 1961); *Sinden*, 1957, S. 203–218; P. *Berger*, G.H's »Ratten«. Interpretation eines Dramas, 1961; *Mehring*, 1961, S. 345–346; *Meixner*, 1961, S. 127–137; B. v. *Wiese*, Wirklichkeit und Drama in G.H's Tragikomödie »Die Ratten«, in: JbDS, 6 (1962), S. 311–325 (auch in: Wiese, Zwischen Utopie und Wirklichkeit, 1963); *Schrimpf*, 1963, S. 281–283; H. *Rück*, Naturalistisches und expressionistisches Drama. Dargestellt an G.H's »Ratten« und G. Kaisers »Bürger von Calais«, in: DU, 16 (1964), S. 39–53; H. *Kaufmann*, Krisen und Wandlungen der deutschen Literatur von Wedekind bis Feuchtwanger, 1966, S. 56–62; *Dosenheimer*, 1967, S. 169–171; B. *Markwardt*, Geschichte der deutschen Poetik, Bd. 5, 1967, S. 116–119; H. *Mayer*, G.H., 1967, S. 67–69; G. *Kaiser*, Die Tragikomödien G.H's, in: Festschrift für K. Ziegler, 1968, S. 277–286; U. *Münchow*, Deutscher Naturalismus, 1968, S. 112–113; *Hilscher*, 1969, S. 295–301 et passim; F. N. *Mennemeier*, Literarsoziologische Bemerkungen zu G.H's »Die Ratten«, G. Kaisers »Von morgens bis mitternachts«, H. v. Hofmannsthals »Das Salzburger Große Weltheater«, S. Becketts »Warten auf Godot«, in: DU, 23 (1971), S. 70–85; I. *Janich*, Interpretationen der Frau John. Studien zur Rezeptionsgeschichte von G.H's Tragikomödie »Die Ratten«, Diss. Wien 1978; C. *Skinner*, The Texts of H's Ratten, in: MPh, 77 (1979), S. 163–171.

»*Atlantis*«, Roman. Entst.: 1909, 1911/12; Erstveröffentl.: BT, 16. 1.–24. 4. 1912; erste Einzelausgabe: Berlin: S. Fischer 1912; Lit.: K. *Strecker*, H's Hauptirrtum als Epiker, in: LE, 15 (1913), Sp. 463–467; R. *Tombo*, Notes on »Atlantis«, in: MLN, 28 (1913), S. 170–171; H. *Church*, »Atlantis« in Dichtung und Wahrheit, in: Heynen, 1922, S. 139–148; H. *Stehr*, Das Stundenglas, 1936, S. 17–23; *Weisert*, 1949, S. 75–79; *Gregor*, 1951, S. 326–329; *Requardt*, 1955, S. 311–320; *Leiner*, 1955, S. 62–67;

Rohmer, 1958, S. 95–128; K. *Emmerich*, G.H's Roman »Atlantis«, hrsg. v. Germ. Institut d. Humboldt Univ. Berlin, 1961, S. 85–110; *Heuser*, 1961, S. 58–60 et passim; H. *Kaufmann*, Krisen und Wandlungen der deutschen Literatur von Wedekind bis Feuchtwanger, 1966, S. 313–315; *Hilscher*, 1969, S. 301–305; H. D. *Tschörtner*, Nachwort zu »Atlantis«, 1971; M. *Kremkus*, A Critical Examination of Textual Variants in the German Versions of H's »Atlantis«, Ph. D. Diss. University of Michigan 1972.

»*Gabriel Schillings Flucht*«, Drama. Entst.: 1905–1906; Erstveröffentl.: NR, 1912; erste Einzelausgabe: Berlin: S. Fischer 1912; Urauff.: 14. 6. 1912, Goethes Theater Bad Lauchstedt; Lit.: A. *Eloesser*, G.H. in Lauchstedt, in: DR, 152 (1912), S. 299–303; E. *Heilborn*, Gabriel Schillings Flucht, in: LE, 14 (1912), Sp. 1421–1423; E. *Sulger-Gebing*, G.H., 1916, S. 99–103; *Kerr*, 1917, Bd. II, S. 198–207; L. *Stein*, G.H's »Einsame Menschen« und »Gabriel Schillings Flucht«, Diss. Wien 1918; W. *Lesch*, Das Problem der Tragik bei G.H., 1922, S. 50–57; *Taube*, 1936, S. 51–53; R. *Zander*, Der junge G.H. und H. Ibsen, Diss. Frankfurt 1947, S. 108–144, 212–217; *Behl*, 1948, S. 113–115; F. *Brehmer*, Lauchstedt 1912, in: GHJ, 1948, S. 71–85; *Gregor*, 1951, S. 370–373; *Krause*, 1952, S. 196–203; E. *Nitzsche*, G.H. Griechentum und Humanismus, Diss. Berlin (FU) 1953, S. 114–120; K. S. *Guthke*, Die Gestalt des Künstlers in G.H's Dramen, in: NPh, 39 (1955), bes. S. 32–35; *ders.*, Wege zur Literatur, 1967, S. 206–207; *Leiner*, 1955, S. 50–53; W. *Krogmann*, Niederdeutsches bei G.H., in: KNS, 1957, H. 64, S. 50–55; *ders.*, G.H. und Pommern, in: Baltische Studien, 52 (1966), bes. S. 118–123; *Sinden*, 1957, S. 123–136; M. *Machatzke*, Nachwort zur Propyläen-Textausgabe, 1959; *Künzel*, 1962, S. 29–33; *Schrimpf*, 1963, bes. S. 302f.; G. *Altmann*, Vor fremden und eigenen Kulissen, 1964, S. 332–336; *Hortenbach*, 1965, S. 153–165; *Mendelssohn*, 1970, S. 601–603; *Brammer*, 1972, S. 275–286.

»*Gralphantasien*« (zusammenf. Titel zweier Jugendbücher). Entst.: 1911–1912; Erstausgaben: »Lohengrin«, Berlin: Ullstein & Co. 1913; »Parsival«, Berlin: Ullstein & Co. 1914; Lit.: *Gregor*, 1951, S. 346–348; C. *Dussère*, An Interpretation of GH's »Parsival«, in: Colloquia Germanica, 13 (1980), S. 233–245.

»*Festspiel in deutschen Reimen*«, zur Erinnerung an den Geist der Freiheitskriege der Jahre achtzehnhundertunddreizehn, -vierzehn und -fünfzehn, aufgeführt bei der Jahrhundertfeier in Breslau 1913. Entst.: 1912–1913; Selbstzeugnisse: VZ, 18. 6. 1913; Erstausgabe: Berlin: S. Fischer 1913; Paralipomena in: CA, Bd. 9; Urauff.: 31. 5. 1913, Jahrhunderthalle Breslau; Lit.: F. *Avenarius*, Werning contra Hauptmann?, in: Kw, 26 (1913), S. 89–97; F. *Düsel*, G.H's Jahrhundertfestspiel für Breslau, in: WMh, 1913, S. 930–938; B. *Köhler*, Ein französischer Farbenstich von 1791 zu H's »Festspiel«, in: Mittln. d. lit. hist. Ges. Bonn, 8 (1913), S. 106–114; G. *Litzmann*, G.H's »Festspiel«, in: Mittln. d. lit. hist. Ges. Bonn, 8 (1913), S. 65–106; R. *Riemann*, G.H's Jahrhundertfestspiel, in: Das monistische Jahrhundert, 2 (1913), S. 424–430; E. *Kühnemann*, Vom Weltreich des deutschen Geistes, 1914, S. 398–406; E. *Sulger-Gebing*, G.H., 1916, S. 119–124; *Kerr*, 1917, Bd. V, S. 188–192; M. *Berg*, G.H's Festspiel, in: Marcuse, 1922, S. 208–218; E. *Scheyer*, Das Breslauer Festspiel 1913, in: Die Literatur, 35 (1932), S. 69–74; *Müller*, 1939, S. 101–109; J. *Kammlander*, G.H's »Festspiel in deutschen Reimen«, Diss. Wien 1945; F. X. *Braun*, H's »Festspiel« and Frenssen's »Bismarck«. A Study in Political Contrasts, in: GR, 22 (1947), S. 106–116; S. D. *Stirk*, G.H's »Festspiel«. Eine Kritik von F. Mauthner, in: GHJ, 1948, S. 230–235; *Muller*, 1950, S. 44–51; *Gregor*, 1951, S. 292–299; *Mehring*, 1961, S. 348–354; H.-E. *Hass*, Weltspiel und Todesmysterium, in: Propyläen-Textausgabe, 1963, 87–114; *Voigt*, 1965, S. 71–76; *Hilscher*, 1969, S. 305–309.

»*Der Bogen des Odysseus*«, Drama. Entst.: 1907–1912; Selbstzeugnisse: *Machatzke*, 1963, S. 116–119; CA, Bd. 6; Erstveröffentl.: NR, 1914; erste Einzelausgabe: Berlin: S. Fischer 1914; Urauff.: 17. 1. 1914, Deutsches Künstlertheater Berlin; Lit.: E. G. *Kolbenheyer*, G.H's »Der Bogen des Odysseus«. Eine technische Analyse, in: Eckart, 8 (1914), S. 433–450; P. *Gaude*, Das Odysseusthema in der neueren deutschen Literatur, besonders bei H. und Lienhard, Diss. Greifswald 1916; *Kerr*, 1917, Bd. II, S. 261–268; A. *Laudien*, G.H's »Bogen des Odysseus«, in: Neue Jahrbücher für das Klassische Altertum, 47 (1921), S. 215–223; K. *Mayer*, Der Bogen des Odysseus von G.H., 1930; *Behl*, 1948, S. 116–120; E. *Nitzsche*, G.H. Griechentum und Humanismus, Diss. Berlin (FU), 1953, S. 120–134; *Leiner*, 1955, S. 89–96; R. *Michaelis*, Nachwort zur Propyläen-Textausgabe, 1959; *ders.*, 1962, S. 40–72; *Guthke*, S. 119–122; W. *Schadewaldt*, G.H. und die Griechen. Zum »Bogen des Odysseus«, in: Jahrhundertfeier für G.H., Köln 1962, S. 25–28; *Voigt*, 1965, S. 63–66; P. C. *Wegner*, G.H's Griechendramen. Ein Beitrag zu dem Verhältnis von Psyche und Mythos, Diss. Kiel 1968, S. 124–127; *Hilscher*, 1969, S. 274–277; J. *Glenn*, H's Odysseus: The Struggle for Equanimity, in: University of Dayton Review, 7 (1971), S. 53–59.

Beiträge in Zeitschriften und Zeitungen: Das Mediceergrab, in: Kunst und Künstler, 1 (1902), S. 13–15; Über ein Volksbuch (H. Stehr, Das letzte Kind), in: Die Zeit, 11. 10. 1903; W. Leistikow, in: BT, 30. 7. 1908; Tolstoi, in: BT, 21. 11. 1910; Zu Flauberts Tagebuch, in: Pan, 1 (1911), S. 592; R. Wagner, in: Der Merker, 2 (1911), S. 777–778; Strindberg, in: BT, 23. 1. 1912; Duldsamkeit, in: Der Zeitgeist (Beiblatt zum BT), 11. 11. 1912; Rede in der Concordia in Wien, in: NWJ, 19. 11. 1912; Ansprache in der Univ. Leipzig am 23. 11. 1912; in: NWJ, 28. 11. 1912; Rede beim Nobelpreis-Bankett, in: BT, 11. 12. 1912; Dankworte an die Berliner Studentenschaft, in: BT, 17. 12. 1912; Für H. Stehr, in: BT, 16. 2. 1914; B. v. Suttner, in: Die Friedenswarte, 16 (1914), S. 259; Gegen Unwahrheit, in: BT, 26. 8. 1914.

Vorworte: F. *Stelzhamer*, Charakterbilder aus Oberösterreich, 1906; H. G. *Fiedler*, The Oxford Book of German Verse, Oxford 1911; Raoul Richter zum Gedächtnis, 1914; G. *Bertolini*, Italien. . .? und der Krieg, 1914.

Fragmente: »Gudrun«, Entst.: 1902, Erstveröffentl.: CA, Bd. 9. – »Familientag. Das Gastmahl«, Entst.: verm. 1903, 1904, zwischen 1904 und 1907, verm. 1915; Erstveröffentl.: CA, Bd. 9. – »Das Hirtenlied«, Entst.: 1898–1899; Erstveröffentl. in: NR, 1904, S. 1–26; Nationalztg.,

25. 12. 1906; Paralipomena zum Hirtenlied, hrsg. v. C. F. W. Behl, 1932; erste Einzelausgabe: hrsg. v. F. A. Voigt, Breslau: Priebatsch 1935; Lit.: F. A. *Voigt*, Vorwort u. Nachwort zur Ausgabe von 1935; W. *Buddecke*, Zur Deutung des »Hirtenlieds«, in: GHJ, I. Bd., 1936, S. 120–125; *Schreiber*, 1946, S. 234–241; K. S. *Guthke*, Die Gestalt des Künstlers in G.H's Dramen, in: NPh, 39 (1955), bes. S. 25–28; *Leiner*, 1955, S. 37–42; U. *Münchow*, Das Bild des Künstlers im Drama G.H's, Diss. Berlin 1956, S. 47–49, 105–116; *Schrimpf*, 1963, S. 300–301; *Van der Will*, 1962, S. 123–133; *Hilscher*, 1969, S. 240–242; *Brammer*, 1972, S. 229–235. – »Die Somnambule«, Entst.: 1904, Erstveröffentl.: CA, Bd. 9. – »Mutterschaft«, Entst.: 1905, Erstveröffentl.: CA, Bd. 9. – »Apollonius von Tyrus«, Entst.: 1960, Erstveröffentl.: CA, Bd. 9. – »Die Baßgeige«, Entst.: 1905, 1935 oder 1936, 1938, 1944; Erstveröffentl.: CA, Bd. 9. – »Jacobsohn-Komödie«, Entst.: 1905/06, Erstveröffentl.: CA, Bd. 9. – »Eines Morgens lag Christian zu Bett«, Erstveröffentl.: Der Tag, 25. 12. 1906 – »Equus«, Entst.: 1906, Erstveröffentl.: CA, Bd. 9. – »Auf Bertramshöhe«, Entst.: 1906, Erstveröffentl.: CA, Bd. 9. – »Das Pegnitzweibchen«, Entst.: 1906, Erstveröffentl.: CA, Bd. 9. – »Neue Tragikomödie«, Entst.: 1906, Erstveröffentl.: CA, Bd. 9. – »Dorfschulmeister Hendel«, Entst.: 1907, Erstveröffentl.: CA, Bd. 9. – »Heimweh«, Entst.: 1908, Erstveröffent.: CA, Bd. 9. – »Besuch bei Familie Kurnick«, Entst.: 1908/10, Erstveröffentl.: CA, Bd. 8. – »Kurt Rode«, Entst.: 1908; Erstveröffentl.: CA, Bd. 11. – »Das Landhaus zur Michelsmühle«, Entst.: 1908; Erstveröffentl.: CA, Bd. 11; Lit.: K. *Hildebrandt*, »Das Landhaus zur Michelsmühle«. Ein autobiographisches Romanfragment von G. H., in: Schlesien, 24 (1979), S. 65–76. – »Rom«, Entst.: hauptsächlich 1909, Erstveröffentl.: CA, Bd. 9. – »Bismarckhaar«, Entst.: 1911, Erstveröffentl.: CA, Bd. 9. – »»Rautenkranz«, Entst.: 1912, Erstveröffentl.: CA, Bd. 9. – »Cand. rer. nat. Eugen Schaffheitlin«, Entst.: 1912, Erstveröffentl.: CA, Bd. 9. – »Kaiser Maxens Brautfahrt«, Erstveröffentl.: NFP, 25. 12. 1913 (später in: Ausblicke, 1924); Urauff.: 14. 1. 1924, Schauspielhaus Leipzig. – »In der Wirtschaft ›Zum Kühlen Morgen‹«, Entst.: 1913, Erstveröffentl.: CA, Bd. 9. – »Till Eulenspiegel«, Entst.: 1906, 1909, 1913, 1914; Erstveröffentl.: Das Land Goethes 1914 bis 1916, hrsg. v. Berliner Goethebund, 1916, S. 48–51; NR, 1922, S. 1058–1072; M. Rockenbach, Rückkehr nach Orplid, 1924, S. 108–109; Ausblicke, 1924; Das Reich, 26. 12. 1943; CA, Bd. 9 und 4; – »Dachrödenshof«, Entst.: 1914, Erstveröffentl.: CA, Bd. 9. – »Partei«, Entst.: 1914, Erstveröffentl.: CA, Bd. 9. – »Professor Fleming«, Entst.: 1914, Erstveröffentl.: CA, Bd. 9. – »Die Wünsche«, Entst.: 1914, Erstveröffentl.: CA, Bd. 9.

4. Vom 1. Weltkrieg bis zum Ende der Republik (1914–1933)

Während des 1. Weltkrieges hält sich Hauptmann meist in Agnetendorf und Berlin auf. Veröffentlicht wird in dieser Zeit wenig. Einige Gedichte, Aufsätze und Ansprachen erscheinen (z.B. »Deutschland und Shakespeare«, »Abschied von Paul Schlenther«), im Herbst 1915 wird das Drama »Magnus Garbe« beendet, im Frühjahr 1916 die »Winterballade«. Beiden Werken merkt man es an, daß sie unter dem Eindruck der Kriegsgreuel entstanden sind. »Magnus Garbe« erschien erst in den 40er Jahren, die »*Winterballade*« dagegen, die auf einer Erzählung von Selma Lagerlöf (»Herr Arnes Penningar«) basiert, wurde im Oktober 1917 aufgeführt. Sie ist sehr zurückhaltend aufgenommen und kaum beachtet worden. Die Forschung hat sich erst nach dem 2. Weltkrieg intensiv damit befaßt. Vergleiche zwischen Hauptmanns Stück und der Erzählung Lagerlöfs wurden angestellt (A. Jolivet, S. Cyrus, H. Hanisch u. a.) und gewöhnlich die Andersartigkeit der Problembehandlung und unterschiedliche Formgebung hervorgehoben. Im Zentrum des Interesses standen die Hauptfigur und die Frage nach ihrer Entsühnung, doch sind auch die Gestaltungselemente näher untersucht worden. Dabei wurde festgestellt, daß eine »stimmungsmäßige Einheit« (W. Mauser) an Stelle der weitgehend fehlenden dramatischen Konzeption getreten ist und daß balladeske Züge eine wichtige Rolle spielen. H. Hanisch hat sich hier besonders bemüht und festgehalten, daß das Balladeske »im Stimmungshaften, im Bilder reihenden Handlungsgefüge und in der Vermischung von Traum und Wirklichkeit« (S. 136) greifbar werde.

Kein weiteres Drama Hauptmanns wurde bis zum Kriegsende uraufgeführt, doch gelangte eine Vertonung von »Elga« (durch E. Lendvai) an die Öffentlichkeit. Während des Krieges wurde »Der weiße Heiland« beendet und es erschien die Novelle »*Der Ketzer von Soana*«. Sie fand weithin Widerhall und sollte das erfolgreichste Prosawerk Hauptmanns werden. Die Kritik wies zuerst auf eine vermeintliche Unselbständigkeit in der Stoffwahl hin; an Anzengrubers »Pfarrer von Kirchfeld« fühlte man sich erinnert, an Zolas »La faute de l'abbé Mouret«, an die spätantike Hirtengeschichte »Daphnis und Chloe« des Longus und noch andere Werke. Die Zusammenhänge mit der »Versunkenen Glocke« und die Bezüge zum »Narren in Christo Emanuel Quint« wurden herausgestellt; der »dionysische Charakter« (Hilscher) des Werkes wurde betont. Das innere Erleben der Hauptfigur wurde zum Gegenstand besonderen Interesses, so ihr Natur- und Liebeserlebnis und ihre Bekeh-

rung zum heidnisch-antikischen Eros. Zudem hob man die psychoanalytischen Einsichten des Autors hervor.

Früh schon wandte man sich auch der künstlerischen Gestaltung des
Stoffes zu. Das lyrisch-hymnische Element wurde vermerkt; die Komposition, Motivik und Formgebung wurden untersucht (G. v. Rüdiger). G.
Fischer ging später auf »modernere« Aspekte ein (z. B. Erzählzeit und
erzählte Zeit), und Bleicker wies auf die »ambivalente Ausrichtung« der
Sprache hin. Grothe schließlich arbeitete ein architektonisches Schema
heraus und folgerte etwas zu prononciert, daß die Novelle einem »antiki-
schen Giebel in Aufriß und Querschnitt« (S. 299) gleiche. Bedauerlich ist,
daß sich noch keine Untersuchung intensiv mit der Bildwelt befaßt hat,
zumal H. Remak, wenn auch in provozierender Weise, auf das Konventio-
nelle, das Zuviel an bildlichem Bildungsgut hingewiesen hat. In jüngster
Zeit hat R.-D. Koll die Sprachqualität untersucht und festgestellt, daß
gewisse »Mängel« bewußt gesetzt und »sowohl gehaltlich wie formal als
stimmig« (S. 17) zu bezeichnen sind.

Als 1918 in Deutschland die Republik entstand, bekannte sich
Hauptmann zum neuen Staat und seiner Regierungsform. Spontan
verfaßte er im November 1918 eine »*Kundgebung Berliner Künstler und Dichter*«, die von 60 Kunstschaffenden unterschrieben
wurde. Im Laufe der Zeit wird er zum repräsentativen Dichter der
Weimarer Republik. Oft nimmt er Stellung zum Zeitgeschehen
und zu aktuellen Fragen (u. a. »Offener Brief an den Kongreß der
Alliierten in Paris«), auch reagiert er 1921 positiv auf den Appell
Maxim Gorkis, dem hungernden russischen Volk zu helfen. Zu
gegebenen Anlässen schreibt er Marginalien über Dichterkollegen,
und er selbst wird oft geehrt. Im Jahre 1921 erhält er die Ehrendok-
torwürde der Universität Prag, sein 60. Geburtstag wird zu einer
nationalen Angelegenheit: der Adlerschild des Deutschen Reiches
wird ihm verliehen, Festvorstellungen finden vielerorts statt, und
in Breslau werden Gerhart-Hauptmann-Festspiele veranstaltet.
Eine schmerzliche Erfahrung ist der Tod des Bruders Carl und die
Ermordung Walter Rathenaus.

Während dieser Jahre werden verschiedene Dramen verfilmt
(z. B. »Rose Bernd«, »Hanneles Himmelfahrt«, »Die Ratten«,
»Elga«), und die Arbeit am »Till Eulenspiegel«, dem »Großen
Traum« und anderen Werken wird vorangetrieben. 1920 gelangen
»Der weiße Heiland« und »Indipohdi« an die Öffentlichkeit. Diese
Bühnenwerke sind durch einen starken Zug zur Resignation
gekennzeichnet, die Idee des Selbstopfers steht im Mittelpunkt der
Reflexion. »*Der weiße Heiland*« wird noch 1920 uraufgeführt,
»Indipohdi« erst später (1922). Trotz evidenter Schwächen faszi-
nierte das Heilands-Drama; man erkannte, daß das Geschichtliche

nur der äußere Rahmen für das tragische Schicksal der Hauptgestalt war. Von der Forschung sind Abweichungen von den historisch-kulturellen Fakten registriert worden, auch wurden die Berührungslinien zu E. Stuckens »Die weißen Götter« sowie die Gestaltungselemente näher dargelegt (vor allem M. Gieselberg). »*Indipohdi*« fand ebenfalls Zustimmung, doch wurden die Mängel in der Motivierung moniert. Die Fülle literarischer Anspielungen und philosophischen Gedankengutes fiel auf, an Hölderlin, Goethe, Plato und Shakespeares »Tempest« fühlte man sich erinnert. Daß der Dichter dieses Werk sein »geistiges Testament« nannte, lenkte die Aufmerksamkeit vornehmlich auf den Sinngehalt. Die Hauptfigur, ihre Leiderfahrung und ihr Opfergang sind immer wieder beleuchtet worden, ebenso der Vater-Sohn-Konflikt.

Das Jahr 1921 brachte an Einzelwerken noch einige Gedichte (»Sonette«), die Tragikomödie »Peter Brauer« (s. S. 51), das Versepos »Anna« sowie ein Fragment (»Junglicht«) aus diesem Werk, das im endgültigen Text nicht enthalten war. Das Versepos verwertet Erinnerungen an die Zeit in Lederose und kreist um das dortige Liebeserleben. Es wurde zurückhaltend aufgenommen, und die Forschung hat sich nicht sonderlich darum bemüht (ausgenommen F. A. Voigt).

Auf autobiographische Züge und biographische Einzelheiten ist verwiesen worden, auch auf Bezüge zu Goethes »Herrmann und Dorothea«. Zudem wurde die Diskrepanz zwischen Form und Inhalt bemerkt. Im neueren Schrifttum wird es unterschiedlich bewertet: D. Haenicke stellt fest, daß von dem Werk »eine starke unmittelbare Wirkung« (S. 48) ausgehe; für H. J. Schueler dagegen ist es »a depressing and at times an extremely annoying work« (S. 45).

In den frühen 20er Jahren werden die Gesammelten Werke in 8 Bänden sowie die Große Ausgabe der Werke in 12 Bänden herausgegeben; der 12. Band erscheint auch als Einzelveröffentlichung (»Ausblicke«). 1922 gelangt der Roman »*Phantom*« in der »Berliner Illustrierten« zum Abdruck. Es handelt sich um eine Kriminalgeschichte, auf deren Schwächen allzu bereitwillig verwiesen wird. In der Forschung hat sie trotz der treffenden Wiedergabe des alten Breslau kaum Anklang gefunden. Hervorzuheben ist nur G. H. Hertlings Aufsatz, in dem die Hauptgestalt mit Felix Krull verglichen wird.

Hauptmann entfaltet während dieser Zeit eine umfangreiche Rednertätigkeit. Er sieht sich veranlaßt, einer Zeitungsnachricht entgegenzutreten, derzufolge er sich mit der Absicht trage, für das Amt des Reichspräsidenten zu kandidieren. Er liest im Reichstag, in Zentren des Ruhrgebiets, in Hamburg, Heidelberg, Graz, Wien und anderen Städten. Er hält sich oft in Rapallo auf und fährt regelmäßig nach Hiddensee. Eine Zeitlang wohnt er dort im »Haus am Meer« mit *Thomas Mann* unter einem Dach. Zwischen diesen Dichtern entspann sich ein weitläufiges freundschaftliches Verhältnis, doch das Peeperkorn-Porträt im »Zauberberg« trübte das Einvernehmen, das erst später wiederhergestellt wurde.

Auf Hiddensee wird 1923 nach langen Mühen »*Veland*« abgeschlossen. Daß dieses Werk einst mit Begeisterung aufgenommen wurde, nimmt wunder, und nur die Tatsache, daß nach der Uraufführung auch kritische Stimmen laut wurden, spricht für das Unterscheidungsvermögen einiger Kritiker.

Die Forschung hat sich vor allem in den 30er Jahren eingehend mit »Veland« befaßt. Der Einfluß K. Simrocks, R. Wagners und der Edda wurde festgehalten, die Entstehung wurde untersucht. Das Werk galt als »Tragödie des Urkonfliktes zwischen Mensch und Schicksal« (K. Hemmerich). Später wurden die Leiden und Dionysisch-Zerstörerische mehr in den Vordergrund gestellt, vor allem das ungewöhnliche Ende übte seine Faszination aus. Eine der neueren Deutungen (Guthke) spricht in dieser Hinsicht von Velands »Aufschwung ins Göttliche«, eine andere (E. A. McCormick) von Aufkommen einer unpersönlichen Dimension, die dem Tragischen zuwiderlaufe.

Im Jahre 1924 erhält Hauptmann den Orden pour le mérite (Friedensklasse) und wird zum Mitglied der Akademie der Bildenden Künste in Wien ernannt. Der Roman »*Die Insel der Großen Mutter oder das Wunder von Île des Dames*« wird beendet, und das Drama »Herbert Engelmann« (s. S. 89) ist nahezu fertig. Zudem werden »Die blaue Blume« und ein Fragment aus der »Dom«-Dichtung veröffentlicht. »Die blaue Blume«, ein kleines Versepos, ist wenig beachtet worden; mitunter wird es angeführt, vornehmlich wegen der Christus-Dionysos-Verbindung, die sich darin abzeichnet. Mit dem Roman hat man sich dagegen intensiv befaßt. Trotz ablehnender Kritik wurde er beifällig aufgenommen, und ein Überblick über das Schrifttum ergibt, daß man sich vor allem den kulturellen Phänomenen zugewandt hat.

Das Verhältnis von Kultur und Religion ist untersucht worden, desgleichen die Entstehung der verschiedenen Kulturformen und des Mythos; man erkannte die kulturkritischen Absichten des Autors und verwies auf Gegensatzpaare verschiedener Art (z. B. Matriarchat-Patriarchat, Natur-Zivilisation, Gemeinschaft-Einzelmensch, Trieb-Geist, Ratio-Gefühl usw.). Der vorwiegend heitere, bisweilen ironische Ton des Erzählers wurde betont, ebenso wie die Nähe des Werkes zum »Zauberberg« (Hilscher). In dieser Beziehung mag sich eine eingehende vergleichende Arbeit als nützlich erweisen.

Im Jahre 1925 erscheint eine sechsbändige Auswahl der Hauptmannschen Werke, zudem werden das Drama »Dorothea Angermann« und der »Festaktus« beendet. Der »Festaktus« wird in München zur Eröffnung des Deutschen Museums aufgeführt. Er hat nur wenig Aufsehen erregt. »*Dorothea Angermann*« gehört zu den spätrealistischen Werken. Von Anfang an stand man diesem Bühnenstück skeptisch gegenüber und maß ihm nicht viel Bedeutung bei. Die Unwahrscheinlichkeiten der Handlung wurden gerügt, mit dem Schicksal der Hauptgestalt und dem vermeintlichen Naturalismus setzte man sich kritisch auseinander.

Wenn wir Forschungsergebnisse überblicken, fallen lediglich die Bemerkungen R. Fiedlers ins Gewicht. Er konstatiert eine Tendenz, den »Rahmen eines realistischen Dramas« sprengen zu wollen.

Im Jahre 1926 wird Hauptmann eingeladen, in die Preußische Akademie der Künste einzutreten, er hat jedoch Bedenken und lehnt ab. Zu der Zeit arbeitet er am »Till Eulenspiegel«, auch schreibt er gereimte Zwischentexte für einen »Faust«-Stummfilm der Ufa. Über die Verse kommt es mit dem Drehbuchautor (Hans Kyser) zu Unstimmigkeiten, und der Film wird ohne die Zwischentexte aufgeführt. Guthke hat sich mit den »Worten zu Faust« näher befaßt; er hebt die »relative Eigenständigkeit« der Faustgestalt Hauptmanns hervor. Das Jahr 1927 bringt neben der Uraufführung von zwei Hauptmann-Opern (Graeners »Hanneles Himmelfahrt« und Respighis »La Campana sommersa«) die Niederschrift des Romans »Wanda« und den Abschluß des »Till Eulenspiegel«-Epos. Beide Werke erscheinen 1928 auf dem Buchmarkt; »*Wanda*« wird zuvor in der »Vossischen Zeitung« abgedruckt. Positiv ist der Roman nicht bewertet worden. Ihm haftet der Makel eines Kolportagewerkes an, und man hat sich kaum darum bemüht. Rohmer hält in dieser Beziehung fest, daß Hauptmann sich nicht genügend distanzieren konnte, daß sich hier eine »gefährliche Einengung« seines künstlerischen Schaffens bemerkbar mache. Das Versepos »*Des großen Kampffliegers, Landfahrers, Gauklers und Magiers Till Eulenspiegel Abenteuer, Streiche, Gaukeleien, Gesichte und Träume*« ist dagegen als eine der bedeutendsten Leistungen des Dichters eingeschätzt worden. Es war in den 20er Jahren langsam gewachsen. Ein Teildruck erschien 1922 in der »Neuen Rundschau«, später wurden weitere Teildrucke in Zeitungen veröffentlicht, außerdem ist die Till-Gestalt in einem dramatischen Versuch (»Till Eulenspiegel«) behandelt worden. Die Aufnahme des Versepos entsprach nicht den Erwartungen. Beim

Publikum fand es geringen Anklang, und die Kritik war geteilter Meinung über den Wert des Buches. Die »unzeitgemäße« Form störte, auch die Fülle der Bilder und Gesichte, überhaupt der Bildungsaufwand des Autors. Andererseits wurde es als des Dichters Testament und als sein Faust II gepriesen (W. Haas), später auch als sein »großes Glaubensbekenntnis zu Platon« (F. A. Voigt), als »das eigentliche, das vermutlich überdauernde Epos des deutschen Expressionismus« (G. F. Hering) und, im Kontext einer Strukturuntersuchung, als »eine geradezu ungemein moderne Dichtung« (H. Motekat).

Die positive Einschätzung setzte sich durch, und eine der jüngeren Arbeiten (W. Promies) sieht in ihm ein wichtiges Zeugnis der »Narren-Renaissance« des 20. Jahrhunderts. Promies hat auch auf eine in der Sekundärliteratur sich abzeichnende Tendenz hingewiesen, die in den Arbeiten über das Epos die Narrengestalt auffallend in den Hintergrund rückt und sie mit Vorliebe als eine Faustfigur betrachtet. Vergleiche mit Faust (vor allem Goethes) sind dann auch oft durchgeführt worden. Die zwei Ebenen des Werkes (real und mythisch) wurden von vielen Interpreten herausgestellt, und der Übergang von der Widerspiegelung zeitgeschichticher Ereignisse zum phantastisch-mythischen Bereich hat besonders interessiert. Die gesellschaftskritische Dimension ist dagegen nicht in dem Maße ins Licht gerückt worden, wie man es hätte erwarten können.

Anfang des Jahres 1928 erfolgt der Eintritt Hauptmanns in die Sektion für Dichtkunst der Preußischen Akademie der Künste. Das Schauspiel »Die schwarze Maske« entsteht in Rapallo, desgleichen eine Erstfassung des »Hexenritts«. Später schreibt Hauptmann eine zweite Fassung des letztgenannten Stücks, und 1929 erscheinen die beiden Einakter unter dem Titel »Spuk« auf der Bühne des Burgtheaters. Es war ein Achtungserfolg. Die Forschung hat sich vor allem für *Die schwarze Maske* interessiert. Zuerst hob man die surrealistische Komponente hervor, später ging man näher auf die Schuld-und-Sühne-Thematik und die Darstellung des Todes ein, und schließlich wurde das Drama gedeutet als der »deutlichste Versuch Hauptmanns, das ›Urdrama‹ der Psyche auf der Bühne zu gestalten« (G. Beissenhirtz).

Im Jahre 1928 führte Hauptmann Mitregie bei der Aufführung von »Schluck und Jau« während der Heidelberger Festspiele (mit G. Hartung). Zu der Zeit lag auch eine Erstfassung des Fragment gebliebenen »Berliner Kriegsromans« vor, desgleichen die zweite Fassung der Bearbeitung »Hamlets«. Die Beschäftigung mit dem Hamlet-Problem reicht in das Jahr 1924 zurück. 1927 wagte sich Hauptmann an die Bearbeitung des Stoffes; er schrieb einen Ergänzungsversuch (»Hamlet Prinz von Dänemark«), und 1928 erhält die Nachdichtung ihre endgültige Form: »Shakespeares Tragische Geschichte von Hamlet, Prinzen von Dänemark«.

Resonanz fanden diese Bearbeitungen nicht, und die Forschung meldete Bedenken an. Beide Versionen wurden eingehend untersucht (vor allem Voigt u. Reichart), und man fand, daß es sich bei der endgültigen Fassung um »eine Umdichtung im Sinne der Urdrama-Konzeption« Hauptmanns handelt (Guthke).

Trotz umstrittener Position und einiger eher zweifelhafter Erfolge nahm die Popularität Hauptmanns zu. Er war der gefeiertste Dichter im deutschen Sprachraum. Als in Rom der deutsche Botschafter bei einem Empfang Hauptmanns durch Mussolini im Jahre 1929 nicht erscheint, hält man darüber eine Reichstagsdebatte. Es kommt in diesen Jahren zu Begegnungen mit Ezra Pound, Döblin, Däubler und Brod, er wird von W. B. Yeats, Toller, Werfel und anderen Schriftstellern aufgesucht. Immer wieder wird Hauptmann porträtiert bzw. werden Büsten von ihm geschaffen (z. B. durch L. v. König, K. Kroner, L. Pasternak, H. Schneider). Er erwirbt 1929 »Haus Seedorn« auf Hiddensee, und im Herbst desselben Jahres schließt er ein Werk autobiographischer Natur ab: »*Buch der Leidenschaft*«. Diese Dichtung ist hauptsächlich wegen des autobiographischen Gehalts – sie widerspiegelt die Ehewirren – beleuchtet worden, doch wurde auch die Gestaltungsweise näher untersucht (G. Fischer). Viel Wert mißt man dem Werk nicht bei. Eine der jüngeren Stellungnahmen (Rohmer) spricht in dieser Beziehung von dem »in jedem Sinne problematischsten Werk jener Epoche zwischen 1924 und etwa 1933« (S. 206).

Im Sommer 1931 nimmt Hauptmann eine Einladung zu einer Vortragsreise in den USA an. Zwei kleine Prosawerke erscheinen zu dieser Zeit: »Die Hochzeit auf Buchenhorst« und »Die Spitzhacke«. Keine dieser Erzählungen ist von der Forschung sonderlich beachtet worden. Lediglich bei Schreiber finden sich einige relevante Bemerkungen, namentlich im Hinblick auf das Traummotiv in der »Spitzhacke«. Im Herbst 1931 wird das Drama »*Vor Sonnenuntergang*« beendet, und noch vor der Abreise nach Amerika wird es aufgeführt. Dieses Werk ist mit viel Lob bedacht worden und hat beträchtlichen Widerhall gefunden. Gewöhnlich werden die Beziehungslinien zu Goethe aufgewiesen, auch stehen die Themen der Altersliebe und des »Neuen Lear« im Vordergrund. Auf die gesellschaftskritische Dimension ging man erst allmählich ein. Die eingehendste Betrachtung ist von G. Schulz vorgelegt worden. Er zeigt die verschiedenen Schichten des Werkes (Liebesdrama, Gesellschaftsdrama und Situation des »Urdramas«) und hält fest, daß der gesellschaftliche Konflikt das »dominierende Element« in dem Drama sei.

Einer der Höhepunkte dieses Zeitabschnitts ist die Amerikareise im Jahre 1932 (s. dazu Heuser). Hauptmann wird Ehrendoktor der Columbia Universität (New York), er hält dort und in einigen anderen Zentren die Rede zur 100. Wiederkehr des Todestages Goethes. Er wird Korrespondierendes Ehrenmitglied der Academy of Arts and Letters, der amerikanische Präsident empfängt ihn, auch trifft er mit Sinclair Lewis, Eugene O'Neill, Helen Keller und Theodore Dreiser zusammen. Nach seiner Rückkehr nach Deutschland wird er auch hier geehrt. Er erhält die Goethe- und die Rathenaumedaille, er wird Ehrenbürger verschiedener Städte und Orte, und ihm wird der Goethepreis der Stadt Frankfurt zugesprochen. Der erste Teil der vierten Gesamtausgabe erscheint (»Das dramatische Werk«, 6 Teile in 2 bzw. 3 Bänden), und ein Sammelband mit Reden, Aufrufen und Ansprachen wird vorgelegt: »Um Volk und Geist«. Zudem gibt Behl die »Paralipomena zum Hirtenlied« heraus. Die Ehrungen gipfeln in den Feiern zum 70. Geburtstag Hauptmanns. An zahlreichen Orten finden Empfänge, Festakte und -vorstellungen statt; der österreichische Bundespräsident überreicht ihm das große Ehrenzeichen mit Stern, und er erhält die Preußische Staatsmedaille in Gold, einmal von der verfassungsmäßigen und dann von der kommissarischen preußischen Regierung. Ein Nachklang der Ehrungen ist eine Feier in München, während der Thomas Mann die Festrede hält. Einige Wochen später wird Hitler Reichskanzler und kurz darauf brennt der Reichstag. Rückblickend sagt Hauptmann im Juli 1933: »Meine Epoche beginnt mit 1870 und endigt mit dem Reichstagsbrand.«

Biographisches und Erinnerungen: G. *Engel,* G.H's Tafelrunde, in: Marcuse, 1922, S. 22–26; E. *Kühnemann,* Aus dem Leben des deutschen Geistes in der Gegenwart, 1922, S. 1–41; H. *Fechner,* Menschen die ich malte, 1927, S. 84–90; A. *Kerr,* Es sei wie es wolle, es war doch so schön, 1928, S. 167–176; J. *Chapiro,* Gespräche mit G.H., 1932; G.H.-Ausstellung Breslau, 1932; G. H. *Exhibit,* New York 1932; T. *Mann,* Herzlicher Glückwunsch, in: NR, 43 (1932), S. 596–600; H. *Weiss,* Umweg zu G.H., in: NR, 43 (1932), S. 700–705; F. *Werfel,* G.H's menschliche Erscheinung, ebd. S. 601–604; J. M. *Avenarius,* Die Malereien in der Paradieshalle auf dem Wiesenstein, in: GHJ, I. Bd., 1936, S. 91–103; O. *Loerke,* Ansprache gehalten am 18. November 1932 beim Tee-Empfang der Preußischen Akademie der Künste, ebd., S. 87–91; A. *Lüders,* Der grüne Strahl, ebd., S. 140–141; H. v. *Hülsen,* Freundschaft mit einem Genius, 1947; P. *Fechter,* Menschen und Zeiten. Begegnungen aus fünf Jahrzehnten, 1948, S. 95 ff.; C. F. W. *Behl,* Zwiesprache mit G.H., 1949; G. *Grundmann,* Begegnungen eines Schlesiers mit G.H., 1953; E. *Eckersberg,* Diese volle

Zeit, 1958, S. 101–107; W. A. *Reichart*, G.H., War Propaganda and G.B. Shaw, in: GR, 33 (1958), S. 176–180; *Heuser*, 1961, S. 67–91; G. *Erdmann*, G.H. und die Kruses, in: GSJ, 2 (1962), S. 243–256; R. *Faesi*, Erlebnisse. Ergebnisse, 1963, S. 388–399; A. *Gustavs*, A. Einstein: Seine Beziehungen zu Hiddensee und zu G.H., in: GSJ, 6 (1966), S. 275–283; A. *Lunatscharski*, Rasgowor s Gergartom Gauptmanom, in: LN, Bd. 82, Moskau 1970, S. 349–356.

»*Winterballade*«, Tragödie. Entst.: 1912, 1914, 1916; Erstausgabe: Berlin: S. Fischer 1917; Urauff.: 17. 10. 1917, Deutsches Theater Berlin; Lit.: A. *Jolivet*, La »Winterballade« de G.H. et »Herr Arnes Penningar« de Selma Lagerlöf, in: Mélanges offerts à M. Charles Andler, Strasbourg 1924, S. 163–170; *Schreiber*, 1946, S. 121–128; S. *Cyrus*, G.H's »Winterballade«. Quelle und psychopathologische Betrachtungen, Diss. Wien 1950; *Tettenborn*, 1950, S. 72–76; H. *Hanisch*, Die Novellendramatisierungen G.H's, Diss. Mainz 1951, S. 120–136; W. *Mauser*, Formprobleme in G.H's Dramen »Winterballade«, »Der weiße Heiland« und »Indipohdi«, Diss. Innsbruck 1951; ders., G.H's »Winterballade«, in: Innsbrucker Beiträge zur Kulturwissencahft, 6 (1959), S. 233–246; M. *Machatzke*, Nachwort für die Propyläen-Textausgabe, 1959; *Guthke*, 1961, S. 124–126; *Künzel*, 1962, S. 36–41; *Michaelis*, 1962, S. 144–174; E. *McInnes*, The »Active« Hero in G.H's Dramas, in: Centenary Lectures, 1964, S. 68–69 et passim; Hortenbach, 1965, S. 169–173.

»*Der Ketzer von Soana*«. Entst.: 1911, 1914, 1917; Erstveröffentl.: NR, 1918; erste Einzelausgabe: Berlin: S. Fischer 1918; Lit.: F. *Braun*, G.H's neue Dichtung, in: NR, 29 (1918), S. 704–709; H. W. *Keim*, Motiv und künstlerische Form. Zum »Ketzer von Soana«, in: LE, 20 (1918), Sp. 1081–1085; G. v. *Rüdiger*, Kunstform von G.H's »Ketzer von Soana«, in: ZfDk, 34 (1920), S. 408–415; *Fechter*, 1922, S. 132–135; J. *Petersen*, Versunkene Glocke und Ketzer von Soana, in: PJ, 190 (1922), S. 166–170; F. *Rauhut*, Zola-Hauptmann-Pirandello, in: GRM, 26 (1938), S. 440–466; P. C. *Squires*, H's »Der Ketzer von Soana«, in: GR, 17 (1942), S. 212–220; *Schreiber*, 1946, S. 190–197; F. *Usinger*, Das Glück und die Chimäre, in: Die Wandlung, 4 (1949), S. 488–492; *Gregor*, 1951, S. 459–467; *Leiner*, 1955, S. 121–132; U. *Münchow*, Das Bild des Künstlers im Drama G.H's, Diss. Berlin 1956, S. 58–59, 157–189; *Fischer*, 1957, S. 113–125 et passim; *Hensel*, 1957, S. 63–85; W. H. *McClain*, The Case of H's Fallen Priest, in: GQ, 30 (1957), S. 167–183; *Rohmer*, 1958, S. 141–147; *Bleicker*, 1961, S. 181–216; *Guthke*, 1961, S. 126–129; W. *Grothe*, G.H's Novelle »Der Ketzer von Soana« – ein antikischer Wurf?, in: JbSB, 9 (1964), S. 286–301; H. F. *Rahde*, Der Eros bei G.H., Ph. D. Diss. University of Utah 1964, S. 57–95; H. *Remak*, Vinegar and Water, in: Literary Symbolism. A Symposium, hrsg. v. H. Rehder, Austin 1965, S. 58–59; *Voigt*, 1965, S. 77–80; *Hilscher*, 1969, S. 289–293; D. *Meinert*, Hirte und Priester in der Dichtung G.H's, in: AG, 4 (1969), S. 39–49; *Mendelssohn*, 1970, S. 717–719; *Dill*, 1972, S. 97–137; F. A. *Klemm*, A Return to Soana: H's Diary and the »Ketzer«, in: Views and Reviews of Modern German Literature, Festschrift für A. D. Klarmann, hrsg. von K. S. Weimar, 1974, S. 61–69; R. *Ley*, The Shattering of the Construct: G.H. and his »Ketzer«, in: Perspectives and Personalities. Studies in Modern German Literature Honoring C. Hill, hrsg. von R. Ley u. a., 1978, S. 238–260; R.-D. *Koll*, G.H's »Ketzer von Soana«: Eine Studie zum Problem der Sprachqualität«, in: Literatur in Wissenschaft und Unterricht, 12 (1979), S. 1–21.

»Der weiße Heiland«, dramatische Phantasie. Entst.: 1912–1914, 1917; Erstausgabe: Berlin: S. Fischer 1920; Urauff.: 28. 3. 1920, Großes Schauspielhaus Berlin; Lit.: *Heise*, 1923, Bd. 3, S. 58–77; J. del Toro u. N. *Willey*, G.H. y Méjico, in: Spanish Review, 4 (1937), S. 31–44; M. v. *Bozóky*, G.H.: »Der weiße Heiland« und E. Stucken: »Die weißen Götter«, Debrecen 1940; A. *Krumheuer*, G.H's Kulturidee und seine Kritik an der Kultur, Diss. Marburg 1940, S. 39–48; W. *Mauser*, Formprobleme in G.H's Dramen »Winterballade«, »Der weiße Heiland« und »Indipohdi«, Diss. Innsbruck 1951; A. *Kerr*, Die Welt im Drama, 1954, S. 81–83; M. *Gieselberg*, Gestaltende Kräfte des Dramas bei G.H., Diss. Bonn 1955, S. 7–92; *Hurtig*, 1956, S. 63–70; *Guthke*, 1961, S. 129–131; K. *Hildebrandt*, G.H. und die Geschichte, 1968, S. 115–118; *Hilscher*, 1969, S. 323–326.

»Indipohdi«, dramatische Dichtung. Entst.: 1913, 1915–1916, 1919; Erstveröffentl.: NR, 1920; erste Einzelausgabe: Berlin: S. Fischer 1921; Urauff.: 23. 2. 1922, Staatliches Schauspielhaus Dresden (u. d. T. »Das Opfer«); Lit.: S. *Aschner*, G.H's »Indipohdi«, in: EUPH, 23 (1921), S. 699–706; H. *Stehr*, Das Stundenglas, 1936, S. 24–40; F. B. *Wahr*, »Indipohdi« in H's Development, in: GR, 11 (1936), S. 87–108; H. *Wocke*, Hölderlin und die gegenwärtige Dichtung, in: GRM, 31 (1943), bes. S. 236–239; F. A. *Voigt* u. W. A. *Reichart*, H. und Shakespeare, 1947, S. 34–50; W. *Mauser*, Formprobleme in G.H's »Winterballade«, »Der weiße Heiland« und »Indipohdi«, Diss. Innsbruck 1951; *Fiedler*, 1954, S. 13–20; *Leiner*, 1955, S. 174–182; *Hurtig*, 1956, S. 71–78; H. U. *Voser*, Nachwort für die Propyläen-Textausgabe, 1959; *Guthke*, 1961, S. 131–136; *Künzel*, 1962, S. 45–47; *Van der Will*, 1962, S. 181–201; *Voigt*, 1965, S. 86–91; H. *Mayer*, G.H., 1967, S. 74–75; H. R. *Hesse*, Gott in Person. Seine Gestalt im modernen Drama, 1969, S. 65–109.

»Sonette«. Erstausgabe: Erstes Buch der deutschen Kleinmeister des Verlages H. H. Tillgner, Berlin 1921.

»Anna«, ein ländliches Liebesgedicht. Entst.: 1919–1921; Erstausgabe: Berlin S. Fischer 1921 (zuvor Druck einiger Bruchstücke u. d. T. »Junglicht«); Lit.: M. *Brod*, Sternenhimmel, 1923, S. 246–250; *Langer*, 1932, S. 79–81; F. A. *Voigt*, Anna, in: GHJ, 1948, bes. S. 64–67; *ders.*: 1965, S. 80–84; *Muller*, 1950, S. 64–68; *Gregor*, 1951, S. 117–185; D. *Haenicke*, Untersuchungen zum Versepos des 20. Jahrhunderts, Diss. München 1962, S. 46–50; H. F. *Garten*, H's Epic Poetry, in: Centenary Lectures, 1964, bes. S. 101–103; H. J. *Schueler*, The German Verse Epic in the Nineteenth and Twentieth Centuries, Den Haag 1967, S. 45–48; *Hilscher*, 1969, S. 30–32.

»Phantom«, Aufzeichnungen eines ehemaligen Sträflings. Entst.: 1915, 1918, 1921; Erstveröffentl.: Berliner Ill. Ztg., Nr. 6–14, 5. 2.–1. 4. 1922; erste Einzelausgabe: Berlin: S. Fischer 1923; Paralipomena in: CA, Bd. 11; Lit.: F. *Usinger*, Das Glück und die Chimäre, in: Die Wandlung, 4 (1949),

S. 492–493; *Gregor*, 1951, S. 211–217; *Rohmer*, 1958, S. 129–139; *Guthke*, 1961, S. 139–141; *Heuser*, 1961, S. 138–141; G. H. *Hertling*, Selbstbetrug und Lebenskunst; G.H's Lorentz Lubota und T. Manns Felix Krull, in: OL, 20 (1965), S. 205–216; *Kyu-Hwa Chung*, Vergleichende Studien zum Naturalismus in Deutschland und in Korea, 1976, S. 88–97.

Die Insel der großen Mutter oder Das Wunder von Île des Dames, eine Geschichte aus dem utopischen Archipelagus. Entst.: 1916, 1918–1919, 1922–1924; Erstausgabe: Berlin: S. Fischer 1924; »Epilog zu ›Insel der großen Mutter‹«, in: NR, 36 (1925), S. 1252–1265; Paralipomena in: CA, Bd. 11; Lit.: A. *Eloesser*, G.H's neuer Roman, in: NR, 35 (1924), S. 1294–1299; K. *Sternberg*, Die Geburt der Kultur aus dem Geiste der Religion. Entwickelt an G.H's Roman »Die Insel der Großen Mutter oder das Wunder von Ile des Dames«, 1925; *Langer*, 1932, S. 82–83; J. *Loibl*, G.H's »Insel der Großen Mutter oder das Wunder von Île des Dames«, Diss. Wien 1938; H. *Steinhauer*, H's Utopian Fantasy »Die Insel der Großen Mutter«, in: MLN, 53 (1938), S. 516–521; C. *Kotowicz*, G.H. und sein Roman »Die Insel der Großen Mutter«, Diss. Wien 1939; *Schreiber*, 1946, S. 43–58; *Behl*, 1948, S. 121–124; F. B. *Wahr*, H. and Bachofen, in: MH, 42 (1950), S. 153–159; *Gregor*, 1951, S. 115–124; *Leiner*, 1955, S. 185–197; *Hurtig*, 1956, S. 79–91; *Fischer*, 1957, S. 161–177 et passim; *Rohmer*, 1958, S. 147–173; *Guthke*, 1961, S. 141–147; H. J. *Krysmanski*, Die utopische Methode, 1963, S. 40–45; H. F. *Rahde*, Der Eros bei G.H., Ph. D. Diss. University of Utah 1964, S. 168–219; *Voigt*, 1965, S. 91–98; *Hilscher*, 1969, S. 388–393; *Mendelssohn*, 1970, S. 954–957; *Dill*, 1972, S. 138–168; P. A. *Mellen*, G.H. and Utopia, Stuttgart 1976, S. 39ff.

»*Veland*«, Tragödie. Entst.: 1898–1901, 1903–1906, 1908, 1916, 1919, 1922–1923; erste Einzelausgabe: Berlin: S. Fischer 1925 (auch in: Ausblicke, 1924); Urauff.: 19. 9. 1925, Deutsches Schauspielhaus Hamburg: Lit.: K. *Hemmerich*, G.H's »Veland«. Seine Entstehung und Deutung, Diss. Würzburg 1935; H. *Steinhauer*, The Symbolism in H's »Veland«, in: MLN, 50 (1935), S. 258–264; W. J. *Mueller*, Germanischer Mythos und germanische Sage in den Dramen G.H's, Ph. D. Diss. Cornell University 1938, S. 119–170; K. M. *Gunvaldsen*, G.H's Dramatic Conception of the Artist, Ph. D. Diss. University of Wisconsin 1948, S. 132–182; *Tettenborn*, 1950, S. 76–86; *Fiedler*, 1954, S. 21–26; H. *Gutknecht*, Studien zum Traumproblem bei G.H., 1954, S. 104–108; *Hensel*, 1957, S. 199–212; *Guthke*, 1961, S. 147–148; *Künzel*, 1962, S. 47–50; *Michaelis*, 1962, S. 175–209; E. *McInnes*, The »active« Hero in G.H's Dramas, in: Centenary Lectures, 1964, S. 69–71 et passim; E. A. *McCormick*, G.H's »Veland«: Total Tragedy as Failure of Tragedy, in: Studies in the German Drama, Festschrift für W. Silz, hrsg. von D.H. Crosby u. G. C. Schoolfield, Chapel Hill 1974, S. 199–211.

»*Festaktus zur Eröffnung des Deutschen Museums in München am 7. Mai 1925.*« Entst.: 1925; Erstausgabe: München: Knorr & Hirth 1925; Urauff.: 7. 5. 1925, Deutsches Museum München; Lit.: *Fiedler*, 1954, S. 74–77; F. *Klemm*, O. v. Miller und G.H. Eine Dokumentation, in: Deutsches Museum, 34 (1966), H. 1, S. 35–46; F. A. *Klemm*, G.H. and the Dedication of »Das Deutsche Museum«, in: GQ, 40 (1967), S. 684–692.

»*Worte zu Faust*«, eine deutsche Volkssage. Erstveröffentl.: Ein Ufa-Film. Universum Film AG 1926; Lit.: *Gregor*, 1951, S. 349–353; K. S. *Guthke*, G.H's Faust-Dichtung, in: MuK, 8 (1962), S. 233–246 (auch in: Guthke, Wege zur Literatur, 1967); A. *Estermann*, Die Verfilmung literarischer Werke, 1965, S. 216 ff.

»*Dorothea Angermann*«, Schauspiel. Entst.: 1925; Erstausgabe: Berlin: S. Fischer 1926; Urauff.: 20. 11. 1926, Theater in der Josephstadt Wien, Kammerspiele München und an 15 weiteren Bühnen; Lit.: *Behl*, 1948, S. 125–127; *Tettenborn*, 1950, S. 173–177; *Fiedler*, 1954, S. 32–38; A. *Kerr*, Die Welt im Drama, 1954, S. 542–545; G. *Beissenhirtz*, Studien zum Schicksalsbegriff im Spätwerk G.H's, Diss. Kiel 1965, S. 78–118; K. L. *Tank*, Der Fall »Dorothea Angermann«, in: 275 Jahre Theater in Braunschweig, 1965, S. 115–119; *Hilscher*, 1969, S. 396–397; G. *Künstler*, Interpretationen, 1976, S. 114–122.

»*Die blaue Blume*«. Entst.: 1923: Erstveröffentl.: NR, 1924; erste Einzelausgabe: Berlin: S. Fischer 1927; Lit.: F. B. *Wahr*, G.H's »Mary« Poems, in: MH, 39 (1947), bes. S. 150–153; H. *Gutknecht*, Studien zum Traumproblem bei G.H., 1954, S. 73–77; *Hensel*, 1957, S. 178–186; H. F. *Garten*, H's Epic Poetry, in: Centenary Lecutres, 1964, bes. S. 105–107; *Voigt*, 1965, S. 119–122 et passim; W. *Krogmann*, Midas in G.H's »Blauer Blume«, in: GRM, 17 (1967), S. 430–434.

Des großen Kampffliegers, Landfahrers, Gauklers und Magiers Till Eulenspiegel Abenteuer, Streiche, Gaukeleien, Gesichte und Träume. Entst.: 1920–1927; Erstausgabe: Berlin: S. Fischer 1938; Selbstzeugnisse: CA, Bd. 11; Lit.: F. *Fuchs*, Eine alexandrinische Eulenspiegelei. Zum Fall Hauptmann, in: Hochland, 25 (1927/28), S. 422–428; R. *Faesi*, G.H's »Till Eulenspiegel«, in: ZfDk, 42 (1928), S. 647–650; F. *Stössinger*, Der dritte Faust, in: SMh, 34 (1928), S. 400–406; O. *Enking*, G.H's »Till Eulenspiegel«, 1930; *Langer*, 1932, S. 84–88; L. H. *Schwager*, Die Bildungsidee und das ethische Programm G.H's im Kampf um die Zukunft, 1932, F. B. *Wahr*, H's »Eulenspiegel« in: JEGP, 31 (1932), S. 478–503; *Schreiber*, 1946, S. 128–139; *Muller*, 1950, S. 31–34; *Gregor*, 1951, S. 542–567 et passim; H. *Liepelt*, Die ideelle Einheit des »Till Eulenspiegel«-Epos von G.H., Diss. Bonn 1951; C. v. *Ravenstein*, Das Luziferische bei G.H., Diss. Freiburg i. Br. 1952, S. 110–121, 147–151; *Leiner*, 1955, S. 150–173; *Hurtig*, 1956, S. 92–98; *Hensel*, 1957, S. 142–165; G. F. *Hering*, Der Ruf zur Leidenschaft, 1959, S. 113–118; *Guthke*, 1961, S. 165–169; W. *Haas*, Gestalten. Essays zur Literatur und Gesellschaft, 1962, S. 241–247; D. *Haenicke*, Untersuchungen zum Versepos des 20. Jahrhunderts, Diss. München 1962, S. 88–101; H. *Motekat*, G.H's »Till Eulenspiegel«, in: Stoffe, Formen, Strukturen. Studien zur deutschen Literatur, hrsg. v. A. Fuchs u. H. Motekat, 1962, S. 497–510; W. G. A. *Shepherd*, Social Conscience and Messianic Vision. A Study in the Problems of G.H's Individualism, Ph. D. Diss. University of Edinburgh 1962, S. 104–120; W. *Promies*, Aspekte des Närrischen in H's »Till Eulenspiegel«, in: RLC, 37 (1936), S. 550–580; H. F. *Garten*, H's Epic Poetry, in: Centenary Lectures, 1964,.bes. S. 108–120; *Voigt*, 1965, S. 99–111 et passim; H. J. *Schueler*, the German Verse Epic in the Nineteenth and Twentieth Centuries, Den

Haag 1967, S. 112–114; *Hilscher*, 1969, S. 362–370; *Mendelssohn*, 1970, S. 1067–1075 (mit einem Brief G.H's); C. *Büttrich*, Mythologie und mythologische Bildlichkeit in G.H's »Till Eulenspiegel«, Diss. Berlin (F. U.) 1972; G. *Pachnicke*, Till Keulenspiegel. Unbekannte Werknotizen aus dem G.H.-Nachlaß der Staatsbibliothek Preußischer Kulturbesitz, in: Eulenspiegel Jb., 19 (1979), S. 42–45.

»*Wanda*«, Roman. Entst.: 1927; Erstveröffentl. u. d. T. »Der Dämon« in: VZ, 3. 1.–2. 2. 1928; erste Einzelausgabe: Berlin: S. Fischer 1928; Lit.: *Gregor*, 1951, S. 361–363; *Rohmer*, 1958, S. 180–189; *Guthke*, 1961, S. 155–156; *Heuser*, 1961, S. 141–143.

»*Shakespeares Tragische Geschichte von Hamlet Prinzen von Dänemark*«, in deutscher Nachdichtung und neu eingerichtet. Entst.: 1927–1928; Selbstzeugnisse: *Machatzke*, 1963, S. 63–81; Erstausgabe: Weimar: Druck der Cranach-Presse 1928 (Auslieferung 1930); Urauff.: 8. 12. 1927, Staatliches Schauspielhaus Dresden; Lit.: W. A. *Reichart*, A Modern German »Hamlet«, in: JEGP, 31 (1932), S. 27–50; F. B. *Wahr*, The Hauptmann »Hamlet«, in: PQ, 16 (1937), S. 124–138; A. *Busse*, The Case of H's »Hamlet«, in: MH, 30 (1938), S. 163–170; F. A. *Voigt* u. W. A. *Reichart*, H. und Shakespeare, 1947, S. 51–78; W. *Galambos*, G.H's Interesse für Shakespeares »Hamlet«, Diss. Wien 1948; H. *Ranftl*, G.H.: Shakespeares Hamlet, Diss. Graz 1950; *Fiedler*, 1954, S. 45–52; *Metken*, 1954, S. 199–211; *Guthke*, 1961, S. 153–154; *Hilscher*, 1969, S. 438–441.

»*Buch der Leidenschaft*«. Entst.: 1905, 1925–1929; erste Einzelausgabe: Berlin: S. Fischer 1930 (1907 Teildrucke in Ztgn. u. d. T. »Aus dem Tagebuch eines Edelmannes«, auch in: Ausblicke, 1924); eine in der Endfassung ausgeschiedene Tagebucheintragung befindet sich in: GSJ, 5 (1965), S. 243–245; Paralipomena in: CA, Bd. 11; Lit.: K. *Aram*, H's »Buch der Leidenschaft«, in: Die Literatur, 32 (1929/30), S. 260–262; *Leiner*, 1955, S. 27–30, 45–49; *Fischer*, 1957, S. 188–202 et passim; *Hensel*, 1957, S. 18–21; *Rohmer*, 1958, S. 189–207; *Heuser*, 1961, S. 62–64 et passim; G. *Erdmann*, Einige pommersch-rügensche Motive in G.H's Schaffen, in: GSJ, 5 (1965), S. 240–246; *Hilscher*, 1969, S. 193–197 et passim; A. *Schweckendiek*, Könnt ich Magie von meinem Pfad entfernen, 1970, S. 172–187.

Spuk, »Die schwarze Maske«, Schauspiel; »Hexenritt«, ein Satyrspiel. Entst.: 1928–1929; Erstausgabe: Berlin: S. Fischer 1930; Urauff.: 3. 12. 1929, Burgtheater Wien; Lit.: E. *Alker*, Bemerkungen zu G.H's Altersstil, in: ZDP, 67 (1942), S. 77–78; *Schreiber*, 1946, S. 150–157; *Fiedler*, 1954, S. 60–70; *Guthke*, 1961, S. 156–158; *Künzel*, 1962, S. 20–25; *Michaelis*, 1962, S. 105–143; K. *Schwerin*, Max Pinkus: Seine Schlesierbücherei und seine Freundschaft mit G.H., in: JbSB, 8 (1963), S. 224–226; G. *Beissenhirtz*, Studien zum Schicksalsbegriff im Spätwerk G.H's, Diss. Kiel 1965, S. 153–186; S. N. *Gassner*, G. H. und die dramatische Kurzform, Ph. D. Diss. New York University 1973.

»*Die Spitzhacke*«, ein phantastisches Erlebnis. Entst.: 1930; Erstausgabe: Berlin: S. Fischer 1931; Lit.: E. *Alker*, Bemerkungen zu G.H's Altersstil, in: ZDP, 67 (1942), S. 75–76; *Schreiber*, 1946, S. 158–160; *Gregor*, 1951, S. 654–657.

»*Die Hochzeit auf Buchenhorst*«, Novelle. Entst.: 1927; Erstveröffentl.: Velhagen & Klasings Monatshefte, Sept. 1931; erste Einzelausgabe: Berlin: S. Fischer 1932; Lit.: *Gregor*, 1951, S. 208–211; *Guthke*, 1961, S. 154–155. »*Vor Sonnenuntergang*«, Schauspiel. Entst.: 1928, 1931; Erstausgabe: Berlin: S. Fischer 1932; Paralipomena in: CA, Bd. 9; Urauff.: 16. 2. 1932, Deutsches Theater Berlin; Lit.: *Behl*, 1948, S. 128–131; K. F. *Schäfer*, Die Kunst der Bühnendarstellung von Menschen bei G.H., Diss. Heidelberg 1953, S. 69–81; *Fiedler*, 1954, S. 38–44; A. *Kerr*, Die Welt im Drama, 1954, S. 84–88; A. *Dymschiz*, Literatura i narod, Leningrad 1958, S. 217–219; H. *Razinger*, Nachwort zur Propyläen-Textausgabe, 1959; *Künzel*, 1962, S. 51–57; K. *Schwerin*, Max Pinkus: Seine Schlesierbücherei und seine Freundschaft mit G.H., in: JbSB, 8 (1963), S. 226–228; *Schrimpf*, 1963, S. 303–305; G. *Schulz*, G.H's »Vor Sonnenuntergang«, in: GRM, 14 (1964), S. 279–292; R. *Ziemann*, ». . . in fremdmächtiger Zeit«. Über das Spätwerk G.H's, in: WZUH, 13, (1964), S. 359–360; P. *Pósa*, G.H. »Naplemente elött« c. drámájának magyarországi fogadtátasa, in: AG et R, 2 (1967), S. 23–44; I. *Blumberg*, Obras Mattiasa Klausena w interpretazii masterow sowetskoj sceny, in: Sapiski o teatre, Leningrad 1968, S. 222–235; *Hilscher*, 1969, S. 397–402; A. *Lunatscharski*, Matthias Klausen i Jegor Bulytschow, in: LN, Bd. 82, Moskau 1970, S. 357–362; S. *Hoefert*, Einige Bemerkungen zu einer Leningrader Aufführung von H's »Vor Sonnenuntergang«, in: Schlesien, 18 (1973), S. 160–162; F. *Amrine*, H's »Vor Sonnenuntergang«: A New »King Lear«?, in: Colloquia Germanica, 13 (1980), S. 220–232.

Reden und Aufsätze: Weihnachten 1914, in: NFP, 25. 12. 1914; An L. *Anzengruber*, in: Gedenkblätter an L. Anzengruber, hrsg. v. F. J. Böhm, 1915; Deutschland und Shakespeare, in: JbDSh, 51 (1915), S. VII–XII; Kriegswinter des Theaters, in: BDTh, 1915, S. 794–796; An *Schlenthers* Bahre, in: VZ, 4. 5. 1916; M. *Liebermann* zum 70. Geburtstag, in: BT, 11. 7. 1917; W. *Rathenau* zum 50. Geburtstag, in: NFP, 29. 9. 1917; F. *Hollaender* zum 50. Geburtstag, in: BT, VZ, 31. 10. 1917; Die Zukunft der deutschen Bühne, hrsg. v. Schutzverband Dt. Schriftsteller, 1917; M. *Heimann* zum 50. Geburtstag, in: VZ, 14. 7. 1918; Für das neue Deutschland, in: Vorwärts, 17. 1. 1919; Offener Brief an den Kongreß der Alliierten in Paris, in: BT, 2. 2. 1919; G. *Keller*, in: FZ, 17. 7. 1919; Die Schillerstiftung, in: VZ, 7. 9. 1919; R. *Dehmel*, in: VZ, 12. 2. 1920; Für die Abstimmungsgebiete, in: Bresl. Morgenztg., 19. 2. 1920; Brief über *Tolstoi*, in: VZ, 21. 9. 1920; Über Oberschlesien, in: VZ, 16. 7. 1921; Antwort an M. *Gorki* auf seine Bitte um Hilfe, in Abendblatt der VZ, 25. 7. 1921; Deutsche Wiedergeburt, in: BT, 12. 11. 1921; Ansprache in Prag, in: ABl., 19. 11. 1921; G.H. und die Reichsgründungsfeier in Hirschberg, 1921; Für ein ungeteiltes deutsches Oberschlesien! Berlin 1921; G. H. und die Schule, Breslau 1923; Rede in Bunzlau, in: E. *Ebertin*, G.H.-Festspiele, 1922; F. *Nansen*, G.H. u. M. *Gorki*, Rußland und die Welt, 1922; Das Erwachen zum Denken, in: BT, 1. 1. 1922; *Goethe*, in: FZ, 1. 3. 1922; A. *Schnitzler* zum 60. Geburtstag, in: NR, 1922, S. 504; W. *Rathenau*, in: VZ, 26. 6. 1922; An der Bahre W. ·*Rathenaus*, in: BT, VZ, 28. 6. 1922; Rede im Remter des Breslauer Rathauses, in: BZ, VZ, 13. 8. 1922; Ansprache an die

Künstler der Breslauer Festspiele, in: BZ, 3. 9. 1922; Rede in Bremen, in: Bremer Nachr., 5. 9. 1922; Rede in Hamburg, in: HF, 15. 9. 1922; Ansprache in der Berliner Universität, in: BT, 16. 11. 1922; Über das Kino, in: Programmheft zum Phantom-Film, 1922; Zur Schmach Europas, in: BT, 1. 4. 1923; *Rathenau*, in: Das Tagebuch, 4 (1923), S. 840; Magnet Berlin, in: Berlin unter dem Scheinwerfer, hrsg. v. J. Landau, 1924; Material für Redner und Wahlhelfer. G.H., H. Delbrück u. J. Wolf zur demokr. Politik, Leipzig 1924; H. *Stehr* zum 60. Geburtstag, in: BT, 16. 2. 1924; G.H. zum Tode der *Duse*, in: VZ, 26. 4. 1924; G.H. zum Tode E. *Reichers*, in: BT, 19. 5. 1924; Ansprache vor Schülern der Oberrealschule Stralsund am 16. 8. 1924; in GSJ, 5 (1965), S. 255–256; Gruß an T. *Mann*, in: VZ, 5. 6. 1925; Über das gute Buch, in: Das Zeitungsbuch, 1925, Nr. 18, S. 7; Zum Tode L. *Corinths*, in: BT, 23. 7. 1925; Gruß an M. *Halbe*, in: BT, 3. 10. 1925; Die deutsche Schaubühne, in: HF, 16. 9. 1925; Das Burgtheater, in: NFP, 4. 4. 1926; An Else *Lehmann*, in: BT, 5. 7. 1926; Max *Reinhardt*, in: ABl., 8. 10. 1926; Rede an Tristan *Bernard*, in: Berliner Ztg., 3. 11. 1926; Rede in der Leipziger Universität zur Eröffnung der Buchkunstausstellung, in: NLZ, 29. 5. 1927; Grüße zur Bochumer Shakespeare-Woche, in: Das Prisma, 3 (1927), S. 95; K. *Kollwitz* zu ihrem 60. Geburtstag, in: BT, 9. 7. 1927; W. *Rathenau*, in: VZ, 30. 9. 1927; Zu F. Hollaenders 60. Geburtstag, in: ABl., 2. 11. 1927; A. *Moissi*, in: Moissi der Mensch und der Künstler in Worten und Bildern, hrsg. v. H. Böhm, 1927; Erinnerungen an Sachsen, in: Jb. Sachsen, 1927, S. 130–131; Zu Kroners Kunst, in: O. Grautoff, *Kroner*, 1927, S. 9–14; J. *Meier-Graefe*. Widmungen zu seinem 60. Geburtstag, 1927, S. 9–10; Gedenken an W. *Rathenau*, 1928, S. 16–20; Das Symphoniehaus, Baden-Baden 1928; Der Baum von Gallowayshire, Heidelberg 1929; Der Weg zur Humanität, in: Festschrift des Remscheider Schauspielhauses, 1928, S. 66–68; Kultus der Mutter, in: Ethik, 4 (1928), Nr. 5, S. 71; Dem Andenken Carl *Hauptmanns*, in: BT, 28. 4. 1928; Rede beim Festbankett in Heidelberg, in: Heidelberger Tageblatt, 23. 7. 1928; Rede zur Eröffnung der Goethe-Woche, in: Der Schacht, 5 (1928), S. 48–52; Über das deutsche Theater, in: Musik u. Theater, 4 (1929), S. 3; Gegen Zensur, in: Die Stimme der Freiheit, 1 (1929), S. 52; Abschied von *Hofmannsthal*, in: BT, 16. 7. 1929; Gruß an Knut *Hamsun*, in: LW, 5 (1929), Nr. 31; Rede im PEN-Klub (Wien), in: Kölnische Ztg., 29. 11. 1929; Zu S. *Fischers* 70. Geburtstag, in: ABl., 23. 12. 1929; Drei deutsche Reden, hrsg. v. H. v. Hülsen, 1929; Max *Osborn* zum 60. Geburtstag, in: VZ, 9. 2. 1930; A. *Eloessers* 60. Geburtstag, in: VZ, 20. 3. 1930; F. *Salten* zum 60. Geburtstag, in: Jb. 1930 (Zsolnay Verlag), 1930, S. 98; Über *Barnowsky*, in: 25 Jahre Berliner Theater u. V. Barnowsky, hrsg. v. J. Berstel, 1930. S. 34; Über die Volksbühne, in: 10 Jahre Volksbühnenverband, 40 Jahre Berliner Volksbühne, 1930, S. 42–44; Rede zum 70. Geburtstag von W. *Bölsche*, in: Der Bote aus dem Riesengebirge, 6. 1. 1931; Einführung in *Goethes* Werke, 1931, Bd. 1; Ein Dichter spricht über Deutschland, in: BT, 26. 6. 1931; Rede zum Jubiläum der Bühnengenossenschaft, in: BT, 22. 9. 1931; Sonne, Luft und Haus für alle, in: Blätter für den Redakteur, 2 (1932), Nr. 8; *Goethe*. Rede an der Columbia University, New York 1932; Gruß an Paula

Conrad-Schlenther, in: BT, 5. 7. 1932; Um Volk und Geist, Berlin: S. Fischer 1932; Rede bei der Übergabe des Goethe-Preises, in: FZ, 29. 8. 1932; Ansprache im Breslauer Konzerthaus, in: Volkswacht, 5. 9. 1932; A. *Wildgans* zum Gedächtnis, in: Hefte des Staatstheaters Aachen, 1932, H. 6, S. 75; Ansprache beim Empfang des PEN-Klubs (Hamburg), in: HF, 31. 10. 1932; Dankansprache in Dresden, in: DNN, 14. 11. 1932; Dankansprache im Berliner Staatstheater, in: BT, 16. 11. 1932; Dankrede im PEN-Klub (Berlin), in: VZ, 18. 11. 1932; Ansprache in Prag, in: Urania, 9 (1932), S. 134; Ansprache an den Senat der Stadt Hamburg, in: HF, 29. 10. 1932.

Vorworte: B. *Björnson,* Vom deutschen Wesen. Impressionen eines Stammverwandten 1914–1917, 1917; Shakespeare-Visionen. Eine Huldigung deutscher Künstler, 1918; L. v. *Hofmann,* Rhythmen. Neue Folge, 1921; Oberschlesiens Not, hrsg. v. Oberschlesier-Hilfswerk Berlin, 1921; L. *Tolstoi,* Die Kreutzersonate, 1922; Reichskalender für das Jahr 1923; *Goethe,* Sämtl. Werke, 1. Bd., 1923; E. *Kläger,* Pippas Tanz. Das Märchen vom deutschen Michel, 1923; H. *Grünfeld,* In Dur und Moll, 1923; K. *Hielscher,* Deutschland. Baukunst und Landschaft, 1924; Abschied und Tod. Acht Zeichnungen v. K. *Kollwitz,* 1924; H. G. *Haas,* Île des Dames (Kunstmappe), 1926; Katalog d. Interntl. Buchkunstausstellung in Leipzig, 1927; Neugriechische Lyriker, übertr. v. K. Dieterich, 1928; F. *Ludwig,* L. Wüllner: Sein Leben und seine Kunst, 1931; F. *Hollaender,* Ein Mensch geht seinen Weg, 1931.

Fragmente: »Der General«, Entst.: um 1915; Erstveröffentl.: CA, Bd. 9. – »Bei den alten Hartmanns«, Entst.: zwischen 1915 u. 1922; Erstveröffentl.: CA, Bd. 9. – »Die Bürgerin«, Entst.: 1915; Erstveröffentl.: BB, 1. 10. 1918; CA, Bd. 9; Lit.: W. R. *Gaede,* G.H's Fragment »Die Bürgerin«, in: GR, 17 (1942), S. 197–211; *Brammer,* 1972, S. 175–178. – »Kosmus«, Entst.: 1915; Erstveröffentl.: CA, Bd. 9. – »Im Landhaus der Brüder Carstens«, Entst.: 1916; Erstveröffentl.: CA, Bd. 9. – »Grönlandtragödie«, Entst.: 1917/18, 1944; Erstveröffentl.: CA, Bd. 8. – »Kain und Abel«, Entst.: 1917, 1919, 1933; Erstveröffentl.: CA, Bd. 9. – »Die abgekürzte Chronik meines Lebens«, Erstveröffentl.: Almanach 1920, Berlin: Rudolf Mosse, S. 174–184. – »Adolf Grieshauer«, Entst.: verm. 1921; Erstveröffentl.: CA, Bd. 9. – »Erasmus Mann«, Entst.: 1921/22; Erstveröffentl.: CA, Bd. 9. – »Das Testament des Judas Iskariot«, Entst.: verm. 1921/22; Erstveröffentl.: CA, Bd. 11. – »Der Wilde«, Entst.: verm. 1922; Erstveröffentl.: CA, Bd. 11. – »Ausblicke«, Berlin: S. Fischer 1924 (darin: Das Fest, Velas Testament, Aus dem Tagebuch eines Edelmannes, Helios, Das Hirtenlied, Kaiser Maxens Brautfahrt, Der Dom, Till Eulenspiegel, Veland). – »Dis Manibus«, Entst.: verm. 1923; Erstveröffentl.: CA, Bd. 9. – »Graf Yk.«, Entst.: verm. 1923; Erstveröffentl.: CA, Bd. 11. – »Am Grab des Bruders«, Entst.: 1923; Erstveröffentl.: CA, Bd. 11. – »Die Ruscheweys«, Entst.: 1926; Erstveröffentl.: CA, Bd. 11. – »Die Gebrüder Büchsel«, Entst.: 1926; Erstveröffentl.: CA, Bd. 11. – »Alexander Hettenbach«, Entst.: 1929; Erstveröffentl.: CA, Bd. 9. – »»Berliner Kriegsroman«, Entst.: 1928/29; Erstveröffentl.: CA, Bd. 10. – »Der Lumpensammler«, Entst.: 1931; Erstveröffentl.: CA, Bd. 9.

5. Die Jahre der NS-Diktatur (1933–1945)

Als Hitler in Deutschland an die Macht kam, hielt sich Hauptmann in Rapallo auf. Im Februar begann er dort mit der Arbeit an der »Goldenen Harfe«, und ungefähr zur gleichen Zeit (Januar/April) nahm er die Erzählung »Das Meerwunder« in Angriff. Im Juni 1933 wird Hauptmann Korrespondierendes Mitglied der Athener Akademie, Anfang Juli schließt er auf Hiddensee *Die goldene Harfe* ab. Einige Monate später erscheint das Stück auf der Münchener Bühne. Die Aufführung war erfolgreich, aber Widerhall fand das Werk kaum. Es ist ein Schauspiel aus der Nach-Lützowschen Phase der Freiheitskriege, dessen Zeitferne befremdend wirkt.

Gepriesen wurde vor allem die Musikalität des Stückes. Die Schicksalsverflechtung mit der Welt der Toten und der stark romantische Zug waren Hauptgegenstände der Analysen. Die letzte Arbeit, die sich mit der »Goldenen Harfe« befaßt, die von K. Schindler (1946), führt an, daß sie als »eine bewußte, volle Huldigung an Eichendorff« (S. 81) zu verstehen sei.

Im Herbst 1933 erklärte Hauptmann im »Berliner Tageblatt« seine Zustimmung zum Austritt Deutschlands aus dem Völkerbund. Diese Erklärung enttäuschte viele Freunde und Anhänger; sie wurde als Anzeichen dafür gedeutet, daß er bereit war, sich den neuen Machthabern zu fügen. Seine schwankende Haltung bewog schließlich A. Kerr, der in Paris saß, zu einer scharfen Stellungnahme gegen den Dichter. Von den Nazis wurde Hauptmann jedoch mißfällig betrachtet; man traute ihm nicht und isolierte ihn. Eine opponierende Haltung bildete sich bei ihm nur allmählich heraus; sie war mehr emotional bestimmt und fand im Spätwerk eine nur indirekte Widerspiegelung (vornehmlich in der Atriden-Tetralogie).

Im Frühjahr 1934 wurde »Das Meerwunder« beendet, eine pessimistische Erzählung, in deren Mittelpunkt die Verfluchung des Menschseins steht. Wiederum ist es ein zeitfernes Werk, entstanden wohl als Abwehrreaktion auf die Verhältnisse. In der Forschung hat es eine gewisse Resonanz gefunden.

Die Farbenpracht und Bildfülle, die »inspirative Kraft« (F. Usinger) des Dichters sind hervorgehoben worden. An Böcklin und Gryphius fühlte man sich erinnert; als Dichtung, in der die »Magie des Elementaren« (Behl) vollendete Formung erfahren habe, ist sie gewertet worden. Anspielungen, die darauf hinzielen, die Verfluchung des Menschseins mit dem Faschismus zu verbinden, sind mit Skepsis aufzunehmen.

Im Sommer 1934 starb Max Pinkus, ein jüdischer Freund Hauptmanns, und einige Monate später starb sein Verleger S. Fischer.

Der Dichter nahm an beiden Begräbnissen teil, und das Erlebnis des Todes von M. Pinkus gewann später Gestalt in dem Requiem »Die Finsternisse«. Im Jahre 1935 erscheint der zweite Teil der vierten Gesamtausgabe (»Das Epische Werk«) sowie die erste Einzelausgabe des »Hirtenliedes« (s. S. 54); des Dichters Beschäftigung mit der Hamlet-Gestalt führt weiterhin zu sichtbaren Ergebnissen. Das Schauspiel »Hamlet in Wittenberg« wird im Sommer 1935 beendet, desgleichen der Roman »Im Wirbel der Berufung«. Das Schauspiel, das die Vorgeschichte Hamlets beleuchtet, wird im November 1935 uraufgeführt. Die Kritik rügte hauptsächlich die Inszenierung, das Werk selbst wurde günstig aufgenommen.

In der Forschung hat man sich mit der Frage befaßt, ob das Drama in Übereinstimmung mit der Hamletauffassung Shakespeares erschaffen worden sei, ob es ein angemessenes Vorspiel für die Tragödie des Briten sein könne. Abweichungen wurden vermerkt, doch im allgemeinen neigt man dazu, positiv zu werten (mit Vorbehalten). Man war sich darüber einig, daß Hauptmann vor allem die innere Entwicklung Hamlets zeigen wollte sowie die Hinordnung auf das »Gesetz«, dem er folgen mußte.

Der Roman »Im Wirbel der Berufung« wurde bei seinem Erscheinen (1936) sogleich mit »Wilhelm Meisters Lehrjahre« verglichen; die Anlehnung an das Vorbild war unverkennbar. Die Parallele zu Goethes Werk, besonders im Hinblick auf die Hamlet-Frage, hat dann auch die Interpreten von Anfang an interessiert. Das Werk verläuft thematisch in zwei Hauptsträngen: einerseits ist es ein Entwicklungsroman, andererseits geht es um das Hamlet-Problem, das hier nicht nur auf der Bühne, sondern auch im Leben dargestellt wird.

Autobiographische Züge wurden nachgewiesen, die Komposition wurde eingehend analysiert, wobei man auch auf die Schwächen des Romans stieß. Die letzte ausführliche Untersuchung, die über »Im Wirbel der Berufung« vorliegt (I. H. Reis), folgert, daß er »in sich brüchig« sei; die Vermischung verschiedener Problemkreise habe dazu geführt.

Im Jahre 1936 wird auch »Mary« beendet, eine Versdichtung, von der bereits 1926 ein Teildruck erschienen war, die aber erst später in der Sammlung »Ährenlese« publiziert wird. Hauptmann arbeitete zu der Zeit auch an der »Tochter der Kathedrale«, an »Ulrich von Lichtenstein« und am »Demeter«-Stoff. Das erste Hauptmann-Jahrbuch erschien; es enthielt einige Szenen aus einem »Kynast«-Drama sowie Fragmente aus dem »Großen Traum« und »Wiedertäufer«-Roman. Im Februar 1937 gelangte ein Emil-Jannings-Film, »Der Herrscher«, zur Aufführung, in dem Hauptmanns »Vor Sonnenuntergang« im Sinne des Nationalsozialismus umfunktioniert wurde. Zum 75. Geburtstag des Dichters fanden einige Festaufführungen und Feiern statt, Hauptmann hielt eine Ansprache (»An die Deutschen in Übersee«) über den Deutschen Kurzwellensender, und etwas später wurde ihm das österreichische Ehrenzeichen für Kunst und Wissenschaft verliehen. Während dieses Jahres begann er ein historisches Lustspiel (»Die hohe Lilie«), auch wurden die Bühnenwerke »Ulrich von Lichtenstein«, »Die Finsternisse« und »Die drei Palmyren« beendet. Zudem erschienen, neben einem Teildruck aus dem »Neuen Christophorus«, einige Szenen aus dem Dramenfragment »Die Wiedertäufer« sowie die Autobiographie »Das Abenteuer meiner Jugend«. Die »Wiedertäufer«-Szenen waren die letzte Veröffentlichung aus dem Dramenkomplex gleichen Namens, die vor dem Tod Hauptmanns publiziert wurden. Entstanden sind die Szenen hauptsächlich während der Jahre 1901 bis 1905, doch auch später hat sich der Dichter mit dem Stoff beschäftigt. Der Dramenkomplex ist von W. Bungies näher untersucht worden. Bungies geht auf die Entstehungsgeschichte ein und bietet eine Textauslegung der einzelnen Teile. Es wird betont, daß die Szenenfolge eine Reihe von »nicht nur meist bruchstückhafter, sondern stets auch äußerlich unzusammenhängender Teilstücke oder wechselnder Neuansätze« ist (S. 19).

Was die Autobiographie betrifft, waren bereits 1932 und 1934 Teile in der »Neuen Rundschau« (»Kindheitserinnerungen«, »Lebenswende«, »Der Landwirt«) erschienen. Daß Hauptmann mit diesem Werk wiederum auf den Spuren Goethes wandelte, wurde sogleich konstatiert und dieser Umstand hat im Schrifttum seine Widerspiegelung erfahren. Vergleichende Betrachtungen betonen die Unterschiede zwischen diesem Werk und »Dichtung und Wahrheit«, vor allem den Gegensatz zwischen der distanzierenden Haltung Goethes und dem Streben nach Vollständigkeit, das für Hauptmann kennzeichnend ist. Weiterhin untersuchte man die Stellung des Dichters zum Zeitgeschehen und zu gesellschaftspolitischen Fragen. Das Werk wurde als wichtiges »kulturhistorisches Gemälde« (H. Mayer) aus dem späten 19. Jahrhundert gewertet.

In der ersten Hälfte des Jahres 1938 entstehen einige kleinere Versdichtungen (»Der Knabe Herakles«, »Der Heros«), die Meditationen »Sonnen«, das Schauspiel »Die Tochter der Kathedrale« und der Essay »Tintoretto«. Der Essay erschien sogleich in der »Neuen Rundschau«, wurde aber nicht weiter beachtet. Die wenigen Bemerkungen, die darüber vorliegen, betonen, daß Hauptmann sich dem Werk des italienischen Meisters »psychologisch« nähert und daß dabei auch sein eigenes Künstlerwesen erhellt werde. Im August wird »Mignon« begonnen und die Lebenserinnerungen fortgeführt (»Das zweite Vierteljahrhundert«). Gegen Ende des Jahres entsteht in wenigen Wochen die Novelle »Der Schuß im Park«. Sie wird im Januar 1939 abgeschlossen und erscheint in der Zeitschrift »Die Dame«. Beim Publikum fand die Geschichte Anklang, doch von offizieller Seite sah man sie wegen der angeblich »rassenschänderischen« Komponente nicht gern. Für eine geplante Sonderausgabe wurde kein Papier bewilligt. In der Forschung bemühte man sich insbesondere um das Gleichen-Motiv, um den Charakter der Hauptperson und das Erzählgefüge. Dabei sind Nachlässigkeiten in der Gestaltung aufgewiesen worden (vor allem J. Pfeiffer).

Im Sommer 1939 wurde »Siri« beendet, eine Erzählung, in deren Mittelpunkt das Orloff-Erlebnis steht; sie wurde jedoch erst später (aus dem Nachlaß) herausgegeben. Veröffentlicht werden während dieses Jahres eine Sammlung kleinerer Dichtungen, die »Ährenlese«, sowie die Bühnenwerke »Die Tochter der Kathedrale« und »Ulrich von Lichtenstein«. Kurz nach Ausbruch des 2. Weltkrieges werden die Stücke inszeniert. Es gelingt gerade noch, in Wien die zähflüssige Lichtenstein-Komödie mit Erfolg aufzuführen; »Die Tochter der Kathedrale« findet in Berlin eine im allgemeinen günstige Aufnahme. Sehr bald jedoch verschwinden die Werke von den Spielplänen. Im Schrifttum hat »Ulrich von Lichtenstein« hauptsächlich in den 40er Jahren Beachtung gefunden.

F. A. Voigts Ausführungen über die Entstehung des Werkes und über die Bezüge zur Geschichte haben noch Informationswert, aber sein Bemühen, den Bruch zwischen den ersten drei Akten und dem vierten Akt aufs Äußerliche zu beschränken, ist von der Hand zu weisen. R. Fiedler hat dazu festgestellt, daß der Bruch auch auf inhaltlicher Ebene erkennbar sei. Auch daß in diesem Werk der »surrealistische Stil« des Dichters »voll ausgereift« sei (E. Alker), wird man nicht akzeptieren können. Der sonst so weitschweifige J. Gregor hat über den Minnesänger in aller Kürze das Treffendste gesagt: »Seine Schicksale aber sind nicht genügend interessant und witzig, um uns vier Akte lang zu beschäftigen« (S. 345).

»Die Tochter der Kathedrale« hat in stärkerem Maße das Interesse der Forschung beansprucht, vor allem weil es hier zu einer (wenn auch nur utopischen) Einheit von Christlichem und Dionysischem, zu einer Harmonisierung dieser Gegensätze kommt. Daneben haben sich die Interpreten viel mit den Quellen und Einflüssen sowie dem geistesgeschichtlichen Hintergrund des Werkes befaßt (vornehmlich F. W. J. Heuser, F. A. Voigt, J. Nadler). Moniert wurde die »füllige Breite« (H. Hanisch) dieses Märchenspiels.

In den ersten Kriegsjahren starben viele Freunde Hauptmanns: A. Plötz, M. Marschalk, H. Stehr, J. Schlaf, O. Loerke. Hauptmann hielt sich meist auf dem »Wiesenstein« auf, bisweilen auch auf Hiddensee und arbeitete hauptsächlich an der Atriden-Tetralogie. Zuerst stand zwar der »Winckelmann«-Stoff auf dem Plan (einige Bruchstücke wurden veröffentlicht), doch zog ihn die Atridensage immer stärker an. 1941 gelangte »*Iphigenie in Delphi*« zur Aufführung, 1943 »*Iphigenie in Aulis*«; auch die beiden anderen Teile (»Agamemnons Tod«, »Elektra«) wurden während der Kriegszeit beendet. Geschlossen liegt das Werk jedoch erst später vor.

Die Kritik rechnete die Tetralogie zu den überragenden Schöpfungen des Autors. Die Wirkung des Werkes unterstützt jedoch eine solche Wertschätzung nicht. Der Zyklus erwies sich als ausgesprochen bühnenschwach. Ein Schwerpunkt der Forschung waren Vergleiche mit entsprechenden Werken aus der Antike, mit Goethes »Iphigenie auf Tauris« und zeitgenössischen Bearbeitungen des Atriden-Themas. In den darüber vorliegenden Arbeiten werden gewöhnlich die besondere Sichtweise Hauptmanns und das Neue in seiner Gestaltung gegenüber den Vorgängern herausgestellt. Zudem ergibt ein Überblick über das Schrifttum, daß die Gestalt der Iphigenie und die Entsühnungsfrage im Mittelpunkt der Betrachtung gestanden haben. T. Ziolkowski stellte in dieser Beziehung fest, daß sich schon früh zwei Interpretationsrichtungen abzeichneten. Je nach der Perspektive, die eingenommen werde, könne man von einer delphischen und von einer aulischen Schule sprechen. Die Arbeiten der delphischen Richtung seien mehr optimistisch gehalten, insofern sie den Zyklus als Sieg des Lichts über die Dunkelheit betrachten und annehmen, daß das Selbstopfer der Iphigenie die Atriden von dem Götterfluch erlöse; demgegenüber neige die aulische Richtung der Ansicht zu, daß die Macht des Lichts nicht ausreiche, um über die Schicksalsbestimmung zu siegen; Iphigeniens Selbstopfer mag allenfalls von ihr selbst den Fluch nehmen, nicht jedoch – oder wenn, dann nur »auf Widerruf« (R. Fiedler) – von den anderen Angehörigen des Atridengeschlechts. Während die Vertreter beider Richtungen die Tetralogie als eine organische Einheit aufgefaßt haben, hat Ziolkowski die Andersgeartetheit der später entstandenen Teile gegenüber der »Iphigenie in Delphi« hervorgehoben.

Der andere Ton und die unterschiedliche Götter-Konzeption haben ihn zu der Folgerung geführt, daß »Iphigenie in Delphi« im Vergleich mit den anderen Teilen des Zyklus »almost a travesty« sein könnte. Guthke hat sich dann später um weitere Differenzierung bemüht, fällt jedoch im großen und ganzen auf Fiedlers Position zurück, indem er festhält, daß durch die »delphische Versöhnung« der Götterfluch nur »auf Widerruf« von der Welt genommen werde. Auch N. E. Alexander hat das Widersprüchliche des Ausgangs betont und Fiedlers Folgerungen bekräftigt.

Neben der Tetralogie und der 17bändigen Ausgabe letzter Hand wird in den ersten 40er Jahren nur wenig veröffentlicht. 1941 erscheint die Erzählung »Das Märchen«, 1942 werden die dramatischen Fragmente der »Dom«-Dichtung herausgegeben, auch werden Teile des Romanfragments »Die Wiedertäufer« abgedruckt. Die Erzählung knüpft an Goethes gleichnamiges Werk an. Hauptmann wendet sich darin von der Wirklichkeit ab, er kann die Gegenwart jedoch nicht leugnen und gestaltet »ein Weltbild, worin sich erkenntnistheoretischer Idealismus mit kulturphilosophischem Pessimismus vereinigt« (H. Mayer). Die »Dom«-Dichtung gehört zu einem größeren Werkkomplex, dessen Entstehung in die Zeit des 1. Weltkrieges zurückreicht. Im Schrifttum hat diese Dichtung wenig Beachtung gefunden; lediglich auf C. v. Ravensteins Behandlung des Luziferischen ist in diesem Zusammenhang hinzuweisen. Ähnlich steht es mit den Fragmenten aus dem »Wiedertäufer«-Roman. Auch hier liegt ein größerer Werkkomplex vor, der von W. Bungies erläutert wurde. Bungies gibt einen Überblick über die Entstehung und den Inhalt der verschiedenen Teile und betont, daß der Romantorso nicht soviel »poetische Eigenart« aufweise wie die Dramenfragmente.

Die Ausgabe letzter Hand, die im Jahre 1942 erschien, enthielt auch Erstveröffentlichungen. Neben kleineren Arbeiten sind es »Sonnen«, »Magnus Garbe« und »Der große Traum«, die hier zum erstenmal abgedruckt werden. Bei der Sammlung »Sonnen« handelt es sich um Reflexionen und Stimmungen, die als des Dichters Bekenntnis zu »seiner eigenen mystischen Religiosität« (G. Hurtig) gedeutet wurden. Das Drama »*Magnus Garbe*« war bereits 1915 zu Ende geführt worden. Den Nazis war das Stück nicht genehm; eine geplante Aufführung wurde verboten. Die Forschung hat sich mit den Quellen dieses Inquisitionsdramas befaßt, insbesondere jedoch mit dem Geschick der Hauptgestalt, dem Doppelbödigen des Stücks sowie der tief pessimistischen Haltung, die sich darin bekundet.

Am intensivsten hat G. F. Hering dieses Werk untersucht. Er hebt den balladenhaften Zug hervor und sieht in dem Drama eine »tragische Schicksalsfabel von der Blindheit des Menschen im Netz der Verhängnisse« (S. 130). Da er jedoch von dem Inhalt übermäßig fasziniert ist, sind in seiner Analyse die Schwächen des Stücks (in der Anlage, Motivierung, Charakterzeichnung) in den Hintergrund gedrängt worden.

Vielfältig und reichhaltig war die Resonanz des »*Großen Traums*«. Er galt als Vermächtnis des Dichters und als eines seiner wichtigsten Werke. Die Entstehungsgeschichte reicht wiederum in die Zeit des 1. Weltkrieges zurück. In verschiedenen Ansätzen wurde es weitergeführt und schließlich publiziert. Zwar erschien auch später noch einiges vom »Großen Traum«, aber die Textfassung aus dem Jahre 1942 ist die einzige, die der Dichter selbst guthieß. Im Schrifttum ist vornehmlich auf den Einfluß Dantes hingewiesen worden, an dessen »Divina Commedia« Hauptmann bewußt anknüpfte und den er in Persona auftreten ließ.

Einige Einzeluntersuchungen über das Verhältnis zu Dante liegen vor (E. v. Richthofen, D. Radcliff-Umstead), doch auch im Rahmen anderer Arbeiten wird näher darauf eingegangen. Der Traumcharakter und die verschiedenen Ebenen des Werkes sind verschiedentlich untersucht worden, ebenso die gnostischen Schichten und (verbunden damit) Satanael-Christus-Vorstellungen. Die umfassendste Arbeit über den »Großen Traum« wurde von C. Reishofer vorgelegt, die gewichtigsten Aussagen stammen von Guthke. B. v. Wiese charakterisiert das Werk als »Mysteriendichtung eines Ketzers und den Angsttraum eines Besessenen«.

Zum 80. Geburtstag wurden Hauptmann verschiedene Ehrungen zuteil (vornehmlich in Schlesien); u. a. wird er zum Ehrenbürger der Friedrich-Wilhelms-Universität zu Breslau ernannt, und ihm werden der Niederschlesische Schrifttumspreis, die Eichendorffplakette sowie diverse Ehrenzeichen und Medaillen verliehen. Hitler übersendet ein Glückwunschtelegramm mit einer Vase aus der Berliner Porzellan-Manufaktur. Zu dieser Zeit entstehen auch verschiedene Hauptmann-Porträts und -Büsten (u. a. von Ivo Hauptmann, P. M. Padua, J. M. Avenarius, Arno Breker, F. Behn, H. Schneider). Hauptmann selbst vollendet eine Plastik seines Enkels Arne.

Im Jahre 1943 gibt Behl das 1. und 2. Konvolut des »*Neuen Christophorus*« heraus. Hauptmann arbeitet jedoch an dieser Dichtung weiter. Teilveröffentlichungen aus anderen Konvoluten finden später statt, der ganze Komplex (1.–4. Konvolut) erscheint erst in den 60er Jahren. Hauptmann beschäftigt sich auch mit anderen Werken (u. a. »Demeter«, »Die hohe Lilie«, »Der Venezianer«), er schließt die Novelle »Mignon« ab und publiziert (neben »Iphigenie in Aulis«) Fragmente bzw. Bruchstücke, die zumeist dem Werkkomplex »Der Venezianer« entstammen.

Im Februar 1945 reist er nach Dresden und erlebt dort die Zerstörung der Stadt. Nach der Rückkehr zum »Wiesenstein« läßt er im Radio eine Botschaft zum Untergang Dresdens verlesen. Kurz darauf wird Agnetendorf durch die Rote Armee besetzt.

Biographisches und Erinnerungen: H. *Unger,* Im Augenblick erlebt: Ein Musiker besucht G.H., in: Theater der Welt, 1 (1937), S. 570–573; K. L. *Tank,* Bei G.H., in: JR, 9 (1942), S. 389–399; *ders.,* Begegnungen mit G.H., in: NR, 53 (1942), S. 494–502; Die G.H.-Tage in Breslau vom 11.–15. November 1942, 1943; F. A. *Voigt,* G.H. unter der Herrschaft des Nazismus, in: MH, 38 (1946), S. 298–303; C. F. W. *Behl,* G.H. und der Nazismus, in: Berliner Hefte, 2 (1947), S. 489–497; *ders.,* Zwiesprache mit G.H., 1949; H. v. *Hülsen,* Freundschaft mit einem Genius, 1947; S. D. *Stirk,* Die Nazis und G.H., in: Mittln. d. Lit. Ges. (Chicago), 1947, Nr. 1, S. 28–35; W. *Thomas,* Bis der Vorhang fiel, 1947, S. 266–300; E. *Glaeser,* Gesellige Stunden mit G.H., in: GHJ, 1948, S. 147–189; R. *Italiaander,* Mit G.H. in Dresden, ebd., S. 121–140; E. *Kästner,* Zeltbuch von Tumilad, 1949, S. 142–171; G. *Pohl,* Recollections of G.H., in: GLL, 2 (1949), S. 172–178; *ders.,* Südöstliche Melodie, 1963, S. 123–127; G. *Grundmann,* Begegnungen eines Schlesiers mit G.H., 1953; E. *Eckersberg,* Erinnerungen an Max Reinhardt und G.H., in: OMh, 25 (1958), S. 117–118; W. *Scheffler,* Der »Liegnitzer Katalog« für G.H., in: Schlesien, 7 (1962), S. 230–232; E. *Zimmermann,* Meine Begegnung mit G.H. im Januar 1940, in: ASf, 28 (1962), S. 371–374; F. *Schulze-Maizier,* Wie ich G.H. erlebte, in: Schlesien, 15 (1970), S. 74–84.

»Die goldene Harfe«, Schauspiel. Entst.: 1933; Selbstzeugnisse: VZ, 14. 10. 1933; Erstausgabe: Berlin: S. Fischer 1933; Urauff.: 15. 10. 1933, Kammerspiele München; Lit.: A. J. *Prahl,* G.H's »Die goldene Harfe«, in: MH, 26 (1934), S. 216–222; *Behl,* 1948, S. 132–135; *Lindner,* 1949, S. 12–15; *Fiedler,* 1954, S. 78–85; *Guthke,* 1961, S. 158–159; *Künzel,* 1962, S. 57–61; *Michaelis,* 1962, S. 210–255; K. *Schindler,* G.H. und Eichendorff, in: Aurora, 24 (1964), S. 79–84.

»Das Meerwunder«, eine unwahrscheinliche Geschichte. Entst.: 1933–1934; Erstveröffentl.: NR, 1934, H. 8–9; erste Einzelausgabe: Berlin: S. Fischer 1934; Paralipomena in: CA, Bd. 11; Lit.: C. F. W. *Behl,* Die Magie des Elementaren, in: GHJ, I. Bd., 1936, bes. S. 56–59; W. *Baumgart,* Erlebnis und Gestaltung des Meeres bei G.H., in: G.H. Studien zum Werk und zur Persönlichkeit, hrsg. v. Dt. Institut d. Univ. Breslau, 1942, S. 125–130; *Schreiber,* 1946, S. 24–38; H. *Hütter,* Die Naturgeister bei G.H., Diss. Wien 1948, S. 71–104; *Lindner,* 1949, S. 16–23; F. *Usinger,* Das Glück und die Chimäre, in: Die Wandlung, 4 (1949), S. 494–497; H. *Steinhauer,* H's »Das Meerwunder«: An Analysis, in: JEGP, 51 (1952), S. 49–60; U. *Goedtke,* G.H's Erzählungen. Untersuchungen über die erzählte Welt und ihren Erzähler, Diss. Göttingen 1955, S. 45–99; *Fischer,* 1957, S. 126–136 et passim; *Hilscher,* 1969, S. 428–432.

»Hamlet in Wittenberg«, dramatische Dichtung. Entst.: 1924, 1929/30, 1934–1935; Selbstzeugnisse: *Machatzke,* 1963, S. 119–120; Leipziger Neueste Nachr., 19. 11. 1935; Erstausgabe: Berlin: S. Fischer 1935; Paralipomena in: CA, Bd. 9; Urauff.: 19. 11. 1935, Altes Theater Leipzig, Stadttheater Altona, Deutsches Nationaltheater Osnabrück; Lit.: L. *Gillet,* Un »Hamlet« de G.H., in: Revue de Deux Mondes, 106 (1936), S. 207–220; C. *Voigt,* Der »kleine Tintenklecks des Herrgotts«, in: GHJ, I. Bd., 1936, S. 141–143; A. J. *Prahl,* Bemerkungen zu G.H's »Hamlet in

Wittenberg«, in: MH, 29 (1937), S. 153–157; S. D. *Stirk,* A Note on G.H's »Hamlet in Wittenberg«, in: MLR, 32 (1937), S. 595–597; W. J. *Mueller,* Germanischer Mythos und germanische Sage in den Dramen G.H's, Ph. D. Diss. Cornell University 1938, S. 171–205; F. A. *Voigt* u. W. A. *Reichart,* H. und Shakespeare, 1947, S. 79–94; W. *Galambos,* G.H's Interesse für Shakespeares »Hamlet«, Diss. Wien 1948; *Lindner,* 1949, S. 31–36; H. *Ranftl,* G.H.: Shakespeares Hamlet, Diss. Graz 1950; *Gregor,* 1951, S. 389–392; *Fiedler,* 1954, S. 52–59; *Metken,* 1954, S. 211–230; *Guthke,* 1961, S. 152 f.

»Im Wirbel der Berufung«, Roman. Entst.: 1924, 1926, 1928–1929, 1931–1935; Erstausgabe: Berlin: S. Fischer 1936; Lit.: F. H. *Ellis,* Literary Symbolism in H's Novel »Im Wirbel der Berufung«, in: MH, 34 (1942), S. 326–332; F. A. *Voigt* u. W. A. *Reichart,* H. und Shakespeare, 1947, S. 94–102; W. *Galambos,* G.H's Interesse für Shakespeares »Hamlet«, Diss. Wien 1948; *Lindner,* 1949, S. 37–39; *Muller,* 1950, S. 70–77; H. *Ranftl,* G.H.: Shakespeares Hamlet, Diss. Graz 1950; *Gregor,* 1951, S. 392–397; G. *Kropatschek,* Der Theaterroman um Hamlet bei Goethe und G.H., Diss. Wien 1952; H. *Ruf,* Die Kunst der Erzählung in den letzten Prosawerken G.H's, Diss. München 1956, S. 4–52; *Rohmer,* 1958, S. 208–260; *Guthke,* 1961, S. 151–152; *Heuser,* 1961, S. 146–150; R. *Ziemann,* ». . . in fremdmächtiger Zeit«. Über das Spätwerk G.H's, in: WZUH, 13 (1964), S. 362–363; G. *Erdmann,* Einige pommersch-rügensche Motive in G.H's Schaffen, in: GSJ, 5 (1965), S. 221 ff.; B. *Markwardt,* Geschichte der deutschen Poetik, Bd. V, 1967, S. 492 ff.; *Hilscher,* 1969, S. 442–446; I. H. *Reis,* G.H's Hamlet-Interpretation in der Nachfolge Goethes, 1969.

»Das Abenteuer meiner Jugend«, in zwei Bänden. Entst.: 1929–1935; Erstausgabe: Berlin: S. Fischer 1937 (zuvor Teildrucke in: NR, 1932 u. 1934); Lit.: *Lindner,* 1949, S. 24–30; *Weisert,* 1949, S. 25–36; *Muller,* 1950, S. 68–70; *Gregor,* 1951, S. 146–158 et passim; *Hensel,* 1957, S. 196–198; W. G. A. *Shepherd,* Social Conscience and Messianic Vision. A Study in the Problems of G.H's Individualism. Ph. D. Diss. University of Edinburgh 1962, S. 1–43; G. *Beissenhirtz,* Studien zum Schicksalsbegriff im Spätwerk G.H's, Diss. Kiel 1965, S. 7–27; H. *Mayer,* Zur deutschen Literatur der Zeit, 1967, S. 16–25; J. *Flügge,* Urbilder in G.H's Kindheit, in: Neue Sammlung, 9 (1969), S. 474–482; *Hilscher,* 1969, S. 21–23; E. *Kirsch,* Über deutsche Dichterautobiographien des XX. Jahrhunderts, in: WZUH, 20 (1971), S. 107–118; ders., Über G.H's Autobiographie »Das Abenteuer meiner Jugend«, in: WZUH, 23 (1974), S. 65–76.

»Tintoretto«, Essay. Entst.: 1938; Erstveröffentl. in: NR, 49 (1938), S. 209–226; CA, Bd. 6; Lit.: *Lindner,* 1949, S. 52–53; *Michaelis,* 1962, S. 26–29; E. *Scheyer,* G.H. und die bildende Kunst, in: Schlesien, 7 (1962), bes. S. 145–146.

»Ährenlese«, kleinere Dichtungen. Erstausgabe: Berlin: S. Fischer 1939; ergänzt u. neu geordnet für die Ausgabe letzter Hand 1942; die Sammlung enthält Dichtungen und Sprüche von den 90er Jahren bis 1939 bzw. 1942, u. a. auch: »Mary« (Teildruck in: Das vierzigste Jahr, Berlin: S. Fischer 1926), »Die drei Palmyren«, »Till Eulenspiegel«; Lit.: H. *Hennecke,*

Sprache, Gedanke und Lyrik im Lebenswerke G.H's, in: NR, 52 (1941), S. 201–214; R. *Ibscher,* Der Lyriker G.H., in: G.H. Studien zum Werk und zur Persönlichkeit, hrsg. v. Dt. Institut d. Univ. Breslau, 1942, S. 132–159; F. B. *Wahr,* G.H's Shorter Poems, in: GR, 21 (1946), S. 215–229; *ders.,* G.H's »Mary« Poems, in: MH, 39 (1947), S. 145–156; *Gregor,* 1951, S. 238–247 et passim; F. *Semmler,* »Pima grüßt zum Geburtstag«, in: MH, 47 (1955), S. 285–289; *Hensel,* 1957, S. 213–214; H. F. *Garten,* H's Epic Poetry, in: Centenary Lectures, 1964, S. 104–105; *Voigt,* 1965, S. 123–133; *Hilscher,* 1969, S. 69–71.

»*Ulrich von Lichtenstein*«, Komödie. Entst.: 1910, 1923–1924, 1936–1937; Erstausgabe: Berlin: S. Fischer 1939; Urauff.: 11. 11. 1939, Burgtheater Wien; Lit.: E. *Alker,* Bemerkungen zu G.H's Altersstil, in: ZDP, 67 (1942), S. 78; F. A. *Voigt,* G.H's »Ulrich von Lichtenstein«, in: G.H. Studien zum Werk und zur Persönlichkeit, hrsg. v. Dt. Institut d. Univ. Breslau, 1942, S. 46–80; *Behl,* 1948, S. 136–137; *Lindner,* 1949, S. 42–44; *Gregor,* 1951, S. 345; *Fiedler,* 1954, S. 86–92; F. V. *Spechtler,* Ulrich von Lichtenstein bei G.H. und H. v. Hofmannsthal, in: Mittelalter-Rezeption, hrsg. von J. Kühnel u. a., 1979, S. 347–364.

»*Die Tochter der Kathedrale*«, dramatische Dichtung. Entst.: 1935–1938; Erstausgabe: Berlin: S. Fischer 1939; Urauff.: 3. 10. 1939, Staatliches Schauspielhaus Berlin; Lit.: F. W. J. *Heuser,* G.H's »Die Tochter der Kathedrale«, in: GR, 15 (1940), S. 137–145 (auch in: Heuser, 1961); *Schreiber,* 1946, S. 95–104; *Behl,* 1948, S. 137–139; L. *Frauendienst,* »Die Tochter der Kathedrale«. Dramatische Dichtung von G.H., Diss. Wien 1948; *Lindner,* 1949, S. 47–50; *Gregor,* 1951, S. 418–424; H. *Hanisch,* Die Novellendramatisierungen G.H's, Diss. Mainz 1951, S. 137–154; J. *Nadler,* G.H.: »Die Tochter der Kathedrale«, in: Anzeiger d. Österr. Akad. d. Wissenschaften, 1952, Nr. 16, S. 201–212; F. A. *Voigt,* G.H's Drama »Die Tochter der Kathedrale«, in: GRM, 3 (1953), S. 1–12; *Fiedler,* 1954, S. 92–98; *Hurtig,* 1956, S. 112–118; *Hensel,* 1957, S. 88–97; H. *Hartung,* Nachwort zur Propyläen-Textausgabe, 1959; *Guthke,* 1961, S. 163–164.

»*Der Schuß im Park*«, Novelle. Entst.: 1938–1939; Erstveröffentl.: Die Dame, 1939; erste Einzelausgabe: Berlin: S. Fischer 1941; Lit.: J. J. *Weisert,* Graf von Gleichen »Redivivus«, in: MH, 40 (1948), bes. S. 468–470; *Lindner,* 1949, S. 54–56; K. L. *Tank,* Nachwort zur Reclam-Ausgabe, 1962; J. *Pfeiffer,* Was haben wir an einer Erzählung?, 1965, S. 56–66; W. *Freund,* Die deutsche Kriminalnovelle von Schiller bis H., 1975, S. 95–102.

»*Das Märchen.*« Entst.: 1941; Erstveröffentl.: NR, 52 (1941), S. 686–694; CA, Bd. 6; Lit.: *Schreiber,* 1946, S. 104–106; *Lindner,* 1949, S. 138–141; *Weisert,* 1949, S. 83–85; *Muller,* 1950, S. 77–80; *Gregor,* 1951, S. 621–625; H. *Ruf,* Die Kunst der Erzählung in den letzten Prosawerken G.H's, Diss. München 1956, S. 121–145; H. *Mayer,* Vergebliche Renaissance: Das »Märchen« bei Goethe und G.H., in: H. Mayer, Von Lessing bis T. Mann, 1959, S. 356–382; K. S. *Guthke,* Wege zur Literatur, 1967, S. 211–213; U. *Maßberg,* G.H's »Märchen« in neuer Sicht, in: GRM, 21 (1971), S. 55–72.

»*Sonnen*«, Meditationen. Entst.: 1912/13, 1933–1934, 1938; Erstveröffentl.: Ausgabe letzter Hand, Bd. 15, 1942; Lit.: *Schreiber,* 1946, S. 106–107; *Gregor,* 1951, S. 587–591; *Hurtig,* 1956, S. 99–111.

»*Magnus Garbe*«, Tragödie. Entst.: 1914–1915; Erstveröffentl.: Ausgabe letzter Hand. Bd. 8, 1942; kurz danach als Einzelausgabe: Berlin: S. Fischer 1942; Paralipomena in: CA, Bd. 9; Urauff.: 4. 2. 56, Schauspielhaus Düsseldorf; Lit.: *Gregor,* 1951, S. 358–361; G. F. *Hering,* Der Ruf zur Leidenschaft, 1959, S. 118–138; J. *Nabholz,* The Sources of G.H's »Magnus Garbe«, in: MPh, 56 (1959), S. 187–196; *Guthke,* 1961, S. 122–124; *Künzel,* 1962, S. 34–36; *Michaelis,* 1962, S. 73–104; *Hilscher,* 1969, S. 319–322.

»*Der große Traum*«, Dichtung. Entst.: 1914–1915, 1919–1925, 1936–1941, 1942; Erstveröffentl.: Teildrucke in Zeitschriften u. Abhandlungen von 1921 bis 1960; erste Einzelausgabe: Sonderausgabe zum 80. Geburtstag des Dichters, Leipzig: Insel Verlag 1942; erw. Einzelausgabe, hrsg. v. H. Reisiger, Gütersloh: Bertelsmann 1956; CA, Bd. 4, mit Abdruck sämtl. Paralipomena; Lit.: *Schreiber,* 1946, S. 139–146, 265–287; C. *Reishofer,* G.H's »Großer Traum«, Diss. Wien 1948; *Lindner,* 1949, S. 57–64; *Weisert,* 1949, S. 94–101; E. v. *Richthofen,* G.H. und Dante, in: ASSl, 187 (1950), S. 76–83; F. B. *Wahr,* H. und Bachofen, in: MH, 42 (1950), S. 153–159; *ders.,* Comments on H's »Der große Traum«, in: GR, 28 (1953), S. 42–54; *Gregor,* 1951, S. 567–585 et passim; C. v. *Ravenstein,* Das Luziferische bei G.H., Diss. Freiburg i. Br. 1952, S. 122–123, 130–138; H. *Gutknecht,* Studien zum Traumproblem bei G.H., 1954, S. 83–86; *Hurtig,* 1956, S. 119–138; R. A. *Schröder,* G.H's »Der große Traum«, in: NDH, 3 (1956/57), S. 172–184; *Hensel,* 1957, S. 166–171, 215–266; K. S. *Guthke,* Textual Problems in G.H's »Der große Traum«, in: MLQ, 20 (1959), S. 77–80; *ders.,* 1961, S. 169–175; *ders.,* Wege zur Literatur, 1967, S. 39–54, 214–218; K. L. *Tank,* »Der große Traum«. Verse und Notizen aus dem Nachlaß, in: Eckart, 28 (1959), S. 119–130; H. D. *Tschörtner,* Der »Große Traum« und der Nachlaß G.H's, in: NDL, 1960, H. 10, S. 134–137; H. *Urner,* »Der große Traum«, in: Die Zeichen der Zeit, 16 (1962), S. 31–37; H. F. *Garten,* H's Epic Poetry, in: Centenary Lectures, 1964, S. 120–133; *Voigt,* 1965, S. 114–119; B. v. *Wiese,* G.H., in: Deutsche Dichter der Moderne. Ihr Leben und Werk, hrsg. v. B. v. Wiese, 1965, S. 45–46; D. *Radcliff-Umstead,* Dante's Influence on »The Great Dream« of G.H., in: Forum Italicum, 2 (1968), S. 23–33; *Hilscher,* 1969, S. 447–455; W. *Hempel,* »Göttliche Komödie« und »Großer Traum«, in: Literatur und Spiritualität, H. Sckommodau zum 70. Geburtstag, hrsg. von H. Rheinfelder u. a., 1978, S. 73–102; P. *Mellen,* G.H. und Dante, in: Seminar, 16 (1980), S. 12–15.

»*Atriden-Tetralogie. Iphigenie in Aulis*«, Tragödie. Entst.: 1940–1943; Selbstzeugnisse: CA, Bd. 11; Erstausgabe: Berlin: Suhrkamp 1944; Paralipomena in: CA, Bd. 9; Urauff.: 15. 11. 1943, Burgtheater Wien; »Agamemnons Tod«, Tragödie. Entst.: 1942; Erstausgabe (zusammen mit »Elektra«): Berlin: Suhrkamp 1948; Urauff.: 10. 9. 1947, Deutsches Theater Berlin (Kammerspiele); »Elektra«, Tragödie. Entst.: 1944; Erstveröffentl.: NR, 1947; erste Einzelausgabe (zusammen mit »Agamemnons

Tod«): Berlin: Suhrkamp 1948; Urauff.: 10. 9. 1947, Deutsches Theater Berlin (Kammerspiele); »Iphigenie in Delphi«: Tragödie. Entst.: 1940; Erstausgabe: Berlin: S. Fischer 1941; Paralipomena in: CA, Bd. 9; Urauff.: 15. 11. 1941, Staatliches Schauspielhaus Berlin; erste Gesamtausgabe »Die Atridentetralogie«, Berlin: Suhrkamp 1949; Lit.: W. A. *Reichart*, »Iphigenie in Delphi«, in: GR, 17 (1942), S. 221–237; *ders.,* The Genesis of H's Iphigenia Cycle, in: MLQ, 9 (1948), S. 467–477; C. F. W. *Behl,* H's Atriden-Tetralogie, in: The Gate, 2 (1948), H. 2, S. 20–25; *ders., 1948,* S. 140–143; J. *Gregor,* G.H's Atriden-Tetralogie, in: Phaidros, 2 (1948), S. 63–79; *ders.,* 1951, S. 468–505; E. *Philipp,* Die Iphigeniensage von Euripides bis G.H., Diss. Wien 1948; E. *Susini,* »L'Iphigénie à Delphes« de G.H., in: EG, 3 (1948), S. 333–342; G. *Hillard,* Das Opfer der Iphigenie, in: Mk, 3 (1949), S. 908–917; *Lindner,* 1949, S. 83–137; G. *Fuhrmann,* Der Atriden-Mythos im modernen Drama – Hauptmann–O 'Neill–Sartre, Diss. Würzburg 1950; *Muller,* 1950, S. 51–57; *Tettenborn,* 1950, S. 89–103; J. J. *Weisert,* Two Recent Variations on the Orestes Theme, in: MLJ, 35 (1951), S. 356–363; H. *Ries,* Die Rückwendung zum Mythos in G.H's Atridentralogie, Diss. Frankfurt 1952; F. J. *Burk,* Antike Quellen und Vorbilder von G.H's Atriden-Tetralogie, Diss. Marburg 1953; K. *Hamburger,* Das Opfer der delphischen Iphigenie, in: WW, 4 (1953/54), S. 221–231; R. *Kayser,* Iphigenia's Character in G.H's Tetralogy of the Atrides, in: GR, 28 (1953), S. 190–194; E. *Nitzsche,* G.H. Griechentum und Humanismus, Diss. Berlin (FU) 1953, S. 134–150; *Fiedler,* 1954, S. 99–126; J. *Krüger,* Wandlungen des Tragischen, nachgewiesen am Orestes-Problem, Diss. Greifswald 1954; *Metken,* 1954, S. 231–266; J. M. *Burian,* A Study of Twentieth-Century Adaptations of the Greek Atridae Dramas, Ph. D. Diss. Cornell University 1955, S. 109 ff.; H. *Razinger,* Nachwort zur Bertelsmann-Ausgabe der Tetralogie, 1956; T. C. van *Stockum,* G.H's »Atriden-Tetralogie«, in: Mededelingen der Koninkl. Nederlandse Akad. van Wetenschappen, 20 (1957), S. 233–260; K. S. *Guthke,* Leid und Humanität, in: Guthke u. Wolff, Das Leid im Werke G.H's, 1958, S. 83–113; *ders.,* 1961, S. 175–179; *ders.,* Wege zur Literatur, 1967, S. 256–268; H. *Urner,* Iphigeniens Heimkehr in der Dichtung der Gegenwart, in: WZUH, 7 (1958), S. 739–749; C. *David,* »L'Iphigénie à Delphes« de G.H. et la crise de l'art dramatique, in: Annales de l'Université de Paris, 29 (1959), S. 365–376; R. *Rosenberg,* Die Struktur von G.H's Atriden-Tetralogie, Diss. Jena 1959; T. *Ziolkowski,* H's »Iphigenie in Delphi«: A Travesty?, in: GR, 34 (1959), S. 105–123; W. *Emrich,* Protest und Verheißung, 1960, bes. S. 202–204; K. *Wolff,* Die Atridentetralogie G.H's, in: PP, 14 (1960), S. 194–209; H. *Keipert,* Goethes »Iphigenie« und H's Atridentetralogie, in: DU, 13 (1961), S. 25–40; W. v. *Nordheim,* Die Atriden-Dramen von Euripides, Hauptmann und Sartre – verglichen mit Goethes »Iphigenie«, in: WW, 11 (1961), S. 162–172; *Künzel,* 1962, S. 65–82; *Michaelis,* 1962, S. 256–336; K. *Migner,* G.H's tragische Weltsicht, in: Welt und Wort, 17 (1962), S. 335–338; E. *Piscator,* G.H's »Atriden-Tetralogie«, in: DR, 88 (1962), S. 977–983; *Van der Will,* 1962, S. 201–218; *Alexander,* 1964, S. 110–129; E. *McInnes,* The »Active« Hero in G.H's Dramas, in: Centenary Lectures, 1964, bes. S. 72–79; D. *Meinert,*

Hellenismus und Christentum in G.H's Atriden-Tetralogie, Cape Town 1964; R. *Ziemann,* »... in fremdmächtiger Zeit«. Über das Spätwerk G.H's, in: WZUH, 13 (1964), S. 364–368; *Zimmermann,* 1964, S. 463–467; D. H. *Crosby,* Characteristics of Language in H's »Atriden-Tetralogie«, in: GR, 40 (1965), S. 5–16; *Voigt,* 1965, S. 134–174; L. *Blumenthal,* Iphigenie von der Antike bis zur Moderne, in: Natur und Idee, A. B. Wachsmuth zugeeignet, hrsg. v. H. Holtzhauer, 1966, bes. S. 30–37; H. *Mayer,* G.H., 1967, S. 75–80; M. *Machatzke,* G.H's nachgelassenes Erzählfragment »Winckelmann«. Beiträge zum Verständnis seines dichterischen Schaffens, Diss. Berlin (FU), 1968, S. 163–184; P. C. *Wegner,* G.H's Griechendramen. Ein Beitrag zu dem Verhältnis von Psyche und Mythos, Diss. Kiel 1968, S. 215–266; *Hilscher,* 1969, S. 462–479; H. F. *Garten,* Hofmannsthals und H's »Elektra«, in: Untersuchungen zur Literatur als Geschichte, Festschrift für B. v. Wiese, hrsg. von V. J. Günther u. a., 1973, S. 418–430; W. *Hinck,* Das moderne Drama in Deutschland, 1973, S. 147–151.

Reden und Aufsätze: Ich sage »Ja«, in: BT, 11. 11. 1933; An Knut *Hamsun,* in: Der nordische Aufseher, 2 (1934), S. 133; Nachruf für F. *Wreede,* in: Charivari für Theater, Musik, Film und Rundfunk, 1934, Nr. 11; Nachruf für S. *Fischer,* in: Nr. 45 (1934), S. 447; Das Drama im geistigen Leben der Völker, in: NR, 45 (1934), S. 449–454; Zum dreißigjährigen Bestehen des Rosetheaters, in: BT, 27. 9. 1936; Über *Gorki* (1936), in: Mit der Menschheit auf du und du. Schriftsteller der Welt über Gorki, hrsg. v. R. Schröder, 1968, S. 95–96; Wie und wo mein »Biberpelz« entstand, in: Ill. Filmkurier 2728, 1937; Eindruck vom Römerberg 1937, in: Frankfurter Theateralmanach 1937, S. 22; H. *George* 25 Jahre Schauspieler, hrsg. v. K. Raeck, 1937, S. 3; Du bist mir wert, mein Tag. O. *Enking* zum 70. Geburtstag, hrsg. v. W. Sichler, 1937, S. 107; A. *Kutscher,* Ein Buch des Dankes, hrsg. v. H. Günther, 1938, S. 113; Verwirklichung einer Notwendigkeit (über den Anschluß Österreichs), in: BT, 2. 4. 1938; Über W. *Busch,* in: MWBG 1939, Nr. 9/10, S. 35; Schlesien ohne Grenzen, in: Das Reich, 22. 12. 1940; Gruß an das Dt. Theater in Prag, in: BDTh, 1940/41, S. 17; An das Theater der Stadt Straßburg, in: Festschrift zur Eröffnung des Theaters der Stadt Straßburg, 1941; *Grillparzer,* in: Burgtheater, 1941, S. 11; Sursum corda – Die Herzen empor!, in: BL, 1. 1. 1941; Abschied von O. *Loerke,* in: NR, 1941, S. 129; Angelus Dei. Über *Mozart,* in: NWT, 28. 11. 1941; Der Dank des Dichters an den Schauspieler, in: Programmheft zum Film »Ohm Krüger« mit E. *Jannings,* Berlin 1941; Gruß an die Front, in: Schl. Volksztg., 19. 6. 1942; Gruß an die Akademie, in: Akad. d. Bildenden Künste Wien. Zur Feier des 250jährigen Bestandes, 1942, S. 4–5; Geleitwort zu Bildern aus Schlesien, in: Atlantis, 1942, S. 331–333; Dankrede in Hirschberg, in: Beobachter im Iser- und Riesengebirge, 9. 11. 1942; Dankrede im Wiener Rathaus, in: VB, 23. 11. 1942; Nachruf auf R. *Rittner,* in: Schl. Landespost, 9. 2. 1943; Dankreden zu den Breslauer Feiern, in: Die G.-H. Tage in Breslau, 1943; Mysterium Magnum. Dem Gedächtnis H. *Stehrs,* in: Dt. Allg. Ztg., 13. 2. 1944; Ich grüße Berlin, in: BL, 25. 6. 1944; Zum 80. Geburtstag O. E. *Hartlebens,* in: Der Autor, 1944, Nr. 6/8.

Vorworte: O. *Falckenberg,* Mein Leben – Mein Theater, 1944; R. *Voigt,* Das Gesicht des Geistes. Farbaufnahmen von E. Retzlaff, 1944.

Fragmente: »Die Wiedertäufer« (Drama), Entst.: 1901/02, 1906, 1909, 1911, 1916; Erstveröffentl.: Der Tag, 25. 12. 1905; Jugend, 18. 12. 1909; NR, 1937, S. 430–458; CA, Bd. 8; »Die Wiedertäufer« (Roman), Entst.: verm. 1911 und 1914, 1915/16, verm. 1922, 1942; Erstveröffentl.: GHJ, I. Bd., 1936, S. 12–37; NR, 53 (1942), S. 488–494; CA, Bd. 10; Lit.: *Liebenstein,* 1950, S. 49–66; W. *Bungies,* G.H's nachgelassene dramatische Fragmente »Die Wiedertäufer«, 1971; H. D. *Tschörtner,* G.H's dramatische und epische Fragmente »Die Wiedertäufer«, in: Mühlhäuser Beiträge, 1980, H. 3, S. 27–33. – »Der Dom«, Entst.: 1917, 1922, 1924, 1932/35, 1938, 1942; erste Einzelausgabe hrsg. v. F. A. Voigt, Chemnitz: Ges. d. Bücherfreunde 1942 (zuvor Teildrucke, auch in: Ausblicke, 1924); CA, Bd. 8; Lit.: *Schreiber,* 1946, S. 248–264; *Liebenstein,* 1950, S. 66–68; C. v. *Ravenstein,* Das Luziferische bei G.H., Diss. Freiburg i. Br. 1952, S. 139–146. – »Raoul Markuse«, Entst.: 1934, Erstveröffentl.: CA, Bd. 9. – »Bauern-Drama«, Entst.: 1911, 1937/38; Erstveröffentl.: CA, Bd. 9. – »Lykophron«, Entst.: 1906, 1909, 1938, 1939, 1943, 1944; Erstveröffentl.: CA, Bd. 9. – »Der Flieger«, Entst.: 1923, 1938, 1940; Erstveröffentl.: CA, Bd. 9. – »Die hohe Lilie«, Entst.: 1937, 1943/44; Erstveröffentl.: CA, Bd. 8; Lit.: G. *Erdmann,* Einige pommersch-rügensche Motive in G.H's Schaffen, in: GSJ, 5 (1965), S. 263–265. – »Kirmes im Riesengebirge«, Entst.: 1937; Erstveröffentl.: CA, Bd. 11. – »Nireus«, Entst.: 1938, Erstveröffentl.: CA, Bd. 9. – »Wenn der Hirsch schreit«, Entst.: 1938/39, Erstveröffentl.: CA, Bd. 9. – »Perikles«, Entst.: 1883, 1941/42; Erstveröffentl.: CA, Bd. 9. – »Das Richtfest«, Entst.: 1943; Erstveröffentl.: CA, Bd. 9.

6. Ausklang (1945/46)

In der Nachkriegszeit wird Hauptmann von der Roten Armee mit Respekt behandelt, der »Wiesenstein« wird unter ihren Schutz gestellt, und auch der polnische Kultusminister, Prof. Lorenz, stellt ihm einen Schutzbrief aus. Der Präsident des neugegründeten »Kulturbundes zur demokratischen Erneuerung Deutschlands«, Johannes R. *Becher,* besucht ihn im Oktober 1945, und Hauptmann versichert ihm, er werde am Wiederaufbau Deutschlands mithelfen und sich für eine geistige Erneuerung einsetzen. Einige Gedichte und Botschaften erscheinen in der »Täglichen Rundschau«, und im Frühjahr 1946 werden die »Neuen Gedichte«, eine Sammlung von Versen, die teils in den 40er Jahren entstanden sind, teils als Nachlese zu gelten haben, herausgegeben.

Der Gesundheitszustand Hauptmanns verschlechtert sich indessen, und seine Position als deutscher Dichter in den neupolnischen Gebieten wird immer unsicherer. Die russischen Behörden drängen auf Übersiedlung in die russische Besatzungszone, und Maßnahmen werden getroffen, um die Reise nach Berlin zu erleichtern. Hauptmann zieht sich jedoch eine Erkältung zu und stirbt am 6. Juni 1946. Der Leichnam wird später in die sowjetische Zone überführt und auf Hiddensee beigesetzt. Der »Wiesenstein« ist fortan Erholungsheim für polnische Waisenkinder.

Verschiedene Arbeiten des Dichters erscheinen noch posthum. In den späten 40er Jahren werden neben einigen Fragmenten («Jubilate«, »Demeter und Persephone« »Galahad oder die Gaukelfuhre«) und Teilen der Atriden-Tetralogie das Requiem »Die Finsternisse« und die Novelle »Mignon« herausgegeben. Das Requiem (auf Max Pinkus) war bereits im Februar 1937 entstanden, jedoch wurde die Handschrift Anfang 1945 von Hauptmann vernichtet, wohl aus Angst vor Übergriffen staatlicher Organe. Eine Abschrift des Werkes gelangte später durch F. A. Voigt nach Ann Arbor (Mich.) und diente dem Herausgeber, Prof. W. A. Reichart, als Grundlage für die Edition. »Die Finsternisse« wurden zunächst in eher apologetischem Sinne gesehen, d. h. als Beweisstück gegen mögliche Vorwürfe, daß der Dichter sich gegenüber den Nazis gefügig gezeigt hätte.

Die eingehendste Untersuchung seiner dichterischen Bedeutsamkeit ist von H. Kleinholz vorgelegt worden. Er analysiert das Requiem und folgert, daß der Themenkomplex »Magie des Todes« mit dem Totenkult der Griechen und anderen mystischen Elementen eng verbunden sei und daß das Werk nicht als Tendenzstück, sondern als Dichtung aufzufassen sei, deren Perspektive sich »vom besonderen Einzelfall zum Allgemein-Gültigen« geweitet habe (S. 124).

Die Novelle »*Mignon*« ist bisweilen als das Vermächtnis Hauptmanns betrachtet worden. Die Forschung hat sich mit den autobiographischen Anspielungen, den verschiedenen Zeitebenen, der Vermischung von Realem und Irrealem befaßt.

Vor allem aber sind die Bezüge zu Goethes »Wilhelm Meister« untersucht worden. Man fand, daß die Novelle in ihrem Ablauf »einen deutlichen Parallelismus zur Geschichte Mignons« in Goethes Roman wahrte (L. Mazzucchetti), und daß Hauptmann lediglich durch das »Mittel skurrilen ironischen Spiels« die Spannung aufrechtzuerhalten vermochte (W. Grothe). Die Titelfigur ist als Sinnbild der Poesie, der poetischen Sehnsucht gedeutet worden. Auch daß die Idee der ewigen Wiederkehr im Zentrum des Werkes steht, ist verschiedentlich angeführt worden.

In den 50er Jahren wird noch weiterhin aus dem Nachlaß herausgegeben. 1950 erschien ein Teil des Romanfragments »Der Venezianer«, 1952 wird das Drama »*Herbert Engelmann*« in zwei Fassungen vorgelegt: der Hauptmannschen Urfassung und einer bearbeiteten Fassung aus der Feder Carl *Zuckmayers*. Hauptmann hatte die Arbeit an diesem Werk, das in die Inflationszeit zurückführt, bereits 1924 vorläufig abgeschlossen. Es war dann liegengeblieben. Das Manuskript-Material war Zuckmayer aus dem Nachlaß übergeben worden. Die Forschung reagierte vor allem mit Arbeiten vergleichender Natur.

Unter anderem wurde festgehalten, daß es Zuckmayer wohl gelungen war, sich in das Werk einzuleben, daß jedoch ein »anderer Sprachton« (G. Metken) aufgekommen war; und an anderer Stelle heißt es, es sei nicht nur sprachlich, sondern auch in anderer Hinsicht »zu sehr Zuckmayers Kind« geworden (G. Fischer). Darüberhinaus hat die Gestaltung des tragischen Geschicks der Hauptgestalt sowie der sie umgebenden gesellschaftlichen Verhältnisse das Interesse der Interpreten geweckt.

Im Jahre 1945 erschien »*Winckelmann*« in einer Romanbearbeitung von Frank *Thieß*. Die Witwe des Dichters war an Thieß herangetreten und hatte ihn dazu bewogen, das Erzählfragment zu vollenden. Zwei Fassungen Hauptmanns lagen vor, die dann als Grundlage für Thießens Arbeit dienten. Die Forschung hat sich sogleich mit der Frage nach dem Hauptmannschen Gehalt bzw. dem Anteil von Thieß an der Bearbeitung befaßt. Thieß selbst sprach in dieser Beziehung von einem »wunderlichen Amalgam«, das zustande gekommen sei, und einer der ersten, die darüber ihre Bedenken äußerten, war C. F. W. Behl.

Hauptmanns Prosa habe in der Bearbeitung »etwas Glänziges« bekommen (S. 270). Schließlich ist dann M. Machatzke, der in einer detaillierten Untersuchung eine Auslegung des Hauptmannschen Textes (2. Fassung) bietet, dieser Frage nachgegangen. Er kommt zu dem Schluß, daß Thieß nicht im Sinne Hauptmanns gehandelt habe, als er aus dem Stoff einen Roman schuf, daß kaum die Hälfte davon von Hauptmann stamme und daß die Version aus dem Jahre 1954 »ein Werk von Frank Thieß frei nach Gerhart Hauptmann« sei (S. 39).

Während dieser Zeit wurden verschiedene Sammelausgaben (in Ost und West) publiziert, und 1962 liegen dann die ersten Bände der Centenar-Ausgabe vor, die auch bisher unveröffentlichtes Material erschließen. Zudem erschien 1965 der Roman »*Der neue Christophorus*«, und 1966/67 wurden Selbstbekenntnisse in Tagebuchform (»Neue Leidenschaft«, »Das zweite Vierteljahrhundert«) und eine tagebuchartige Erzählung (»Siri«) aus dem Nachlaß herausgegeben. Der »Christophorus«-Roman war mit einer Einführung von H.-E. Hass versehen, die zu den wichtigsten Arbeiten zählt, die darüber vorgelegt wurden. Hass geht den verschiedenen Themen- und Motivfolgen nach; er hält fest, daß »alle behandelten Themen und Motive im Wesenskern der Grabgeburt Erdmanns zentriert sind« (S. 261) und daß der Roman zwar nicht als Kunstwerk, wohl aber als »geistiger Kosmos« vollendet sei. In den letzten Jahren hat sich G. Erdmann intensiv mit dem Werk befaßt. Seine Ausführungen ergänzen die Bemühungen von Hass, melden jedoch auch Vorbehalte dagegen an und gipfeln in der Feststellung, daß Hauptmann mit seinem Roman in der »lebendig fortwirkenden Tradition des bürgerlichen deutschen Humanismus« (S. 475) stehe.

»*Biographisches und Erinnerungen*«: G.H. Sieben Reden gehalten zu seinem Gedächtnis, hrsg. v. H. v. Hülsen, 1947; S. D. *Stirk*, G.H's Tod und Begräbnis, in: Mittln. d. Lit. Ges. (Chicago), 1947, Nr. 7, S. 5–15; E. *Rülke*, Das letzte Bild. Aufzeichnungen vom 6. u. 7. Juni 1946; in: GHJ, 1948, S. 86–88; G. *Pohl*, Bin ich noch in meinem Haus? Die letzten Tage G.H's, 1953; J. *Guthmann*, Goldene Frucht, 1955, S. 447–460; J. *Klemanow*, U Gercharta Gauptmana, in: Inostrannaja literatura, 1956, Nr. 9, S. 256–260; G. *Wajs*, Pojesdka k Gergartu Gauptmanu, in: Newa, 2 (1956), S. 171–176; *ders.*, Auf der Suche nach der versunkenen Glocke. J. Becher bei G.H., in: SuF, 1960, 2. Sonderheft, S. 363–385; *ders.*, Lenin und H's »Weber«, in: Die Weltbühne, 67 (1972), S. 1417–1420; *ders.*, G.H. und die Sowjetunion. Erinnerungen und Gespräche aus dem Jahre 1945, in: Begegnung und Bündnis, hrsg. von G. Ziegengeist, 1972, S. 427–440; W. *Muschg*, Die Zerstörung der deutschen Literatur, 1958, bes. S. 148–153; P. *Suhrkamp*, Der Leser. Reden und Aufsätze, 1960, S. 128–132; K. *Frömberg*, G.H's Tod, in: Schlesien, 7 (1962), S. 233–236; I. *Reicke*, Reminiscences of G.H., in: AGR, 29 (1962), S. 11–13; W. *Stanitz*, Das große Gesicht. Letzter Besuch bei G.H., in: Schlesien, 12 (1967), S. 149–153; S. *Lorentz*, G.H's Last Requests, in: Poland, 1971, Nr. 3, S. 36.

»*Neue Gedichte*«. Entst.: aus den 40er Jahren und Nachlese; Erstausgabe: mit Nachwort v. G. Pohl, Berlin: Aufbau-Verlag 1946; Lit.: *Gregor*, 1951, S. 247–252; *Hilscher*, 1969, S. 71–73.

»Mignon«, Novelle. Entst.: 1938–1940, 1942–1944; Erstausgabe: Berlin: Suhrkamp 1947; Lit.: W. *Studt*, G.H. 1945–1947, in: GHJ, 1948, S. 256–258; *Lindner*, 1949, S. 142–149; *Muller*, 1950, S. 80–84; U. *Goedtke*, G.H's Erzählungen. Untersuchungen über die erzählte Welt und ihren Erzähler, Diss. Göttingen 1955, S. 100–118; H. *Ruf*, Die Kunst der Erzählung in den letzten Prosawerken G.H's, Diss. München 1956, S. 53–110; *Fischer*, 1957, S. 151–161 et passim; *Guthke*, 1961, S. 161 f.; R. *Ziemann*, »... in fremdmächtiger Zeit«. Über das Spätwerk G.H's, in: WZUH, 13 (1964), S. 360–361; L. *Mazzucchetti*, Mignon von Goethe bis Hauptmann, in: SwMh, 45 (1965), S. 359–372 (auf ital. in: Studi Germanici, 1964); *Hilscher*, 1969, S. 409–411; W. *Grothe*, G.H.'s Paraphrase auf Goethes Romangestalt Mignon, in: StN, 43 (1971), S. 198–220.

»Die Finsternisse«, Requiem. Entst.: 1937, Erstausgabe: hrsg. v. W. A. Reichart, Aurora N. Y.: Hammer Press 1947; Urauff.: 5. 7. 1952, Studio Göttingen; Lit.: W. A. *Reichart*, In Memoriam Max Pinkus, in der Erstausgabe, S. 19–28 (auch in: GHJ, 1948, S. 160–173); S. D. *Stirk*, G.H.'s Play »Die Finsternisse«, in: MLQ, 9 (1948), S. 146–151; *Lindner*, 1949, S. 67–82; *Gregor*, 1951, S. 658–663; *Fiedler*, 1954, S. 71–74; H. D. *Tschörtner*, Ein bisher unbekanntes Werk G.H's, in: NDL, 2 (1954), S. 161–162; A. *Meetz*, G.H's Requiem »Die Finsternisse«, in: GRM, 40 (1959), S. 29–47; W. *Kriess*, Vom Text zum Spiel: G.H. »Die Finsternisse«, in: PP, 15 (1961), S. 501–505; H. *Kleinholz*, G.H's szenisches Requiem »Die Finsternisse«, Diss. Köln 1962; *Künzel*, 1962, S. 61–65; H.-E. *Hass*, Weltspiel und Todesmysterium, in: Propyläen-Textausgabe, 1963, S. 114–136; K. *Schwerin*, Max Pinkus: Seine Schlesierbücherei und seine Freundschaft mit G.H., in: JbSB, 8 (1963), bes. 228–235; H. *Mayer*, G.H., 1967, S. 80–82; *Hilscher*, 1969, S. 433–434.

»Herbert Engelmann«, Drama. Entst.: 1924, 1928, 1944; Erstausgabe: ausgeführt v. C. Zuckmayer, München: C. H. Beck'sche Verlagsbuchhandlung 1952; Urauff.: Fassung von Zuckmayer am 8. 3. 1952 im Akademietheater Wien, Originalfassung am 12. 11. 1962 im Theater Putbus/Rügen; Lit.: C. F. W. *Behl*, Zuckmayers Hauptmann-Drama, in: DR, 78 (1952), S. 609–611; H. *Boeninger*, A Play and Two Authors. Zuckmayer's Version of H's »Herbert Engelmann«, in: MH, 44 (1952), S. 341–348; C. *Zuckmayer*, Nachwort zur Erstausgabe, 1952, S. 274–276; *Fiedler*, 1954, S. 27–32; *Metken*, 1954, S. 163–194; B. L. *Spahr*, A Note on »Herbert Engelmann«, in: MH, 46 (1954), S. 339–345; B. *Fischer*, »Herbert Engelmann«. Ein nachgelassenes Dramenfragment von G.H., in: NDL, 5 (1957), S. 155–158; *ders.*, Hauptmann und Erkner: Quellenkundliche Studien zum »Biberpelz« und anderen Werken, in: ZDP, 81 (1962), S. 470–472; *Sinden*, 1957, S. 224–226; *Künzel*, 1962, S. 42–45; S. H. *Muller*, Another Note on »Herbert Engelmann«, in: MH, 54 (1962), S. 291–296; G. *Beissenhirtz*, Studien zum Schicksalsbegriff im Spätwerk G.H's, Diss. Kiel 1965, S. 119–152; I. *Blumberg*, Neiswestnaja pesa Gauptmana, in: Teatr, 1971, Nr. 1, S. 159–164.

»Verdüstertes Land«, ausgew. Gedichte, hrsg. v. U. Berger, Berlin u. Weimar: Aufbau-Verlag 1971 (darin Gedichte aus dem Nachlaß.)

Beiträge für den Rundfunk und die Presse: Botschaft an den Kulturbund, in: Aufbau, 1945, H. 2, S. 89; Deutsches Volk!, in: Tägl. Rundschau, 11. 10. 1945; An die »Tägl. Rundschau«, ebd.; Die Untat in Dresden, in: Aufbau, 1950, H. 2, S. 109; Klage um Dresden, in: G. *Pohl*, Bin ich noch in meinem Haus? Die letzten Tage G.H's, 1953, S. 16.

Fragmente; »Der Venezianer«, Entst.: 1903, Erstveröffentl.: eine Vorstufe u. d. T. »Der Schatzgräber« in: ER, 20 (1944), S. 208–211; sodann Textteile in: Mk, 4 (1950), S. 15–23, Dt. Allg. Ztg., 24. 12. 1944, Die neue Ztg., 24. 3. 1947, JR, 1962, S. 7–20; CA, Bd. 10; Lit.: C. F. W. *Behl,* Die Metamorphosen des alten Wann, in: GHJ, 1948, S. 95–116; *ders.,* Aus den Fragmenten des Romans »Der Venezianer«, in: Mk, 4 (1950), S. 12–14; *ders.,* G.H's schöpferisches Venedig-Erlebnis, in: JbDS, 6 (1962), S. 326–339; H.-E. *Hass,* Die große venezianische Phantasmagorie. Zur Einführung in das Venezianer-Fragment G.H's, in: JR, 1962, S. 21–43; *Hilscher,* 1969, S. 279–280. – »Galahad«, Entst.: 1908–1914; Erstveröffentl.: Teildruck in: Pan, Nr. 20, 4. 4. 1912, S. 575–578; erste Einzelausgabe u. d. T. »Galahad oder die Gaukelfuhre«, hrsg. v. C. F. W. *Behl,* Lichtenfels: Fränkische Bibliophilengesellschaft 1948; CA, Bd. 8; Lit.: *Gregor,* 1951, S. 595–597 et passim. – »Der neue Christophorus«, Entst.: 1917/18, 1921, 1922, 1924, 1933, 1934, 1937/38, 1940, 1942, 1943, 1944; Erstveröffentl.: Teildruck u. d. T. »Merlins Geburt« in: NR, 43 (1932), S. 642–652; weitere Teildrucke in: GHJ, II. Bd., 1937, S. 9–55; *Lindner,* 1949; Welt am Sonntag, 5. 6. 1949; erste Einzelausgabe des 1.–2. Konvoluts: Weimar: Ges. d. Bibliophilen 1943; des 1.–4. Konvoluts: hrsg. v. H.-E. Hass, Berlin: Propyläen Verlag 1965; CA, Bd. 10; Lit.: *Schreiber,* 1946, S. 147–150; *Lindner,* 1949, S. 150–164; *Muller,* 1950, S. 34–37; *Gregor,* 1951, S. 625–637 et passim; *Leiner,* 1955, S. 97–104, 205–218; H. *Ruf,* Die Kunst der Erzählung in den letzten Prosawerken G.H's, Diss. München 1956, S. 146–219; H.-E. *Hass,* Einführung zur Einzelausgabe von 1965; K. L. *Tank,* Merlins Verwandlung, in: Eckart-Jb, 1965/66, S. 299–309; *Hilscher,* 1969, S. 455–461; H. F. *Garten,* G.H's »Der neue Christophorus«. Betrachtungen zur Entstehungsgeschichte, in: ZDP, 94 (1975), S. 534–553; G. *Erdmann,* Nachwort zur Neuausgabe von 1976; P. A. Mellen, G.H. and Utopia, Stuttgart 1976, S. 67 ff. – »Demeter«, Entst.: 1935–1937, 1944; Erstveröffentl.: Teildruck in: Prisma, 1947, H. 7, S. 16; CA, Bd. 8; Lit.: P. C. *Wegner,* G.H.'s Griechendramen, ein Beitrag zu dem Verhältnis von Psyche und Mythos, Diss. Kiel 1968, S. 167–215. – »Das zweite Vierteljahrhundert«, Erstveröffentl.: G.H., Die großen Beichten, Berlin 1966; Paralipomena in: CA, Bd. 11; – »Neue Leidenschaft«, Erstveröffentl.: G.H., Die großen Beichten, Berlin 1966; Lit.: *Hilscher,* 1969, S. 210–212; I. H. *Reis,* G.H's Hamlet-Interpretation in der Nachfolge Goethes, 1969, S. 32–54 et passim. – »Siri«, Entst.: 1938/39; Erstveröffentl.: G.H., die großen Erzählungen, Berlin 1967; CA, Bd. 10; Lit.: *Hilscher,* 1969, S. 212–213; I. H. *Reis,* G.H's Hamlet-Interpretation in der Nachfolge Goethes, 1969, S. 32–54 et passim. – »Winckelmann«, Entst.: 1939; Erstveröffentl.: Teildruck u. d. T. »Johann Winckelmanns letzte Jahre« in: Das XX. Jahrhundert, 2 (1940), S. 331–334, 337; u. d. T. »Das letzte Gastmahl« in: Die Woche, 1942, Nr. 39, S. 14–16, 26–27; u. d. T. »Ich komme von den Pforten des Todes« in: Neue literarische Welt, 3 (1952), Nr. 21, S. 5; u.

d. T. »Winckelmann« in: Freude an Büchern, 3 (1952), S. 256–257; Bearbeitung u. d. T. Winckelmann. Das Verhängnis, voll. u. hrsg. v. F. Thieß, 1954; Erstdruck der zwei Fassungen: CA, Bd. 10; Lit.: *Gregor*, 1951, S. 663–669; F. *Thieß*, G.H's »Winckelmann« und das Problem seiner Bearbeitung, in: NDH, 1 (1954), S. 239–240; ders., Nachwort zu der Bearbeitung, 1954; C. F. W. *Behl*, Amalgam. Zu dem »Winckelmann« von G.H. und F. Thieß, in: DR, 81 (1955), S. 266–270; A. *Hayduk*, Der dämonisierte Eros bei Eichendorff und H. Von der Novelle »Das Marmorbild« 1817 zum posthumen Roman »Winckelmann« 1954, in: Aurora, 15 (1955), S. 25–29; *Hensel*, 1957, S. 86–88; H. F. *Rahde*, Der Eros bei G.H., Ph. D. Diss. University of Utah 1964, S. 220–239; M. *Machatzke*, G.H's nachgelassenes Erzählfragment »Winckelmann«. Beiträge zum Verständnis seines dichterischen Schaffens, Diss. Berlin (FU) 1968; *Hilscher*, 1969, S. 437–438.

III. Stand und Aufgaben der Forschung

Umfassende Forschungsberichte über die Hauptmann-Literatur liegen nicht vor, jedoch sind verschiedentlich Übersichten publiziert worden. Unter diesen ragen der Aufsatz F. A. Voigts über die Produktion des Jahres 1942, der Bericht W. Studts über die Jahre 1945 bis 1947 und die Sammelreferate K. S. Guthkes in den »Göttingischen Gelehrten Anzeigen« hervor. Weiter ist hinzuweisen auf eine Analyse der Entwicklung der Hauptmann-Kritik von F. W. J. Heuser. Drei Stadien zeichnen sich seiner Ansicht nach ab.

Der erste Abschnitt reicht bis zum Jahre 1922, der zweite setzt zu diesem Zeitpunkt mit der Veröffentlichung der Bibliographie von V. Ludwig und M. Pinkus ein und erstreckt sich bis in die frühen 30er Jahre, und der dritte beginnt 1934 mit Voigts Tätigkeit im Agnetendorfer Archiv. Aus heutiger Sicht läßt sich hinzufügen, daß dieser Abschnitt bis ungefähr zum Kriegsende andauerte, daß jedoch nach dem Tode des Dichters eine neue Periode begann. Hauptmanns Werk wurde in den späten 40er Jahren und der Folgezeit ein begehrtes Forschungsobjekt, und das Interesse daran fand u. a. in einer Fülle von Doktorarbeiten unterschiedlicher Valenz seinen Niederschlag.

Von den Gesamtdarstellungen sind neben dem Marbacher Katalog und der Neufassung der Behl-Voigtschen Chronik die Bücher von K. S. Guthke (1961) und E. Hilscher (1969) hervorzuheben. Guthkes Arbeit ist die bedeutendste Studie in Buchform über Hauptmanns Gesamtwerk, die bisher im Westen erschienen ist. Zusammen mit einigen anderen Schriften (z. B. dem Sammelband von H. J. Schrimpf, 1976) gehört es zum Grundbestand der Hauptmann-Literatur. Guthkes Ausführungen beruhen auf gründlicher Kenntnis der Sekundärliteratur und sind existentialistisch akzentuiert. Er fragt nach der Einheit des Werkes und konstatiert, daß das Weltbild des Dichters die räumlich-zeitliche Wirklichkeit und eine überreale Sphäre umfaßt. Der Mensch, der sich mit diesen Gegebenheiten konfrontiert sieht, gelangt in gewissen Extremsituationen zum »mythischen Sehen«. Das Werk Hilschers ist die umfangreichste Darstellung, die bisher über Hauptmanns Schaffen geschrieben wurde, – wenn wir von der durch Abschweifungen unnötig aufgeschwollenen Studie von J. Gregor (1951) absehen.

Hilschers Buch (3. Aufl. 1979) hat sich als sehr brauchbar erwiesen. Es basiert auf solider Kenntnis des Hauptmannschen Œuvres und enthält viel biographisches Material. Die Hinwendung des Dichters zum Mythos wird als Haltsuchen, als Reaktion auf die Wirrnisse der Zeit gesehen, und es wird bedauert, daß Hauptmann sich nicht an den »zukunftbestimmenden Mächten« ausrichtete.

Zu erwähnen ist noch die 1971 erschienene Biographie Hauptmanns von H. Daiber. Sie gewinnt zwar durch die Fülle neuen Materials und lesbare Darstellung der Geschehnisse, doch der Ton und die etwas unbedenkliche Handhabung des Stoffes bewirken bisweilen ein Abrutschen ins Populär-Publizistische. Als Kuriosum kann J. Jofens Studie (1972) über die Brüder Hauptmann gelten. Sie verfolgt den Zweck, mit Hilfe der psychoanalytischen Einsichten Freuds das »letzte Geheimnis« ihrer Werke zu enthüllen. Es erweist sich, daß diese Art der Literaturbetrachtung immer wieder zu Mißdeutungen führt und keinen Beitrag zum Verständnis des sprachlichen Kunstwerkes leistet.

Die anderen Gesamtdarstellungen größeren Umfangs besitzen meistens nur noch historischen Wert oder sind lediglich in Einzelheiten für die moderne Forschung relevant. (Ausländische Arbeiten bleiben weitgehend auf nationale Leserkreise gerichtet.)

Von den Gesamtdarstellungen kleineren Umfangs sind B. v. Wieses Aufsatz (1965) und die Ausführungen von P. Petr aus dem Jahre 1964 erwähnenswert. Wiese stellt u. a. fest, daß Hauptmann ein immer gleiches Thema, das des Mythos vom ›Urdrama‹, variierend gestaltet hat und daß in seinem Werk die Schicksalsmächte der Frühzeit (soziale Verhältnisse und positivistisch gesehene Naturgesetze) durch den Bezug auf kosmisch-mythische Urgewalten und die antike Idee des Schicksals verdrängt wurden. Petr hält fest, daß die westliche Hauptmann-Forschung die sozialkritischen Aspekte im Werk des Autors zugunsten seiner idealistischen Grundeinstellung zu unterdrücken versucht, daß in sozialistischen Ländern dagegen ein uneinheitliches Bild vorherrscht. Man solle das Werk Hauptmanns in komplexer Weise betrachten und nicht nur die derzeit nutzbare Komponente hervorkehren. Aus den Arbeiten, die in den letzten Jahren erschienen sind, ragt der Aufsatz von R. Rohmer (1976) heraus. Rohmer hält fest, daß trotz aller Widersprüche die Einheit des Hauptmannschen Werkes in dem Bestreben zu erkennen sei, »Traditionen zu erschließen, die sich in der Bewußtseinsentwicklung der Spätphase des deutschen Bürgertums als humanistische Alternativen behaupten ließen« (S. 16). Von hier aus sollte man »bestimmte Entwicklungsprobleme« seines Werkes neu sondieren.

Aus der Fülle der allgemeinen Untersuchungen über die verschiedenen Gattungsbereiche seien nur M. Sindens Buch (1957) und R. C. Cowens Hauptmann-Kommentar (1980) besonders angeführt. Sinden unterstreicht den geringen Wert der Hauptmannschen Versdramen und betont, daß der Autor auf dem Gebiet der Prosadramatik sein Bestes gegeben habe. Die Relevanz ihrer Studie liegt vor allem in der klaren Herausstellung der sozialen

Bezüge. Cowen bietet Information zu mehr als fünfzig dramatischen Werken. Seine Kommentare gehen auf die Entstehung des betreffenden Werkes ein, befassen sich mit den Quellen und Einflüssen sowie der Aufnahme des Werkes und dem Widerhall der Kritik.

Innerhalb des thematisch-weltanschaulichen Problemkreises ist zunächst die häufige Erörterung des Begriffs Eros hervorzuheben. Am eingehendsten ist dieser Begriff von H. F. Rahde (1964) untersucht worden.

Rahde befaßt sich mit den Verwirklichungsstufen des Eros bei Hauptmann, mit den Typen und der Problematik der verschiedenen Erosformen. Er unterscheidet zwischen Dionysischem und Platonischem Eros und den Mischformen des männlichen und weiblichen Eros. Das Unbeständige der Eros-Konzeption wird unterstrichen; dieser Begriff sei bei Hauptmann von »höchst schillernder Färbung«.

Hauptmanns Verhältnis zum christlichen Glauben und zur Religion ist oft untersucht worden, und seine Kritik am doktrinären Christentum wurde verschiedentlich herausgestellt. Neben frühen Arbeiten fallen in neuerer Zeit besonders die Bemühungen von B. Haber (1950), G. Hurtig (1956) und M. Hensel (1957) ins Gewicht. Haber geht im Rahmen einer Dissertation über die Dichter-Gestalt der Moderne auf die Fragwürdigkeit des Religiösen bei Hauptmann ein und zeigt es an verschiedenen Werken. Hurtig befaßt sich mit der Lichtsymbolik in Hauptmanns Werk und stellt u. a. fest, daß die Licht- und Sonnenmotive die geistig-religiöse Auseinandersetzung des Dichters widerspiegeln, daß sie Zeugnis dafür seien, daß er Zeit seines Lebens um die Religion gerungen habe.

Hensel untersucht die Bedeutung der Gestalt Christi in Hauptmanns Werk und unterstreicht ihre »symbolische Verwendung«. Mit fortschreitender Entwicklung sei Christus nicht mehr Gegenstand einer religiösen Auseinandersetzung gewesen, sondern er sei »zum Zeichen der eigenen Erfahrung umgeformt« worden (S. 268). Die letzte Umformung habe er im »Titanen-Satanaelmythos« erhalten.

In jüngster Zeit hat sich G. Erdmann (1971) mit den Beziehungen des Dichters zum Alten Testament, dem Judentum und einigen jüdischen Persönlichkeiten (auch J. Chapiro) befaßt.

In einigen Arbeiten wurde der mystische Grundzug in Hauptmanns Schaffen herausgearbeitet, doch vor allem sind die Vorstellungen über das Christus-Dionysos-Bild und andere mythische Sinnfiguren diskutiert worden.

Die Bemühungen von F. A. Voigt, R. Mühlher, H. Schreiber, J. Gregor und C. v. Ravenstein sind hier anzuführen, und die Aufsätze von K. S. Guthke über die Zwischenreich-Vorstellung und gnostische Mythologie im Werk des Dichters seien besonders erwähnt. Aus dem letztgenannten Aufsatz geht hervor, daß das Spätwerk Hauptmanns »unter dem nachhaltigen Eindruck der Vorstellungswelt der Gnosis Gestalt gewonnen hat« (S. 218).

Andere Untersuchungen beschäftigen sich mit dem Sozialbewußtsein und Gesellschaftsbild Hauptmanns. Eine der ersten größeren Arbeiten dieser Art war H. Barnstorffs Buch (1938), in dem versucht wird, zeitkritische Elemente auf politischem, sozialem und wirtschaftlichem Gebiet zu zeigen. Barnstorff stellt eine vierfache Wandlung des Hauptmannschen »Sozialismus« fest und weist darauf hin, daß bei Hauptmann die wirtschaftliche Zeitkritik langsam abnahm, daß dagegen das Interesse am Politischen (bis zur Nazizeit hin) zunahm.

In seiner Studie kommen die künstlerischen Absichten des Dichters entschieden zu kurz, auch wird die zeitkritische Bewußtheit Hauptmanns zu hoch bewertet. Einige Fragen, die von Barnstorff angeschnitten werden (z. B. die der Erziehung) sollten aus moderner Sicht erörtert werden.

Von den weiteren Arbeiten, die zum Komplex des Sozialen und Gesellschaftlichen gehören, ragen die Bemühungen von L. R. Shaw, W. G. A. Shepherd, J. Chodera und K. Müller-Salget hervor.

Shaw (1958) untersucht die gesellschaftskritische Haltung im Frühwerk Hauptmanns (bis »Florian Geyer«); Shepherd (1962) stellt die Beziehung zwischen Sozialbewußtsein und Individualismus heraus und konstatiert, daß sich Verfolgungswahn, soziales Empfinden, Grandeur-Illusionen mit einer »messianic vision« verbinden. Chodera (1962) untersucht das in den naturalistischen Werken dargebotene Weltbild und kommt zu dem Schluß, daß hier die Verzweiflungsstimmung der bürgerlichen Welt sichtbar werde. Hauptmann habe sich von sozialistischen Gedankengängen stark angezogen gefühlt, sei jedoch seiner Klasse verhaftet geblieben. Müller-Salget spricht in dieser Beziehung vom »bürgerlichen Naturalismus« Hauptmanns und hebt die Unfähigkeit des Dichters hervor, gesellschaftliche Strukturen zu erfassen und sich in parteilichem Sinne zu engagieren.

Zu erwähnen ist noch die Betrachtung von C. Chung Tschöl Zä (1969) über das Gesellschaftsbild Hauptmanns. Chung betont, daß es dem Dichter nicht um eine soziale Diagnose oder bestimmte soziale Ideen ging, sondern um die Konkretisierung des Menschenbildes. Zwar haben wir hier einen soziologisch akzentuierten Ansatz, jedoch verbergen sich hinter zeitgemäßem Vokabular meist nur die alten Einsichten.

Das Menschenbild Hauptmanns steht im Mittelpunkt einiger Einzeluntersuchungen. Schon früh erkannte man, daß das Hauptproblem des Hauptmannschen Werkes der »leidende, dem Schicksal ausgesetzte Mensch« (R. Bauer) ist und daß das Thema des Leids, der Leiderfahrung in das Zentrum seines Werkes führt.

Hervorzuheben sind hier die Arbeiten von H. M. Wolff und K. S. Guthke (1958), die der Bedeutung des Leids im Werke Hauptmanns nachgehen. Leid sei das Kernmotiv, vielleicht gar »das zentrale Sinnmotiv« seines Schaffens, man könne, heißt es, bei Hauptmann von einer »Metaphysik des Leids« sprechen (S. 45).

Verschiedene andere Motive weltanschaulich-thematischer Natur sind untersucht worden, in besonderm Maße das Traummotiv. Nachdem sich H. Schreiber (1946) in seiner Arbeit über das Irrationale bei Hauptmann damit befaßt hatte, legte J. J. Weisert (1949) eine eingehende Untersuchung vor, in der die Entwicklung von Hauptmanns Interesse an Traumphänomenen gezeigt und die Wichtigkeit dieser Phänomene in seinem Schaffen herausgestellt wird.

Von den weiteren Beiträgen zum Traumproblem verdient H. Gutknechts Studie (1954) zusätzliche Beachtung. Er unterstreicht die Wichtigkeit des Unbewußten bei Hauptmann und führt an, daß der Traum »geradezu an den Lebensnerv« seiner Dichtungen führe.

Es fällt auf, daß das Motiv der Entsagung nicht hinreichend erörtert wurde. In den Ausführungen über einzelne Werke (z. B. »Indipohdi«, »Der Ketzer von Soana«) wird es zwar erwähnt, aber eine Studie größeren Umfangs fehlt. Desgleichen ist die Bedeutung der autobiographischen Motive nicht zur Genüge untersucht worden. Zwar werden sie in einigen Dissertationen diskutiert (vor allem bei Keul, Duckworth und Brammer), doch eine umfassende Arbeit, die auch das unveröffentlichte Tagebuch-Material miteinbezieht, steht aus. Zu wenig ist auch der Nationalismus Hauptmanns untersucht worden, insbesondere sein Verhältnis zum Hitlerstaat. Die Ausführungen von H. v. Brescius ziehen in dieser Hinsicht die Aufmerksamkeit auf sich, bedürfen jedoch der Ergänzung. Die Beziehungen zur Geschichte sind dagegen in der nötigen Breite erfaßt worden. Wenn man von einigen Arbeiten zur Frage der historischen Quellen einiger Dramen absieht, verdienen die Untersuchungen von W. Liebenstein (1950) und K. Hildebrandt (1958) besondere Beachtung.

Liebenstein befaßt sich mit Hauptmanns Stellung zu Luther, den Wiedertäufern und der Reformation und folgert, daß das Reformationszeitalter diejenige Epoche war, mit der sich Hauptmann am intensivsten beschäftigt hat. Hildebrandt erläutert die persönlichen Ansichten Hauptmanns über geschichtliche Vorgänge sowie die Widerspiegelung dieser Vorgänge in seinen Werken. Er betont, daß es dem Dichter um enge Verbindung mit der historischen Vergangenheit ging und daß im Mittelpunkt seiner Bemühungen der Wille stand, das Bild des Menschen und dessen Reaktion auf die geschichtliche Situation festzuhalten.

Was die Frage nach den dichtungstheoretischen Aspekten und Gattungsformen betrifft, ist zunächst auf die Bemerkungen von G. Schulz (1971) über die Dramentheorie im Zeitalter des Naturalismus hinzuweisen. Schulz stellt fest, daß der Dichter kein Theoretiker war und daß er der Holzschen Theorie näherstand, als er anzunehmen bereit war. Bei den Arbeiten über das Tragische zeigt sich, daß das »Naturalistentum« des Dichters für viele Interpreten ein Hindernis war. Erst nach dem 2. Weltkrieg wurden einige gewichtige Arbeiten vorgelegt. Vornehmlich war es J. Tettenborn (1950), der sich damit befaßte.

Er definiert zwei wesentliche Gestaltungselemente des Tragischen (die gebrochenen Charaktere und ein übermächtiges Schicksal) und unterstreicht, daß es als »Grundproblem« bei Hauptmann fast immer vorhanden sei. Darüberhinaus ist vor allem auf den Aufsatz W. Emrichs (zuerst 1953) über den Tragödientypus des Dichters hinzuweisen. Emrich, dessen Ausführungen nicht unwidersprochen blieben, stellt heraus, Hauptmann habe einen Tragödientypus geschaffen, der sich von anderen Typen wesentlich unterscheidet und der in seinem ganzen Werk wahrzunehmen sei. Er weist auf das Schema »ewig dualistischer Spannungen« hin und ist der Meinung, die Grundlage der Hauptmannschen Tragik sei der Gedanke, daß Gott am Antagonismus der Schöpfung mitschuldig war. Struktur und Sinn der Tragödie seien bei ihm dialektisch geformt und der tragische Konflikt sei lebensimmanent.

Das Komische und der Humor bei Hauptmann haben schon früh die Aufmerksamkeit der Interpreten auf sich gezogen. Unter den älteren Arbeiten ragt L. Langers Dissertation (1932) hervor, in der drei »Humorwellen« bzw. Höhepunkte der komisch-humorvollen Lebenshaltungen Hauptmanns herausgearbeitet werden. Es wird betont, daß Hauptmanns Komik immer selbständiger wurde und daß sie in ihrer satirischen Ausprägung den Humor gänzlich verdrängt habe.

In jüngerer Zeit hat sich K. Schneider (1957) mit den komischen Bühnengestalten Hauptmanns befaßt. Er wirft Langer vor, sie habe sich ausschließlich im »Psychologisch-Ästhetischen« aufgehalten. Bei Hauptmann trete an die Stelle der typischen die individuelle Komik und in seinen Werken sei die Erscheinungskomik besonders häufig. Der Situationskomik komme die geringste Bedeutung zu (Ausnahme: »Der Biberpelz«).

Das Tragikomische ist vornehmlich von K. S. Guthke (1957) erörtert worden. Guthke meint, daß Hauptmann eine »besondere Affinität« zum Phänomen des Tragikomischen besaß und daß die tragikomischen Elemente, die er bevorzugte, auf Zuständlichkeit, Atmosphäre und vor allem die dramatische Figur bezogen seien.

G. Kaiser (1968) untersucht später die Tragikomödien Hauptmanns, führt jedoch an, daß er sich nicht mit Guthke auseinandersetze, weil dieser den Gattungsbegriff sehr viel weiter gefaßt habe als er. Die Frage nach der Kunstform der Tragikomödie wird bei ihm nur am Rande erwähnt.

Ansonsten findet sich noch einiges über das Verhältnis naturalistischer Theorie zum Dramenwerk Hauptmanns in den Arbeiten von R. Hartogs und H. Praschek. In den Ausführungen von B. Markwardt (1967) stößt man auf relevante Bemerkungen über die kunsttheoretischen Bestrebungen Hauptmanns. Hier werden die Reden und Essays des Dichters sowie die Kunstgespräche in seinen Werken auf die in ihnen formulierte Poetik hin untersucht. Gattungstheoretische Aspekte werden allerdings nur an untergeordneter Stelle behandelt; es geht Markwardt vor allem um Hauptmanns Kunstauffassung.

Ein Überblick über die Forschung zu den formalen Gegebenheiten in den Werken Hauptmanns ergibt, daß sie nicht so reichhaltig ist wie die Literatur zum thematisch-weltanschaulichen Fragenkomplex. Zwar befaßte man sich schon früh mit der Milieu- und Raumgestaltung und dem Natur-Hintergrund, ebenso mit den Episierungstendenzen, doch wurden Probleme sprachlicher Fügung und des Aufbaus nur spärlich (und meist oberflächlich) diskutiert. Allerdings erkannte man bereits in den 30er Jahren die Wichtigkeit des »Boten aus der Fremde« (E. H. Bleich) für die Komposition seiner Werke, doch ein Schwerpunkt in der Literatur kristallisierte sich erst später heraus. Es sind dies die Arbeiten über sprachliche Gestaltung in den Dramen.

Wichtig ist hier ein Aufsatz P. Böckmanns (1955), der darin feststellt, der Dichter habe die naturalistische Sprachtechnik mittels der Kunst der Gebärdung hinter sich gelassen. Sodann sind die Dissertationen von G. Metken (1954) und K. Sengenberger (1953) hervorzuheben. Metken befaßt sich mit der Sprachgebärde in den Dramen Hauptmanns und meint, die »sprachgestische Veranlagung« des Autors sei als eine »Konstante seines Schaffensprozesses« (S. 12) zu betrachten. Sengenberger untersucht die Entwicklung des mimischen Elements im dramatischen Schaffen Hauptmanns und stellt fest, daß man nicht von aufeinanderfolgenden Phasen sprechen kann, vielmehr durchdringen sich die mimisch-gestischen Ausprägungen gegenseitig und in verschiedenen Kombinationen. Später bemüht sich W. van der Will (1962) um die Symbolik im Werke Hauptmanns, Ziolkowski (1963) macht einige relevante Bemerkungen über die Sprachbehandlung, doch die bisher wichtigste Arbeit über diesen Problemkreis ist die von N. E. Alexander (1964) über den Stilwandel im Dramenwerk Hauptmanns. Es geht Alexander um den Nachweis der Einheit in der Vielfalt, um den Zusammenhang zwischen innerer Form und Gehalt. Auf der Basis des Widerspiels zwischen dem christlichen und luziferischen Prinzip habe sich eine Form ergeben, die durch strengen Parallelismus des Aufbaus und ein antithetisches Stilprinzip gekennzeichnet sei. Die mimisch-gestische Technik des Frühwerkes sei das Hauptmerkmal des Hauptmannschen Schaffens, jedoch im Spätwerk greife diese Technik weniger auf den Sprachgestus zurück als vielmehr auf Mittel, die dem allegorischen Bereich zuzuordnen sind. In neuerer Zeit sind die Dialogstrukturen des modernen Dramas von L. Lucas (1969) und G. Bauer (1969) näher untersucht worden. Die Studien beschränken sich jedoch, was Hauptmann betrifft, vornehmlich auf »Rose Bernd« bzw. »Michael Kramer«, und die Ausführungen können (zusammen mit denen Thielmanns) nur als Ausgangspunkt für eine umfassende Arbeit über den Dialog bei Hauptmann gelten.

Ein weiterer, eher sekundärer Schwerpunkt ergibt sich in den Arbeiten über das Erzählwerk des Dichters. Hier ist vor allem die etwas weitläufige Studie von G. Fischer (1957) über die Hauptmannschen Erzählformen anzuführen. Fischer untersucht die Zeit-, Raum- und Sprachgestaltung und stellt heraus, daß Hauptmanns Prosa in ihrer Grundform »traditionsgebunden« blieb, daß seine realistische Erzählweise das »Irrationale manchmal nicht bewältigen konnte« (S. 395).

Die Namengebung bedarf noch einer gründlichen Untersuchung; die »Dissertation« von G. Bajardi (1939) kann nur als Ansatz gelten, die Ausführungen von W. R. Maurer (1979) könnten als Ausgangspunkt dienen. Einzelne Fragen der Komposition (z. B. die Verbindungsmechanismen) sind nicht genügend beachtet worden. Auch das Studium der Bildwelt ist nicht in dem Maße vorangetrieben worden, wie es uns wünschenswert scheint. Über die Textüberlieferung sind in jüngster Zeit detaillierte Untersuchungen (R. Atkinson) vorgelegt worden; sie beschränken sich jedoch auf die frühen Werke Hauptmanns.

Ein weiterer Gegenstand von Untersuchungen ist Hauptmanns Verhältnis zur Antike und zum Griechentum gewesen. Betont wurde das Persönliche und Unmittelbare in diesem Verhältnis, also daß es nicht etwa das Ergebnis seines schulischen Bildungsweges war.

Vor allem ist hier auf F. A. Voigts Neubearbeitung der Studie über »Antike und antikes Lebensgefühl im Werk G. Hauptmanns« hinzuweisen. Der starke und anhaltende Einfluß, den die griechische Antike auf das Schaffen des Dichters ausübte, tritt klar hervor, und es wird betont,

Hauptmann habe in seinem Werk »ein neues Hellas, ein ›deutsches‹ Griechenland aus dem Erlebnis der Erde und der Religion« geschaffen (S. 181/2).

Annähernd die gleiche Anzahl Arbeiten behandeln die Verbindungen Hauptmanns mit dem russischen, angelsächsischen und skandinavischen Kulturkreis. Was Rußland betrifft, ist von G. Kersten (1969) die Wirkung Tolstois auf Hauptmann eingehend untersucht worden.

Kersten verarbeitet die bisherigen Forschungsergebnisse und kommt zu dem Ergebnis, daß einige Werke Tolstois (»Macht der Finsternis«, »Anna Karenina«, »Worin besteht mein Glaube«) einen nachhaltigen Einfluß auf Hauptmann ausgeübt haben, daß jedoch die Literaturkritik in ihren Aussagen über das Verhältnis dieser beiden Dichter oftmals zu weit gegangen ist.

Die Frage nach dem Einfluß Dostojewskis ist demgegenüber in nur unzureichender Weise behandelt worden; die einzige Sonderuntersuchung, die sich mit dem Thema Dostojewski und Hauptmann befaßt, W. A. Coates' Aufsatz (1943), geht an den relevanten Werken und Bezügen vorbei. Die Beziehung zu W. Garschin ist von G. Kersten und T. Richter behandelt worden, doch läßt sich nicht alles in diesen Aufsätzen unterschreiben. Ähnlich ist es mit der Studie von G. Dick über die Beziehungen zwischen A. Tschechow und Hauptmann, und im Hinblick auf Gorki ist festzuhalten, daß man nur selten über das Dokumentarisch-Biographische hinauskam. Einige Arbeiten von S. Hoefert (u. a. über Garschin) haben versucht, in dieser Hinsicht Abhilfe zu schaffen.

Die Beziehungen Hauptmanns zum Werk Shakespeares sind von W. A. Reichart und F. A. Voigt in umfassender Weise untersucht worden. Zudem hat das besondere Interesse an der Hamlet-Gestalt verschiedene Einzeluntersuchungen entstehen lassen, von denen sich die Arbeiten von H. Ranftl (1950) und H. Razinger (1952) in positivem Sinne von den anderen abheben. Die derzeit letzte Arbeit, die über diese Frage erschien (H. F. Garten, 1971), bietet einen allgemeinen Überblick, läßt jedoch andere Bemühungen außer acht. Was den skandinavischen Kulturraum angeht, ist vornehmlich Ibsens Wirkung auf Hauptmann herausgestellt worden. Eine etwas mehr ausgreifende Arbeit über diese Beziehung wurde von G. Hurum (1960) vorgelegt, und es wurden verschiedene Sonderuntersuchungen über Ibsens Einfluß auf die Dramen »Einsame Menschen« und »Die versunkene Glocke« veröffentlicht. Meistens handelt es sich dabei um das Aufweisen von Parallelen in den entsprechenden Werken. Eine in den letzten Jahren erschienene Arbeit schlägt einen etwas anderen Weg ein: N. Oellers

(1975) sichert die »Spuren« Ibsens in den frühen Dramen Hauptmanns, hebt aber die Originalität des deutschen Dramatikers hervor und hält fest, daß sie sich in »Synthesen und Verwandlungen«
(S. 399) bekunde. Zu verweisen ist noch auf J. C. Hortenbachs
Studie (1965), in der festgestellt wird, Hauptmann habe sich bei der
Gestaltung einiger weiblicher Figuren von Strindberg anregen lassen. Zu einzelnen Punkten dieser Arbeit sind Vorbehalte angemel-
det worden.

Wenn wir von der Beziehung Hauptmanns zu A. Antoine und
der Auseinandersetzung mit Romain Rolland absehen, hat sich die
Untersuchung der Verbindung zur französischen Kultursphäre
vornehmlich auf den Bezug zwischen den »Webern« und Zolas
»Germinal« konzentriert. Gewichtiges ist dabei nicht erarbeitet
worden.

Lediglich die Arbeit von C. H. Moore geht über das Übliche hinaus; er
verweist auf die anonyme Kurzgeschichte »Souffrance et Progrès« (1843)
und auf ihre Gemeinsamkeiten mit den erwähnten Werken.

Man vermißt eine spezifische Sondierung der möglichen Einwir-
kung Maeterlincks auf Hauptmann (z. B. in »Der Mutter Fluch«
und »Helios«). Was den italienischen Bereich betrifft, ist vor allem
der Einfluß Dantes auf den »Großen Traum« erläutert worden und
die Bedeutung des Italien- und Venedig-Erlebnisses. Der hispano-
amerikanische Raum ist durch einen Beitrag vertreten (J. del Toro
u. N. Willey), der sich als eine Summierung der Abweichungen
Hauptmanns von zivilisationshistorischen Fakten erweist.

Bei einem Überblick der Arbeiten über die literarischen Beziehungen und Einflüsse innerhalb der deutschen Kulturspäre bilden
sich zwei Schwerpunkte: a) die geistige Auseinandersetzung mit
Goethe und seinem Werk, b) das Verhältnis Thomas Manns zu
Hauptmann. Zum ersten Punkt ist neben einer Reihe von Einzeluntersuchungen, in denen vornehmlich Motivbezogenheit und
Entsprechungen zwischen Goethes und Hauptmanns Werk erörtert werden, auf S. H. Mullers (1949/50) Monographie hinzuweisen.

Sie kann als eine Art »standby« betrachtet werden, bedarf natürlich der
Ergänzung, sei es durch Untersuchungen in der Art von I. H. Reis (1969)
über Hauptmanns Hamlet-Interpretation oder durch unveröffentlichtes
Material, das sich in Tagebüchern usw. finden ließe.

Was das Verhältnis zu T. Mann betrifft, stand zunächst die Frage
nach dem Porträt des Dichters im »Zauberberg« im Mittelpunkt
des Interesses. Mann selbst hat sich darüber, wie auch über seine
Beziehungen zu Hauptmann im allgemeinen, ausführlich geäußert.

Ansonsten ist auf Bezüge zwischen Felix Krull und »Phantom«, dem «Zauberberg« und der »Insel der Großen Mutter« sowie dem »Hirtenlied« und der Josephstrilogie hingewiesen worden.

Das Verhältnis der beiden Dichter zueinander ist vornehmlich von E. Hilscher, H. D. Tschörtner und P. de Mendelssohn untersucht worden. Eine Arbeit größeren Umfangs (im Stil einer vergleichenden Werk-Betrachtung) wäre wünschenswert.

Was die Beziehungen Hauptmanns zu anderen deutschen Schriftstellern angeht, so ist zunächst auf G. Erdmanns Aufsatz (1961) über das Herder-Erlebnis des Dichters hinzuweisen. Erdmann führt an, daß Herder für Hauptmanns Dichtungsauffassung von großer Bedeutung war und daß er Hauptmanns Religiosität beeinflußt haben könnte. Er weist auf die Notwendigkeit einer größeren Arbeit über Hauptmann und Jakob Böhme hin. In einer Untersuchung von H. Wocke (1943) wird der Frage nach der Bedeutung Hölderlins für Hauptmanns Schaffen nachgegangen. Allerdings konnten dabei die Atriden-Tetralogie und einige andere Werke nicht erfaßt werden, und es scheint, daß genaue Analysen Neues zutage fördern könnten. In anderen Arbeiten ist auf Hauptmanns Verbindung zu den Romantikern eingegangen worden, wobei ein Hinweis von A. Hayduk festzuhalten ist: die Dämonenwelt Eichendorffs mit der Hauptmanns zu vergleichen, sei eine dankbare Aufgabe. Das Verhältnis zu Grillparzer, Freytag und Hebbel wurde verschiedentlich untersucht, und über die Verbindungslinien zu Büchner und Fontane ist in jüngster Zeit gearbeitet worden. Auch die Beziehung Hauptmanns zu seinen Zeitgenossen (vor allem Wedekind, George, Holz und Stehr) haben die Aufmerksamkeit der Literarhistoriker in Anspruch genommen, und das Verhältnis zu seinem Bruder Carl war Thema einer Dissertation von U. G. Brammer (1972). Was den Einfluß Nietzsches betrifft, ist noch Raum für weitere Bemühungen; die Arbeit F. Nückels (1923) wird diesem Problem nicht gerecht; die Studie von R. F. Jones (1979) beschränkt sich auf kunsttheoretische Aspekte. Zudem hat M. Machatzke festgehalten, daß Untersuchungen über das Verhältnis Hauptmanns zu E. Ludwig, F. v. Unruh und B. Kellermann erwünscht wären. Auch sollte ein Hinweis E. Hilschers nicht übersehen werden, nach dem die Beziehungen Hauptmanns zu R. Wagner bislang nicht genügend beachtet worden sind.

Ein Blick auf das Schrifttum zur Wirkung Hauptmanns im Ausland zeigt, daß er am stärksten in Rußland rezipiert worden ist. Dort erreichte sein Werk, nicht zuletzt dank der Bemühung K. Stanislawskis, eine beachtliche Breitenwirkung, dort erschien die erste Gesamtausgabe (1902/05) seiner Werke, dort trugen »Die Weber« direkt zur Erweckung des revolutionären Bewußtseins bei, zudem empfingen einige Dramatiker von seinem Schaffen wichtige Anregungen (z. B. Tschechow, Gorki, Naidjonow). Die Rezeption der »Weber« in Rußland ist von E. Mandel (1967) detailliert untersucht worden. Über andere Werke, die in Rußland eine starke Resonanz hatten (z. B. »Hanneles Himmelfahrt«, »Die versunkene Glocke«) liegen vergleichbare Studien nicht vor, doch sind in den letzten Jahren einige wirkungsgeschichtliche Studien beendet worden (A. Kipa, S. Hoefert), in denen die starke Wirkung hervorgehoben wird, die Hauptmann auf das russische Geistes- und Theaterleben ausübte. In Rußland selbst hat sich Lunatscharski am intensivsten mit Hauptmann befaßt. Seine Ausführungen sind von politischen Erwägungen und der Vorliebe fürs Symbolische bestimmt. Die sowjetische Hauptmann-Forschung ist vorwiegend national-orientiert zu Werke gegangen, erst in letzter Zeit scheint man über die engeren Bindungen hinauszugelangen.

Bei den ukrainischen Dichtern, die sich mit Hauptmann beschäftigten, sind besonders Iwan Franko und Lesja Ukrainka zu nennen, wie von I. E. Shurawskaja (1961, 1963) und A. Kipa (1978) belegt worden ist. In Ungarn wurde die Wirkung Hauptmanns zuerst von I. Rózsa (1938) aufgezeichnet, später hat D. Báder (1957) die Hauptmann-Rezeption während der Zeit zwischen den beiden Weltkriegen bei einigen ungarischen Schriftstellern (G. Juhasz, J. Turóczi-Trostler, M. Rubinyi) näher untersucht. Zudem sind einige Aufsätze von P. Pósa (1966, 1970) über die Aufnahme einzelner Werke erschienen. Im südslawischen Sprachraum ist B. Kreft (1966) der Frage nach der Beziehung Ivan Cankars zu Hauptmann nachgegangen und hat auf Ähnlichkeiten zwischen »Und Pippa tanzt!« und einigen Arbeiten des slowenischen Dramatikers aufmerksam gemacht. Was die Tschechoslowakei und Polen betrifft, liegt an rezeptionsgeschichtlichen Studien selten Gewichtiges vor, doch ist zu erwähnen, daß sich die polnische Forschung seit einigen Jahren intensiver als zuvor mit dem Werk Hauptmanns befaßt. Besonders zu vermerken sind lediglich die Aufsätze von F. Hubicka und J. Kozłowski über die Aufnahme der »Weber« in Polen.

Im angelsächsischen Raum hat die Rezeptionsgeschichte der Werke Hauptmanns in Amerika das besondere Interesse der Forscher beansprucht (vor allem W. A. Reichart). Dabei ist die amerikanische Forschung entschieden international orientiert. Die Wirkung »Michael Kramers« auf das Werk von James Joyce stand im Mittelpunkt der Diskussionen. Eine der neueren Arbeiten, die darüber vorliegen (D. McMillan, 1967), betont Hauptmanns außerordentlichen Einfluß auf Joyce. Dies wird von J. Perkins bestätigt, die vor einigen Jahren Joyces Übersetzung von »Vor Sonnenaufgang« ans Licht brachte. Im Vergleich zu Amerika ist in England wenig über Hauptmann gearbeitet worden. In noch stärkerem Maße gilt diese Feststellung für Skandinavien und die kontinentalen westeuropäischen Länder; Untersuchungen über die Aufnahme, Verbreitung und Wirkung Hauptmanns sind hier sehr spärlich.

Geringfügig ist auch das Schrifttum über die Wirkung Hauptmanns im deutschen Sprachgebiet. Abgesehen von einem Aufsatz von P. Dziallas (1968) über die Sphäre der Karikatur, Satire und Parodie, sind einige Bezüge zwischen Hauptmanns Werk und dem Schaffen Zuckmayers, Brechts und (schon entfernter) Rilkes und Rosenows aufgewiesen worden. Zudem hat der Schriftsteller J. M. Lutz die Wirkung Hauptmanns auf sein Schaffen bestätigt. Die Verbindung zu Toller näher zu untersuchen, wäre gewiß nicht uninteressant, desgleichen diejenige zwischen den »Webern« und einigen naturalistischen und semi-naturalistischen Dramatikern. Notwendig sind auch Untersuchungen über die Resonanz des Hauptmannschen Werkes auf dem Gebiet des Films und der Vertonungskunst. Ansätze dazu finden sich bei A. Estermann.

Einige Arbeiten sind über Hauptmanns Beziehungen zu verschiedenen Landschaften und Lokalitäten geschrieben worden. Die Studien über Erkner, Pommern und Hiddensee stehen hier im Vordergrund, während der schlesische landschaftliche Zusammenhang nicht in dem Maße behandelt worden ist, wie man es hätte annehmen können. Besonders zu beachten sind die Untersuchungen über das Verhältnis zum Wiener Burgtheater; teils bieten sie Briefmaterial, teils gehen sie auf Fragen der Zensur und Kritik sowie des Publikumserfolges ein (vor allem L. Salzer). Die Theaterkritik zu Hauptmanns Werken war ebenfalls Thema einiger Arbeiten.

Neben Guthkes Aufsatz über die Beziehungen zu Kerr ist die Dissertation von E. Krause (1952) hervorzuheben. Sie berücksichtigt Kritiken (einschließlich »Gabriel Schillings Flucht«), die bis ca. 1930 geschrieben wurden. Für Bemühungen dieser Art, besonders im Hinblick auf die Nazizeit, ist noch Raum. Es fehlt auch eine umfassende Darstellung der Zensurgeschichte der Hauptmannschen Werke, lediglich über »Die Weber« liegt eine eingehende Untersuchung vor (H. H. Houben). Statistisch orientierte Arbeiten (z. B. über den Buchabsatz) sind noch nicht vorgelegt worden.

Das Verhältnis Hauptmanns zur bildenden Kunst ist vornehmlich von E. Scheyer analysiert worden, und zwar im Hinblick auf die eigenen bildhauerischen Werke, auf die Darstellungen des Dichters durch bildende Künstler und schließlich die Anregungen, die Hauptmann von plastischen Werken anderer empfing oder die sein eigenes Werk anderen vermittelte. Die Beziehung zu Käthe Kollwitz verdient eine eingehendere Untersuchung.

Forschungsberichte und Literaturübersichten: F. A. *Voigt,* Zur Frage der H.-Forschung, in: Voigt, Hauptmann-Studien, 1. Bd., 1936, S. 9–19; *ders.,* Grundfragen der G.H.-Forschung, in: GRM, 27 (1939), S. 271–287; *ders.,* G.H.-Literatur. Die Ernte des Jahres 1942, in: GRM, 30 (1942), S. 257–273; *ders.,* Die amerikanische G.H.-Forschung, in: Universitas, 4 (1949), S. 405–412; F. W. J. *Heuser,* Stages in Hauptmann Criticism, in: GR, 12 (1937), S. 106–112 (auf deutsch in: Heuser, 1961, S. 177–183); *ders.,* Editions of G.H's Works since 1942, in: GR, 34 (1954), S. 234–237; H. *Schreiber,* Das neue G.H.-Bild, in: Schönleitners Monatshefte, 1 (1946), H. 2, S. 1–6; E. *Alker,* Das Werk G.H's in neuer Sicht, in: Universitas, 2 (1947), S. 1181–1191; W. *Studt,* G.H. 1945–1947, in: GHJ, 1948, S. 236–266; K. S. *Guthke,* Neuere Hauptmann-Editionen, in: GGA, 211 (1957), S. 299–309; *ders.,* Probleme neuerer H.-Forschung, in: GGA, 214 (1960), S. 84–107; *ders.,* H. im H.-Jahr. Sammelreferat über neuere Literatur, in: GGA, 216 (1964), S. 215–232; *ders.,* Neue H.-Bücher, in: GGA, 218 (1966), S. 118–128; F. *Martini,* Deutsche Literatur zwischen 1880 und 1950. Ein Forschungsbericht, in: DVjs, 26 (1952), S. 491–493; *Alexander,* 1964, S. 1–10; C. F. W. *Behl,* G.H.-Literatur zum Centenar-Jubiläum, in: Schlesien, 9 (1964), S. 175–178; *ders.,* Neue G.H.-Literatur, in: Schlesien, 10 (1965), S. 141–143; *ders.,* Neues von und über G.H., in: Schlesien, 12 (1967), S. 179–182; K. *Hildebrandt,* Neues von und über G.H., in: Schlesien, 15 (1970), S. 164–166; *ders.,* Neue G.H.-Literatur, in: Schlesien, 16 (1971), S. 113–115, 17 (1972), S. 94–100; *ders.,* Neue Veröffentlichungen über G.H., in: Schlesien, 19 (1974), S. 90–98; *ders.,* G.H.-Literatur 1974–1976, in: Schlesien, 22 (1977), S. 34–42; *ders.,* G.H. 1976–1979, in: Schlesien, 25 (1980), S. 81–99.

Sammelwerke: G.H. Kritische Studien, Sonderheft d. Schl. Heimatblätter, 1909; *Heynen,* 1922; *Marcuse,* 1922; GHJ, I u. II, 1936 u. 1937; F. A. *Voigt,* Hauptmann-Studien, Bd. 1, 1936: G.H. Studien zum Werk und zur Persönlichkeit, hrsg. v. Dt. Institut d. Univ. Breslau, 1942; *Hauptmann,* 1942; G.H. Sieben Reden gehalten zu seinem Gedächtnis, hrsg. v. H. v. Hülsen, 1947; *Behl,* 1948; GHJ, 1948; G.H. Drei Reden (v. R. A. Schröder, F. Thieß, P. *Fechter*), 1953; *Heuser,* 1961; Centenary Lectures, 1964; G. H. (Wege der Forschung), hrsg. von H.J. *Schrimpf,* 1976.

Gesamtdarstellungen: P. *Mahn,* G.H. und der moderne Realismus, 1894; U. C. *Woerner,* G.H., 1897 (2. Aufl. 1901); C. de. *Lollis,* Gerardo Hauptmann e l'opera sua letteraria, Bologna 1899; P. *Schlenther,* G.H. Sein Lebensgang und seine Dichtung, 1898 (erw. v. A. Eloesser u. d. T.: G.H. Leben und Werke, 1922); E. *Sulger-Gebing,* G.H., 1909 (4. Aufl. v. W.

Linden, 1932); K. *Sternberg*, G.H. Der Entwicklungsgang seiner Dichtung, 1910; H. *Spiero*, G.H., 1913 (4. Aufl. 1925); *Fechter*, 1922; *ders.*, G.H., 1961; M. *Freyhan*, G.H., 1922; K. *Haenisch*, G.H. und das deutsche Volk, 1922; E. *Lemke*, G.H., 1923; K. P. *Proost*, G.H. zijn leven en werken, Zeist 1924; H. v. *Hülsen*, G.H., 1927; *ders.*, G.H. Siebzig Jahre seines Lebens, 1932; K. *Dinter*, G.H. Leben und Werk eines Dichters, 1932; F. *Endres*, G.H. Der Dichter einer Übergangszeit, 1932; M. *Rubinyi*, G.H., Budapest 1932; R. *Paoli*, Parabola di H., Firenze 1941; C. F. W. *Behl* u. F. A. *Voigt*, G.H's Leben, Chronik und Bild, 1942 (2. Aufl. u. d. T.: Chronik von G.H's Leben und Schaffen, 1957); W. *Ziegenfuß*, G.H. Dichtung und Gesellschaftsidee der bürgerlichen Humanität, 1948; *Gregor*, 1951; H. F. *Garten*, G.H., Cambridge 1954; R. *Rohmer* u. A. *Münch*, G.H. Sein Leben in Bildern, 1958; T. *Silman*, Gergart Gauptman 1862–1946, Leningrad u. Moskau 1958; K. L. *Tank*, G.H. in Selbstzeugnissen und Bilddokumenten, 1959; *Guthke*, 1961; E. *Ebermayer*, H. Eine Bildbiographie, 1962; H. *Elöd*, G.H., Budapest 1962; G.H. Leben und Werk. Gedächtnisausstellung d. Dt. Literaturarchivs zum 100. Geburtstag d. Dichters im Schiller-Nationalmuseum Marbach, hrsg. v. B. Zeller, 1962; W. *Menzel*, G.H. Ein schlesischer Dichter, 1962; J. *Seyppel*, G.H., 1962; J. *Améry*, G.H. Der ewige Deutsche, 1963; Z. *Żygulski*, G.H. Człowiek i twórca, Łódź 1968; *Hilscher*, 1969; H. *Daiber*, G.H. oder der letzte Klassiker, 1971; J. *Jofen*, Das letzte Geheimnis. Eine psychologische Studie über die Brüder Gerhart und Carl Hauptmann, 1972; M. *Yokomizo*, G. Hauputoman, [auf jap.], Tokio 1976; A. *Lubos*, G.H. Werkbeschreibung und Chronik, 1978.

Gesamtüberblicke: M. *Lorenz*, G.H., in: PJ, 94 (1898), S. 487–496; R. M. *Meyer*, G.H., in: Bühne und Welt, 15 (1912), S. 130–143; M. *Heimann*, Ein Dichter – ein Seher. G.H. zu Ehren, in: NR, 23 (1912), S. 1489–1498; H. M. *Schaub*, G.H. Versuch einer Charakteristik, 1914; O. *Loerke*, G.H., in: NR, 23 (1922), S. 1106–1124; *ders.*, G.H. heute, in: NR, 43 (1932), S. 582–595; G. *Lukács*, G.H., in: Die Linkskurve, 4 (1932), S. 5–11; W. *Milch*, G.H. Vielfalt und Einheit seines Werkes, 1932; *ders.*, G.H's Lebenswerk, in: Milch, Kleine Schriften zur Literatur- und Geistesgeschichte, 1957, S. 178–184; W. *Kayser*, G.H., in: NPh, 18 (1933), S. 175–192; C. *Niessen*, Sub Specie Aeterni. G.H. zum 75. Geburtstag, in: Theater der Welt, 1 (1937), S. 557–571; P. *Merker*, G.H. Versuch einer Wesensdeutung, in: G.H. Studien zum Werk und zur Persönlichkeit, hrsg. v. d. Univ. Breslau, 1942, S. 7–45; *ders.*, Ein reiches Leben, in: Hauptmann, 1942, S. 7–28; H. *Cysarz*, Sieben Wesensbildnisse, 1943, S. 196–220; M. v. *Brück*, G.H., in: Wandlung, 1 (1945/46), S. 695–705; E. *Ludwig*, G.H. Studie über Talent und Charakter, in: Centaur, 2 (1946), S. 78–88; E. *Ruprecht*, G.H. als Dichter der Menschlichkeit, 1947; H. *Stolte*, Kultur und Dichtung, 1947, S. 53–81; H. F. *Garten*, G.H.: A Revaluation, in: GLL, 3 (1949), S. 32–41; C. F. W. *Behl*, G.H. Überblick über Leben und Werk, 1952; O. *Gaillard*, G.H., Vortrag zu seinem 90. Geburtstag, gehalten im Dt. Nationaltheater Weimar, 1952; H. *Mayer*, G.H. – heute und hier, in: Mayer, Dt. Literatur und Weltliteratur, 1957, S. 151–168 (in veränderter Form u. d. T.: G.H. und die Mitte, in: Mayer,

Von Lessing bis Thomas Mann, 1959, S. 338–355); P. *Rilla,* Essays. Kritische Beiträge zur Literatur, 1955, S. 210–225; G. *Erdmann,* Führer durch die G.H.-Gedächtnisstätte Kloster auf Hiddensee, 1956, S. 9–34; A. *Closs,* Medusa's Mirror, London 1957, S. 202–212; C. *Zuckmayer,* G.H. 1862–1946, in: Die großen Deutschen, Bd. 4, 1957, S. 227–244; ders., Ein voller Erdentag. G.H. Werk und Gestalt, 1962; A. *Dymschiz,* Literatura i narod, Leningrad 1958, S. 209–219; G. *Meyer,* G.H., in: JbSB, 3 (1958), S. 255–275; G. *Ulrich,* Der unbekannte G.H., in: NDH, 1960, H. 68, S. 1116–1129, H. 69, S. 29–36; K. *Klinger,* G.H. – Irritation und Nachglanz, in: Forum, 9 (1962), S. 505–507, 10 (1963), S. 38–41; F. *Leiner,* G.H. Leben und Werk, in: Blätter für den Deutschlehrer, 6 (1962), S. 65–76; W. N. *Vissermann,* Bij de herdenking van G.H. (1862–1946), in: Duitse Kroniek, 14 (1962), S. 117–137; A. *Abusch,* Größe und Grenzen G.H's, in: SuF, 15 (1963), S. 48–61; H. *Steinhauer,* G.H., in: UTQ, 23 (1963), S. 247–265; H. *Urner,* G.H., in: Zwischenstation, Festschrift für K. Kupisch, hrsg. von E. Wolf, 1963, S. 234–249; K. L. *Tank,* G.H. Der Schlesier und Europäer, in: Eckart-Jb, 1963/64, S. 239–257; W. F. *Mainland,* The Literary Personality of G.H., in: Centenary Lectures, 1964, S. 9–30; P. *Petr,* G.H's Werk heute, in: Philologica Pragensia, 7 (1964), S. 257–269; H. *Faltus,* G.H. Aspekte und Wechselwirkungen, in: JbSB, 10 (1965), S. 275–304; H. J. *Schaefer,* G.H. Dichtung aus schlesischem Geist, in: Schlesien, 10 (1965), S. 202–211; B. v. *Wiese,* G.H., in: Deutsche Dichter der Moderne. Ihr Leben und Werk, hrsg. v. B. v. Wiese, 1965, S. 27–48; B. v. *Heiseler,* Gesammelte Essays zur alten und neuen Literatur, 1. Bd., 1966, S. 240–261; R. *Rohmer,* G.H. und die Nachwelt, in: G.H. und die Nachwelt, Beiträge der Referentenkonferenz zum 30. Todestag H's, Mai 1976, S. 1–22; M. *Szyrocki,* G.H. – »Gammler« und »Klassiker«, in: Germanica Wratislaviensia, 30 (1977), S. 67–75.

Allgemeine Untersuchungen zum Früh- oder Spätwerk: H. F. *Koenigsgarten,* H's späte Werke, in: NR, 43 (1932), S. 604–617; W. *Milch,* G.H's Alterswerk, in: GRM, 20 (1932), S. 424–437; F. A. *Voigt,* Hauptmann-Studien, 1. Bd., 1936, S. 20–62; ders., G.H's Alterswerk, in: G.H. Sieben Reden gehalten zu seinem Gedächtnis, hrsg. v. H. v. Hülsen, 1947, S. 82–101; W. R. *Gaede,* Zum Verständnis des älteren G.H., in: GQ, 14 (1941), S. 95–102; E. *Alker,* Bemerkungen zu G.H's Altersstil, in: ZDP, 67 (1942), S. 67–79, 119–120; H. *Schreiber,* Das neue G.H.-Bild, in: Schönleitners Monatshefte, 1 (1946), H. 2, S. 1–6; *Lindner,* 1949; E. *Ruprecht,* Zum Spätwerk von G.H., in: Atoll, 1954, S. 107–121; G. *Erdmann,* Erlebte Welt und gestaltetes Werk, Diss. Greifswald 1957; W. *Studt,* Früheste Dichtungen G.H's. Neue Funde aus den Jahren 1875–1881, in: GR, 33 (1958), S. 181–196; W. A. *Reichart,* The Totality of H's Work, in: GR, 21 (1964), S. 143–149; R. *Ziemann,* »... in fremdmächtiger Zeit«. Über das Spätwerk G.H's, in: WZUH, 13 (1964), S. 359–368; B. *Rühle,* Der junge G.H. und seine Beziehungen zur literarischen Welt seiner Zeit, in: Fontane Blätter, 1975, H. 6, S. 438–453; *Requardt/Machatzke,* 1980.

Allgemeine Untersuchungen zum Drama: A. *Stoecklein,* Naturalism in the Recent German Drama with Special Reference to G.H., Ph. D. Diss. Columbia University 1903; J. *Wiehr,* The Naturalistic Plays of G.H., in:

JEGP, 6 (1906/07), S. 1–71, 531–575; S. *Bytkowski,* G.H's Naturalismus und das Drama, 1908; E. *Wulffen,* G.H's Dramen, 1911; J. *Röhr,* G.H's dramatisches Schaffen, 1912; J. *Bab,* G.H. und seine 27 besten Bühnenwerke, 1922; H. *Engert,* G.H's Sucherdramen, 1922; F. R. *Zenz,* Geist und sinnliche Erscheinung in den Dramen G.H's, Diss. Gießen 1925; R. *Ayrault,* Sur le drame de G.H., in: RA, 3 (1929), S. 724–733; R. *Petsch,* Das dramatische Werk G.H's, in: ZfDB, 8 (1932), S. 529–538; C. di *San Lazzaro,* G.H. e i suoi drammi, Bologna 1934; C. *Lugowski,* G.H. als Dramatiker, in: ZfDB, 13 (1937), S. 473–481; W. A. *Reichart,* Geistige Grundlagen des Hauptmannschen Dramas, in: MH, 29 (1937), S. 322–330; *ders.,* Grundbegriffe im dramatischen Schaffen G.H's, in: PMLA, 82 (1967), S. 142–151; J. *Benecke,* L'œuvre dramatique de G.H., in: Deutsch-französische Hefte (Cahiers Franco-Allemands), 61 (1938), S. 166–170; C. *Rózsa,* G.H. és a naturalista dráma, Diss. Pécs 1939; S. N. *Christoff,* Typen des Dramas bei G.H., Diss. Wien 1944; J. *Probst,* G.H. y sus dramas, Buenos Aires 1944; M. *Berletti,* G.H.: Hauptprobleme seiner Dramen, Diss. Innsbruck 1945; H. *Weigand,* G.H's Range as Dramatist, in: MH, 44 (1952), S. 317–322; *Fiedler,* 1954; H. H. *Borcherdt,* G.H. und seine Dramen, in: Deutsche Literatur im zwanzigsten Jahrhundert, hrsg. v. H. Friedmann u. O. Mann, 1954, S. 381–404 (5. Aufl. 1967, Bd. II, S. 255–278); *Sinden,* 1957; W. *Rasch,* Zur dramatischen Dichtung des jungen G.H., in: Festschrift für F. R. Schröder, hrsg. v. W. Rasch, 1959, S. 241–253; *Michaelis,* 1962; R. *Rohmer,* H's Dramatik – heute, in: Theater der Zeit, 17 (1962), H. 6, S. 63–71, H. 10, S. 65–73; H. *Mayer,* G.H., 1967; I. W. *Blumberg,* Dramaturgija Gercharta Gauptmana 1920-40-ch godow. Diss. (Kand.) Leningrad 1971; E. M. *Mandel',* Gauptman, Saratov 1972; R. C. *Cowen,* Hauptmann-Kommentar zum dramatischen Werk, 1980.

Allgemeine Untersuchungen zur Prosa: A. *Vulliod,* G.H. Romancier, in: RA, 3 (1929), S. 711–723; M. *Limauscheg,* G.H's Romane, Diss. Wien 1936; K. J., *Obenauer,* Zu G.H's epischem Werk, in:ZfDB, 13 (1937), S. 482–488; F. *Usinger,* Das Glück und die Chimäre, in: Die Wandlung, 4 (1949), S. 486–497; F. B. *Wahr,* The Art of H's Shorter Stories, in: GR, 24 (1949), S. 52–64; K. *Gebauer,* G.H's Romane und Novellen, Diss. Innsbruck 1950; H. *Ruf,* Die Kunst der Erzählung in den letzten Prosawerken G.H's, Diss. München 1956; *Rohmer,* 1958; K. *Koczy,* Nowele i Opowiadania Gerharta Hauptmanna do 1918 Roku, in: KN, 18 (1971), S. 25–83; *ders.,* Hauptmanniana, Katowice 1971; B. *Igel,* Der Beitrag G.H's zur Entwicklung des kritischrealistischen Romans in Deutschland im Zusammenhang mit der Entwicklung seines Weltbildes, Diss. Leipzig 1972; M. *Schunicht,* Die »zweite Realität«. Zu den Erzählungen G.H's, in: Untersuchungen zur Literatur als Geschichte, Festschrift für B. v. Wiese, hrsg. von V. J. Günther u. a., 1973, S. 431–444.

Alllgemeine Untersuchungen zur Lyrik und Versepik: Fechter, 1922 S. 143–154; F. B. *Wahr,* G.H's »Das Bunte Buch«, in: JEGP, 26 (1927), S. 325–336; *ders.,* H's »Promethidenlos«, in: GR, 2 (1927), S. 213–228; *ders.,* G.H's Shorter Poems, in: GR, 21 (1946), S. 215–229; H. v. *Hülsen,* G.H. als Versdichter, in: G.H., Die Blaue Blume, 1929, S. 43–60; H.

Hennecke, Sprache, Gedanke und Lyrik im Lebenswerke G.H's, in: NR, 52 (1941), S. 201–214; R. *Ibscher*, Der Lyriker G.H., in: G.H. Studien zum Werk und zur Persönlichkeit, hrsg. v. Dt. Institut d. Univ. Breslau, 1942, S. 132–159; *Gregor*, 1951, S. 229–252; F. *Semmler*, »Pima grüßt zum Geburtstag«, in: MH, 47 (1955), S. 285–289; W. *Studt*, Früheste Dichtungen G.H's. Neue Funde aus den Jahren 1875–1881, in: GR, 33 (1958), S. 181–196; H. F. *Garten*, H's Epic Poetry, in: Centenary Lectures, 1964, S. 95–136.

Thematisch-weltanschauliche Aspekte: R. *Weber*, Das religiöse Problem bei G.H., in: JEGP, 15 (1916), S. 390–405; J. H. *Marschan*, Das Mitleid bei G.H., Diss. Greifswald 1919; M. *Brod*, G.H's Frauengestalten, in: NR, 23 (1922), S. 1131–1141; M. *Georg*, Ottegebe die Frau in G.H's Werk, in: Marcuse, 1922, S. 77–88; L. *Marcuse*, H's Drama, die Tragödie der Verstockung, in: Marcuse, 1922, S. 35–46; E. *Szittya*, Der Mystizismus in G.H., in: Marcuse, 1922, S. 63–76; *Vollmers-Schulte*, 1923; T. M. *Campbell*, G.H. – Christian or Pagan? in: MLJ, 8 (1924), S. 353–361; A. *Vulliod*, Le problème du mal dans l'œuvre dramatique de G.H., in: Mélanges offerts à M. Charles Andler, Strasbourg 1924, S. 417–429; G. C. *Cast*, Religious Views of G.H. as Reflected in His Work, in: Studies in German Literature. In Honor of A. R. Hohlfeld, Madison 1925, S. 78–96; *ders.*, Das Motiv der Vererbung im deutschen Drama des 19. Jahrhunderts, Madison 1932, S. 77–93; C. *Herrmann*, Die Weltanschauung G.H's in seinen Werken, 1926; E. *Langner*, Die Religion G.H's, 1928; H. *Haack*, Die Pfarrergestalten bei G.H., 1930; W. A. *Reichart*, H's Relation to the State, Ph. D. Diss. University of Michigan 1930; E. *Duda*, Die Frauencharaktere in der Dichtung G.H's, Diss. Wien 1931; R. H. *Grützmacher*, Die geistigen Schichten in G.H's Lebensanschauung, in: PJ, 230 (1932), S. 106–119; H. G. *Carlson*, The ›Motiv‹ of Heredity in Modern German Literature with Particular Reference to Naturalistic Drama, Ph. D. Diss. Cornell University 1932, S. 102–111; F. W. J. *Heuser*, The Mystical Hauptmann, in: GR, 7 (1932), S. 32–44; W. *Kauermann*, Das Vererbungsproblem im Drama des Naturalismus, Diss. Kiel 1933, S. 55–72; A. *Wiedersich*, Frauengestalten G.H's, 1933; L. B. *Keefer*, Woman's Mission in H's Dramas, in: GR, 9 (1934), S. 35–52; C. di *San Lazzaro*, G.H. e i suoi drammi, Bologna 1934; *dies.*, G.H. und die Ideen unserer Zeit, in: GHJ, Bd. II, 1937, S. 101–111; A. *Louis*, The Motive of Renunciation in Modern German Literature, Ph. D. Diss. Cornell University 1935, S. 151–156; E. *Richter*, Die Frauengestalten in G.H's Drama, Diss. Wien 1936; C. F. W. *Behl*, Die Magie des Elementaren, in: GHJ, Bd. I, 1936, S. 51–59; *ders.*, Die Metamorphosen des alten Wann, in: GHJ, 1948, S. 95–116; *ders.*, Der Einzelne und die Masse im Werke G.H's, in: GR, 33 (1958), S. 168–175; F. A. *Voigt*, Die Insel der Seligen, in: Voigt, Hauptmann-Studien, Bd. I, 1936, S. 130–145; *ders.*, Der religiöse Weg G.H's in: NR, 48 (1937), S. 474–485; *ders.*, Die geistige Welt G.H's, in: GHJ, 1948, S. 13–27; *ders.*, 1965. G. Bianquis, La femme – enfant dans l'oeuvre de G.H., in: GHJ, Bd. II, 1937, S. 131–139; F. R. *Schröder*, Der Urmythos, in: GHJ, Bd. II, 1937, S. 61–80; H. *Steinhauer*, Paganism and Christianity in the Work of G.H., Ph. D. Diss. University of Toronto 1937; H. *Barnstorff*, Die soziale, politische und wirtschaftliche Zeitkritik im Werke G.H's, 1938; C. H. *Owen,* The Treatment of History in G.H's Dramas, Ph. D. Diss. Cornell University 1938; F. B. *Wahr,* H. and the Prometheus Symbol, in MH, 30 (1938), S. 345–354; *ders.,* The Timon Mood and Its Correctives in G.H., in: GR, 16 (1941), S. 123–133; F. A. *Klemm,* The Death Problem in the Life and Works of G.H., Ph. D. Diss. University of Philadelphia 1939; *ders.,* The Dead-Hand Motive as a Phase of G.H's Romanticism, in: MLQ, 2 (1941), S. 619–624; *ders.,* Genesis-Thanatos in G.H., in: GR, 17 (1942), S. 273–281; A. *Krumheuer,* G.H's Kulturidee und seine Kritik an der Kultur, Diss. Marburg 1940; H. S. *Clare,* Eros in the Works of H., Ph. D. Diss. Northwestern University 1941; W. *Baumgart,* G.H's Mystik, in: Hauptmann, 1942, S. 63–75, *ders.,* Erlebnis und Gestaltung des Meeres bei G.H., in: G.H. Studien zum Werk und zur Persönlichkeit, hrsg. v. Dt. Institut d. Univ. Breslau, 1942, S. 110–131; Raghunath *Paranjpe,* Die historischen Dramen G.H's, Diss. München 1942; F. *Schulze-Maizier,* Das Bild des Menschen bei G.H., in: Die Hilfe, 50 (1944), S. 55–60; M. *Berletti,* G.H. Hauptprobleme seiner Dramen, Diss. Innsbruck 1945; Schreiber, 1946; I. *Fronius,* Die Frauengestalten im Werk G.H's, Diss. Innsbruck 1947; A. J. *Höller,* Die Kindergestalten im Werk G.H's, Diss. Wien 1947; J. *Nabholz,* The Clergymen in G.H's Contemporary Plays, in: MH, 39 (1947), S. 463–476; J. H. W. *Rosteutscher,* Die Wiederkunft des Dionysos, 1947, S. 210–222; K. M. *Gunvaldsen,* G.H's Dramatic Conception of the Artist, Ph. D. Diss. University of Wisconsin 1948; M. C. *Hill,* The Problem of Religion in the Life and Works of G.H., Ph. D. Diss. Northwestern Univ. 1948; H. *Hütter,* Die Naturgeister bei G.H., Diss. Wien 1948; F. W. *Kaufmann,* Zum Problem der Arbeit bei Otto Ludwig, G.H. und G. Kaiser, in: MH, 40 (1948), S. 321–327; J. J. *Weisert,* Graf von Gleichen »Redivivus«, in: MH, 40 (1948), S. 465–470; *ders.,* 1949; M. *Radmayer,* Die psychiatrischen Gestalten bei G.H., Diss. Wien 1949; R. *Bauer,* Das Menschenbild im Drama G.H's, Diss. Freiburg 1950; B. *Haber,* Die Gestalt des Dichters in der Moderne, Diss Münster 1950; A. *Kuder,* Die Christusfigur bei H., Rosegger und Frenssen, Diss. Wien 1950; *Liebenstein,* 1950; A. *Nordmann,* Der Traum bei G.H., Diss. Bonn 1950; H. *Rettich,* Die Gestalt des Künstlers im Werke G.H's, Diss. Erlangen 1950; G. *Speckl,* Das Problem der Jugend in G.H's Dramen, Diss. Wien 1950; M. *Boulby,* Optimism and Pessimism in German Naturalist Writers, Ph. D. Diss. Leeds 1951; *Gregor,* 1951; R. *Mühlher,* Prometheus-Luzifer. Das Bild des Menschen bei G.H., in: Mühlher, Dichtung der Krise, 1951; C. v. *Ravenstein,* Das Luziferische bei G.H., Diss. Freiburg 1952; *Fiedler,* 1954; H. *Gutknecht,* Studien zum Traumproblem bei G.H., 1954; *Leiner,* 1955; K. S. *Guthke,* Die Gestalt des Künstlers in G.H's Dramen, in: NPh, 39 (1955), S. 23–40; *ders.,* 1961; *ders.,* G.H. und der Nihilismus, in: GQ, 36 (1963), S. 434–444 (in neuer Form in: Guthke, Die Mythologie der entgötterten Welt, 1971); *ders.,* G.H. und die Krankheit, in: Seminar, 1 (1965), S. 99–105; *ders.,* Die gnostische Mythologie im Spätwerk G.H's, in: Guthke, Wege zur Literatur, 1967, S. 39–54; *ders.,* Die Zwischenreich-Vorstellung in den Werken G.H's, ebd., S. 205–218; H. M. *Haller,* Christliche Einflüsse und Elemente in G.H's Werken, Ph. D. Diss. Natal

1955; C. *Keul*, G.H's Fiction: A Study of Autobiographical Motifs, Ph. D. Diss. Cornell University 1955; *Shaw*, 1958; *ders.*, H's Suspended Present, in: Texas Studies in Literature and Language, 2 (1960), Nr. 3, S. 378–382; *Hurtig*, 1956; U. *Münchow*, Das Bild des Künstlers im Drama G.H's, Diss. Berlin 1956; G. *Erdmann*, G.H. Erlebte Welt und gestaltetes Werk, Diss. Greifswald 1957; *ders.*, Religiöse Problematik in G.H's Spätwerk, in: Glaube und Gewissen, 7 (1961), S. 110–114; *ders.*, Einige pommersch-rügensche Motive in G.H's Schaffen, in: GSJ, 5 (1965), S. 211–277; *ders.*, Altes Testament und Judentum bei G.H., in: Glaube und Gewissen, 17 (1971), S. 114–119; *Hensel*, 1957; K. S. Guthke u. H.M. Wolff, Das Leid im Werke G.H's, 1958; *Rohmer*, 1958; G. *Schneider*, Schlesisches Schlüs-selschrifttum, in: JbSB, 3 (1958), S. 219–225; G. F. *Hering*, Der Ruf zur Leidenschaft, 1959, S. 102–112; K. *Hoyer*, G.H. und das Recht, Diss. Würzburg 1959; M. *Yokomizo*, Das Alte und das Neue in der Dichtung H's, in: DB, 22 (1959), S. 89–99; E. *Grueneberg*, Daemon and Eros in Some Plays of G.H., Parkville 1960; J. *Chodera*, Das Weltbild in den naturalistischen Dramen G.H's, Diss. Poznań 1962; E. *Kirsch*, Proletarier-Gestalten im Frühwerk G.H's, in: WZUH, 11 (1962), S. 1447–1459; W. G. A. *Shepherd*, Social Conscience and Messianic Vision. A Study in the Problems of G.H's Individualism, Ph. D. Diss. University of Edinburgh 1962; W. *Emrich*, Dichterischer und politischer Mythos, in: Akzente, 10 (1963), S. 191–210; J. *Müller*, G.H. Menschengestaltung und Menschen-bild, in: WZUJ, 12 (1963), S. 163–172; E. W. *Schmidt*, Skepsis und Erlösungsglaube bei G.H., in: Freies Christentum, 15 (1963), S. 77–79, 87–91; *Schrimpf*, 1963; G. *Baumgaertel*, G.H's Theme of »Engagement Manqué« in the Critical Treatment of His Early Characters, in: RLV, 30 (1964), S. 307–325; E. *McInnes*, The »Active« Hero in G.H's Dramas, in: Centenary Lectures, 1964, S. 61–94; D. *Meinert*, Hellenismus und Chri-stentum in G.H's Atriden-Tetralogie, Cape Town 1964; *ders.*, Hirte und Priester in der Dichtung G.H's, in: AG, 4 (1969), S. 39–49; H. F. *Rahde*, Der Eros bei G.H., Ph. D. Diss. University of Utah 1964; *Zimmermann*, 1964, S. 426–470; G. *Beissenhirtz*, Studien zum Schicksalsbegriff im Spät-werk G.H's, Diss. Kiel 1965; *Hortenbach*, 1965; K. *Hildebrandt*, G.H. und die Geschichte, 1968; J. *Osborne*, H's Later Naturalist Dramas: Suffering and Tragic Vision, in: MLR, 63 (1968), S. 628–635; C. *Chung Tschöl Zä*, Zur Problematik des Gesellschaftsbildes im Drama G.H's, Diss. Köln 1969; S. *Damm*, Probleme der Menschengestaltung im Drama Haupt-manns, Hofmannsthals und Wedekinds, Diss. Jena 1970; A. *Franke*, Wanderer zwischen den Welten. Mystisches Schwärmertum bei G.H., in: Schlesien, 16 (1971), S. 92–95; H. F. *Garten*, Formen des Eros im Werk G.H's, in: ZDP, 90 (1971), S. 242–258; *Brammer*, 1972; I. O. *Duckworth*, The Family in the Works of G.H., Ph. D. Diss. Boston College 1972; *Dill*, 1972; K. *Müller-Salget*, Dramaturgie der Parteilosigkeit. Zum Naturalis-mus G.H's, in: Naturalismus, hrsg. von H. Scheuer, 1974, S. 48–67; H. v. *Brescius*, G.H.: Zeitgeschehen und Bewußtsein in unbekannten Selbstzeug-nissen, 1976; C. T. *Dussère*, The Image of the Primitive Giant in the Works of G.H., Stuttgart 1979; K. D. *Postl*, Das Urbild der Mutter in H's naturalistischem Frühwerk, in: Mythos und Mythologie in der Literatur des 19. Jahrhunderts, hrsg. von H. Koopmann, 1979, S. 341–366; L. *Gousie*, G.H.: The Natural-Naturalist, in: GR, 55 (1980), S. 9–13.

Gattungs- und dichtungstheoretische Aspekte: F. *Ohman*, Das Tragische in G.H.'s Dramen, in: Mittln. d. lit. hist. Ges. Bonn, 3 (1908), Nr. 6, S. 143–181; W. *Lesch*, Das Problem der Tragik bei G.H., Diss. Zürich 1922; H. *Beigel*, Komik und Komödie bei G.H., Diss. Wien 1924; R. *Hartogs*, Die Theorie des Dramas im deutschen Naturalismus, Diss. Frankfurt 1931; *Langer*, 1932; S. G. *Flygt*, Conceptions of the Tragic in German Drama from Schiller to H., Ph. D. Diss. Northwestern Univ. 1938; F. B. *Wahr*, Theory and Composition of the Hauptmann Drama, in: GR, 17 (1942), S. 163–173; *Tettenborn*, 1950; H. *Hanisch*, Die Novellendramatisierungen G.H.'s, Diss. Mainz 1951; W. *Emrich*, Der Tragödientypus G.H.'s, in: DU, 1953, H. 5, S. 20–35 (auch in: *Emrich*, Protest und Verheißung, 1960); *Fiedler*, 1954; K. S. *Guthke*, G.H. und die Kunstform der Tragikomödie, in: GRM, 7 (1957), S. 349–369 (auch in: Guthke, Geschichte und Poetik der deutschen Tragikomödie, 1961); H. *Praschek*, Das Verhältnis von Kunsttheorie und Kunstschaffen im Bereich der deutschen naturalistischen Dramatik, Diss. Greifswald 1957; K. *Schneider*, Die komischen Bühnengestalten bei H. und das deutsche Familienlustspiel, Diss. Köln 1957; E. *McInnes*, The Domestic Dramas of G.H.-Tragedy or Sentimental Pathos?, in: GLL, 20 (1966), S. 53–60; B. *Markwardt*, Geschichte der deutschen Poetik, Bd. V. 1967, S. 473–498 et passim; P. *Szondi*, Theorie des modernen Dramas, 1967, S. 62–73; G. *Kaiser*, Die Tragikomödien G.H.'s in: Festschrift für K. Ziegler, 1968, S. 269–289; G. *Schulz*, Zur Theorie des Dramas im deutschen Naturalismus, in: Dt. Dramentheorien, hrsg. v. R. Grimm, 1971, S. 413 ff.; P. *Haida*, Komödie um 1900. Wandlungen des Gattungsschemas von H. bis Sternheim, 1973, S. 28–44.

Formale Gegebenheiten: C. C. *Glascock*, Environment and Hero in G.H's Plays, in: Archiv, 123 (1909), S. 225–240; C. A. *Krause*, G.H's Treatment of Blank Verse, New York 1910; E. W. *Roessler*, The Soliloquy in German Drama, New York 1915, S. 100–105 (Neudruck 1966); M. A. *Quimby*, The Nature Background in the Dramas of G.H., Ph. D. Diss. Philadelphia 1918; A. *Goldnagel*, Das Bühnenbild bei G.H.: Dekoration und Requisiten, Diss. Graz 1920; P. *Wiegler*, Notizen über G.H. und die Natur, in: Marcuse, 1922, S. 56–62; W. *Schumann*, Die Masse in G.H's Dramen, Diss. Hamburg 1923; E. *Barnick*, G.H's Erzähltechnik, Diss. Frankfurt 1924; K. *Ptacnik*, G.H's Bühnentechnik, Diss. Graz 1927; G. W. *Clemens*, Environment in G.H's Works, Ph. D. Diss. Johns Hopkins University 1934; N. *Zabludowski*, Das Raumproblem in G.H's Jugenddramen, 1934; D. *Dibelius*, Die Exposition im deutschen naturalistischen Drama, Diss. Heidelberg 1935; *Bleich*, 1936; Taube, 1936; *Thielmann*, 1937; G. *Bajardi*, Poetische Namengebung bei G. und Carl H., Diss. Graz 1939; F. B. *Wahr*, Theory and Composition of the H. Drama, in: GR, 17 (1942), S. 163–173; W. *Jacobs*, G.H's Verhältnis zur Bühne, Diss. Hamburg 1950; W. *Mauser*, Formprobleme in G.H's Dramen »Winterballade«, »Der weiße Heiland« und »Indipohdi«, Diss. Innsbruck 1951; F. A. *Voigt*, Die Schaffensweise G.H's, in: GRM, 32 (1951), S. 93–106; K. B. *Gohla*,

111

Natur und Naturgefühl im Werke G.H's, Ph. D. Diss. New York University 1952; A. *Balk,* Die Entwicklung des Gegenspielers im deutschen Drama vom Mittelalter bis zu G.H., Diss. München 1953; K. F. *Schäfer,* Die Kunst der Bühnendarstellung von Menschen bei G.H., Diss. Heidelberg 1953; K. *Sengenberger,* Mimik und Gestik im dramatischen Werk G.H's, Diss. München 1953; *Metken,* 1954; P. *Böckmann,* Der Naturalismus G.H's, in: Gestaltprobleme der Dichtung. (G. Müller zu seinem 65. Geburtstag), 1955, S. 239–258; M. *Gieselberg,* Gestaltende Kräfte des Dramas bei G.H., Diss. Bonn 1955; U. *Goedtke,* G.H's Erzählungen. Untersuchungen über die erzählte Welt und ihren Erzähler, Diss. Göttingen 1955; R. *Hauer,* Die Formen des Dramenschlusses bei G.H., Diss. Graz 1955; W. *Koch,* Typische Modellstrukturen in den Dramen G.H's, Diss. Münster 1955; M. W. *Stickelmann,* View-Point und Zeitstruktur als Basis morphologischer Interpretation, Diss. Bonn 1955; *Fischer,* 1957; W. *Kayser,* Zur Dramaturgie des naturalistischen Dramas, in: Kayser, Die Vortragsreise, 1958, S. 227ff.; T. *van Alst,* Gestaltungsprinzipien des szenischen Naturalismus, Diss. Köln 1959; *Bleicker,* 1961; *Meixner,* 1961; *Künzel,* 1962; U. *Münchow,* Die Kunst der Menschengestaltung, in: NDL, 10 (1962), S. 99–110; *Van der Will,* 1962; *Schrimpf,* 1963; A. B. *Temoyan,* The Art of Characterization in Some of the Dramas of G.H., Ph. D. Diss. Bryn Mawr College 1963; T. *Ziolkowski,* G.H. and the Problem of Language, in: GR, 38 (1963), S. 295–306; *Alexander,* 1964; *Steffen,* 1964; E. *Theodor* (E. T. Rosenthal), Recursos espressivos na evolução da obra dramatica de G.H., São Paulo 1964; E. *McInnes,* The Image of the Hunt in H's Dramas, in: GLL, 19 (1966), S. 190–196; G. *Bauer,* Zur Poetik des Dialogs, 1969, S. 37–43 et passim; M. *Hachigian,* Teichoskopie im deutschen Drama von Klopstock bis Hauptmann, Ph. D. Diss. University of Massachusetts 1969; L. *Lucas,* Dialogstrukturen und ihre szenischen Elemente im deutschsprachigen Drama des 20. Jahrhunderts, 1969, S. 67–77; S. N. *Gassner,* G.H. und die dramatische Kurzform, Ph. D. Diss. New York University 1973; R. W. *Atkinson,* The Textual Condition of the Early Works of G.H., Ph. D. Diss. Harvard 1976; J. *Hintze,* Der Raum im naturalistischen Drama. Eine Skizze zu den frühen Arbeiten G.H's, in: Beiträge zur Poetik des Dramas, hrsg. von W. Keller, 1976, S. 30–38; H.-W. *Schäfer,* Die Funktion der Metaphorik in den Dramen G.H's, in: Akten des V. Internationalen Germanisten-Kongresses Cambridge 1975, 1976, H. 3, S. 432–438; W. *Neuse,* Erlebte Rede im Prosawerk G.H's, in: Perspectives and Personalities. Studies in Modern German Literature Honoring C. Hill, hrsg. von R. Ley u. a., 1978, S. 238–260; W. R. *Maurer,* G.H's Character Names, in: GQ, 52 (1979), S. 457–471.

Tätigkeit als Regisseur, Fragen der Schauspielkunst, Kritik und Zensurgeschichte: G.H. und die deutsche Schauspielkunst. Ein Gespräch mit A. Bassermann, in: *Marcuse,* 1922, S. 194–196; C. F. W. *Behl,* Der Kampf um H., Kritisches aus drei Jahrzehnten gesichtet und gewertet, in: Marcuse, 1922, S. 157–186; *ders.,* Über Schauspielkunst und Regie, in: Hauptmann, 1942, S. 155–158; *ders.,* 1948, S. 144–169; *ders.,* G.H's theatralische Sendung, in: MuK, 5 (1959), S. 107–122; L. *Jessner,* G.H. und der neue Darstellungsstil, in: Marcuse, 1922, S. 189–190; R. *Weichert,* G.H. und das jüngste Theater, in: Marcuse, 1922, S. 202–207; K. *Zeiß*, G.H. Der Regisseur, in: Marcuse, 1922, S. 197–201; H. H. *Houben*, Verbotene Literatur von der klassischen Zeit bis zur Gegenwart, Bd. 1. 1924, S. 337–368; P. A. *Brandt*, Das deutsche Drama am Ende des neunzehnten Jahrhunderts im Spiegel der Kritik, Diss. Leipzig 1932; E. *Scheyer*, Das Breslauer Festspiel. Aktenmäßige Darstellung seiner Entstehung und seiner Absetzung, in: Die Literatur, 35 (1932), S. 69–74; M. *Loibl-Neuhauser*, G.H. auf den Wiener Bühnen, Diss. Wien 1935; J. *Bab*, G.H. als Regisseur, in: GHJ, 1948, S. 147–153; F. *Hadamowsky*, Der Kampf um »Die Weber« in Wien, in: Phaidros, 2 (1948), S. 80–92; E. *Wellner*, G.H. und Sudermann im Konkurrenzkampf, Diss. Wien 1949; W. *Jacobs*, G.H's Verhältnis zur Bühne, Diss. Hamburg 1950, bes. S. 89–103; *Krause*, 1952; H.-A. *Schultze*, Der Schauspieler R. Rittner (1869–1943): Ein Wegbereiter G.H's auf dem Theater, Diss. Berlin (FU) 1961; K. S. *Guthke*, A. Kerr und G.H., in: MH, 54 (1962), S. 273–290 (auch in: Guthke, Wege zur Literatur, 1967); S. *Weishappel*, Der frühe H. im Spiegel der Theaterkritik, in: MuK, 8 (1962), S. 201–211; R. *Müller-Sternberg*, G.H. in der deutschen Kulturpolitik der Gegenwart, in: Deutsche Studien, 1 (1963), S. 111–127; W. *Ackermann*, Die zeitgenössische Kritik an den deutschen naturalistischen Dramen, Diss. München 1965; H. *Kindermann*, Theatergeschichte Europas, 8 Bd., 1 Tl., 1968, passim.

Literarische Beziehungen und Einflüsse (Ausland): G. *Luhde*, G.H. in seinen Beziehungen zu Ibsen, in: Didaskalia, Bd. 85, 1896; H. A. *Clarke*, »Pippa Passes« and »Pippa Dances«, in: PL, 20 (1909), S. 122–128; E. G. *Moore*, Ibsen's »Emperor and Galilean« and H's »Kaiser Karls Geisel«, in: Studies of the University of Nebraska, 10 (1910), S. 243–259; K. *Oesterreich*, G.H. und die Griechen, in: Eckart, 5 (1911), S. 725–738; J. H. *Beckmann*, H. and Shakespeare. »Schluck und Jau« in Relation to »The Taming of the Shrew«, in: PL, 23 (1912), S. 56–63; W. H. *Trumbauer*, G.H. and John Galsworthy, Ph. D. Diss. Philadelphia 1917; H. *Korten*, Thomas Hardys Napoleondichtung »The Dynasts«. Ihre Abhängigkeit von Schopenhauer. Ihr Einfluß auf G.H., Diss. Rostock 1919; H. E. *Jacob*, H. und die Antike, in: Marcuse, 1922, S. 47–55; J. C. *Blankenagel*, The Mob in Zola's »Germinal« and in H's »Weavers«, in: PMLA, 39 (1924), S. 705–721; A. *Jolivet*, La »Winterballade« de G.H. et »Herr Arnes Penningar« de Selma Lagerlöf, in: Mélanges offerts à M. Charles Andler, Strasbourg 1924, S. 163–170; K. *Neuscheler*, G.H. und Leo Tolstoj. I. Teil: Der Ideal der Wirklichkeitserfassung, Diss. München 1924; J. T. *Krumpelmann*, Longfellow's »Golden Legend« and the »Armer Heinrich« Theme in Modern German Literature, in: JEGP, 25 (1926), S. 173–192; A. *van Duren*, Ibsen and Hauptmann, Ph. D. Diss. University of Michigan 1930; K. *Laserstein*, Der Griseldisstoff in der Weltliteratur, 1926; C.D. *Marcus*, G.H. och det nordiska dramat, in: Nordisk Tidskrift, Oslo 1932; H. *Reich*, G.H's Hellenismus, in: Die Literatur, 35 (1932), S. 78–83; A. *Steiner*, Glosses on G.H. »Einsame Menschen« and »La Dame aux Camélias«, in: JEGP, 32 (1933), S. 586–593; C. Adelsmann *Glenn*, G.H. und Eugene O'Neill, Diss. Wien 1934; E. *Junowskaja*, Gorki i Gauptmann, in: M. Gorki, Materialy i issledowanija, Bd. 1, Leningrad 1934, S. 234–242; F.

B. *Wahr,* H's Hellenism, in: JEGP, 33 (1934), S. 421–451; *ders.,* The Timon Mood and Its Correctives in G.H., in: GR, 16 (1941), S. 123–133; S. D. *Stirk,* G.H. and »Hamlet«, in: GLL, 1 (1937), S. 125–129; J. *del Toro* u. N. *Willey,* G.H. y Méjico, in: Spanish Review, 4 (1937), S. 31–44; F. A. *Voigt,* G.H. und England, in: GRM, 25 (1937), S. 321–329; *ders.,* G.H's Italienerlebnis, in: GR, 33 (1958), S. 198–210; *ders.,* 1965; S. O. *Palleske,* M. Maeterlinck en Allemagne, Paris 1938, S. 102–110; F. *Rauhut,* Zola-Hauptmann-Pirandello, in: GRM, 26 (1938), S. 440–466; *Müller,* 1939, S. 137–146; K. M. *Gunvaldsen,* »The Master Builder« and »Die versunkene Glocke«, in: MH, 33 (1941), S. 153–162; J. *Gregor,* G.H. und die Antike, in: Der Augarten, 7 (1942), S. 121–132; W. A. *Coates,* Dostoyevski and G.H., in: The American Slavic and East European Review, 4 (1945), S. 107–127; Gorki und H. im Sturm der Zeit, in: Aufbau, 3 (1947), S. 318–321; F. A. *Voigt* u. W. A. *Reichart,* H. und Shakespeare, 1947; R. *Zander,* Der junge G.H. und H. Ibsen, Diss. Frankfurt 1947; *Behl,* 1948, S. 73–75; *ders.,* G.H's schöpferisches Venedig-Erlebnis, in: JbDS, 6 (1962), S. 326–339; W. *Galambos,* G.H's Interesse für Shakespeares »Hamlet«, Diss. Wien 1948; E. *Philipp,* Die Iphigeniensage von Euripides bis G.H., Diss. Wien 1948; G. *Bischof,* Etat des choses und état d'âme bei G.H's Romanen im Vergleich mit Werken von Zola und Bourget, Diss. Wien 1949; M. *Gravier,* Strindberg et le théâtre moderne, I.: L'Allemagne, Lyon u. Paris 1949, S. 30ff.; S. *Cyrus,* G.H's »Winterballade«. Quelle und psychopathologische Betrachtungen, Diss. Wien 1950; E. *Feise,* H's »Einsame Menschen« und Ibsen's »Rosmersholm«, in: Feise, Xenion, Baltimore 1950, S. 241–260; H. *Ranftl,* G.H.: Shakespeares Hamlet, Diss. Graz 1950; E. v. *Richthofen,* G.H. und Dante, in: Archiv, 187 (1950), S. 76–83; *ders.,* Italienische und mögliche spanische Einflüsse in G.H's Traumdichtungen, in: Studia Philologica. Homenaje ofrecido a Dámaso Alonso, III, Madrid 1963, S. 161–171; E. *Waversich,* Vergleichende Betrachtung von Zolas »Germinal« und H's »Webern«, Diss. Wien 1950; E. *Koch-Emmery,* Saint or Idiot. A Comparison between Dostoevsky's »Idiot« and G.H's »Der Narr in Christo Emanuel Quint«, in: AUP, 1951, S. 64–75; S. H. *Muller,* G.H's Relations to American Literature and his Concept of America, in: MH, 44 (1952), S. 333–339; H. *Razinger,* G.H. und Shakespeare, in: Festschrift zum 400-Jahr-Jubiläum des humanistischen Gymnasiums in Linz 1952, S. 82–107; F. J. *Burk,* Antike Quellen und Vorbilder von G.H's Atriden-Tetralogie, Diss. Marburg 1953; G. *Moldenhauer,* Personajes Griegos en la obra dramática de G.H., in: Estudios Germanicos (Buenos Aires), 10 (1953), S. 93–111; G. *Gerstmann,* G.H. und die russische Literatur, in: Theater der Zeit, 1954, Nr. 2, S. 31–33; C. H. *Moore,* A Hearing on »Germinal« and »Die Weber«, in: GR, 33 (1958), S. 30–40; *ders.,* Rolland and H. before the »Mêlée«, in: RR, 51 (1960), S. 103–114; W. A. *Reichart,* G.H., War Propaganda, and G. B. Shaw, in: GR, 33 (1958), S. 176–180; R. *Haller,* G.H's Begegnung mit dem Griechentum, in: Antike und Abendland, 8 (1959), S. 107–117; M. *Rempel,* L. Tolstoy, G.H. and Gorky: A Comparative Study, Ph. D. Diss. State University of Iowa 1959; G. *Dick,* A. Čechov and G.H., in A. Čechov 1860–1890, hrsg. v. T. Eekman, Leiden 1960, S. 8–12; *ders.,* G.H. und die russische Literatur, in: Fremdsprachenunterricht, 6 (1962), S. 626–632; G. *Hurum*, H. Ibsens Einfluß auf G.H., Diss. Oslo 1960; W. *Maurer*, H's »Die versunkene Glocke« and Ibsen's »Auf den Höhen«, in: MH, 52 (1960), S. 189–193; N. *Trawushkin*, Gorki i Gauptman, in: Tesisy dokladow 3-i nautschnoj konferenzii gorkowedow Powolshja, Gorki 1960, S. 62–65; W. v. *Nordheim*, Die Atriden-Dramen von Euripides, H. und Sartre – verglichen mit Goethes »Iphigenie«, in: WW, 11 (1961), S. 162–172; B. *Igel*, G.H. und Gorki, in: Unser Weg, November 1962, S. 1–9; G. *Pohl*, Südöstliche Melodie, 1963, S. 218–235; J. W. *McFarlane*, H., Ibsen, and the Concept of Naturalism, in: Centenary Lectures, 1964, S. 31–60; T. *Richter*, H. und Garšin, in: ZfSl, 9 (1964), S. 673–678; *Hortenbach*, 1965; C. R. Bachmann, Hardy and H.: The Variations of Fatalism. Ph. D. Diss. Indiana University 1965; *ders.*, Communion and Conflict in Hardy and H.: A Contrast in Artistic Temperaments, in: RLV, 35 (1969), S. 283–293; *Kersten*, 1966; *ders.*, Zu einem russischen Gedicht in G.H's Drama »Einsame Menschen«, in: Ost und West, 1966, I, S. 42–46; D. *Radcliff-Umstead*, Dante's Influence on the »Great Dream« of G.H., in: Forum Italicum, 2 (1968), 23–33; K. *Koczy*, G.H. a Polska, in: Vineta, 1970, S. 63–72; H. F. *Garten*, G.H. and Hamlet, in: Affinities. Essays in German and English Literature, hrsg. v. R. W. Last, London 1971, S. 88–96; S. *Hoefert*, G.H. und andere – zu den deutsch-russischen Literaturbeziehungen in der Epoche des Naturalismus, in: Naturalismus, hrsg. von H. Scheuer, 1973, S. 235–264; *ders.*, Aufnahme und Wirkung W. M. Garschins im deutschen Sprachraum – besonders im Hinblick auf G.H., in: MGS, 1 (1975), S. 242–252; N. *Oellers*, Spuren Ibsens in G.H's frühen Dramen, in: Teilnahme und Spiegelung, Festschrift für H. Rüdiger, hrsg. von B. Allemann u. a., 1975, S. 397–414; J. L. *Mandel*, G.H. and Eugene O'Neill. A Parallel Study of Their Dramatic Technique in Selected Naturalistic Plays, Ph. D. Diss. Chapel Hill 1976; W. *Hempel*, »Göttliche Komödie« und »Großer Traum«, in: Literatur und Spiritualität, H. Sckommodau zum 70. Geburtstag, hrsg. von H. Rheinfelder u. a., 1978, S. 73–102; P. *Mellen*, G.H. und Dante, in: Seminar, 16 (1980), S. 12–25.

Literarische Beziehungen und Einflüsse (Inland): R. *Hamann*, G.H. und sein Naturalismus, in: GES, 16/1 (1900), H. 2, S. 73–83; A. *Hellmann*, H. and the Nietzschean Philosophy, in: PL, 24 (1913), S. 341–347; E. *Kühnemann*, Vom Weltreich des deutschen Geistes, 1914, S. 421–425; A. *Kutscher*, Über den Naturalismus und G.H's Entwicklung, in: G.H. Kritische Studien, Sonderheft der Schl. Heimatblätter, 1909, S. 1–7; W. *Lang*, Lenz und H., Diss. Frankfurt/M. 1921; H. *Herrmann*, A. Gryphius als Quelle für G.H., in: PJ, 188 (1922), S. 307–324; F. *Linne*, Die Sagen- und Märchendramen G.H's und ihre Quellen, Diss. Köln 1922; H. *Stehr*, Ein Erinnerungsblatt, in: Heynen, 1922, S. 150–173; O. *Walzel*, G.H. und der Expressionismus, in: PJ, 190 (1922), S. 171–196; F. *Nückel*, H. und Nietzsche, Diss. München 1923; K. *Berendt*, Der deutsche Naturalismus (G.H.) in seinem Verhältnis zur klassischen Dichtung, Diss. Rostock 1924; P. *Fechter*, H. Stehr und H., in: H. Stehr. Sein Werk und seine Welt, hrsg. v. W. Meridies, 1924, S. 111–134; S. *Liptzin*, The Weavers in German Literature, Baltimore 1926; L. v. *Wedel-Parlow*, »Die Jüdin von Toledo«

und »Kaiser Karls Geisel«, Diss. Würzburg 1927; R. H. *Grützmacher,* G.H., St. George, T. Mann, 1929; K. K. *Klein,* Der Elga-Stoff bei Grillparzer und G.H., in: Der Wächter, 11 (1929), S. 45–48, 84–90; E. *Meyenburg,* Goethes »Italienische Reise« und G.H's »Griechischer Frühling«, in: Goethe-Jb., hrsg. v. d. Goethe-Ges. in Japan, 2 (1933), S. 73–100; G. A. *Stoecklein,* Romantik in Wesen und Prosadramen G.H's, Ph. D. Diss. Philadelphia 1935; F. A. *Voigt,* Hauptmann-Studien, 1. Bd., 1936, S. 39–62, 91–99 (re Freytag); *ders.,* 1965, S. 47–50 (re Nietzsche); W. J. *Mueller,* Germanischer Mythos und germanische Sage in den Dramen G.H's, Ph. D. Diss. Cornell University 1938; S. D. *Stirk,* G.H. and Goethe: A Contrast, in: English Goethe Society London Publications, 14 (1938), S. 101–111; *ders.,* G.H. and Mynheer Peeperkorn, in: GLL, 5 (1952), S. 162–175; F. B. *Wahr,* H. and George, in: GR, 13 (1938), S. 190–207; *ders.,* H. and Bachofen, in: MH, 42 (1950), S. 153–159; H. *Wocke,* Hölderlin und die gegenwärtige Dichtung, in: GRM, 31 (1943), S. 235–244; E. H. *Zeydel,* A Note on G. Büchner and G.H., in: JEGP, 44 (1945), S. 87–88; G. *Kropatschek,* Der Theaterroman um Hamlet bei Goethe und G.H., Diss. Wien 1952; H. *Mayer,* Zu einem Brief T. Manns an G.H., in: SuF, 4 (1952), H. 6, S. 9–22; T. *Mann,* G.H., 1953; *ders.,* Ges. Werke, Bd. 9, 10, 11, 1960; *ders.,* Die Entstehung des Doktor Faustus, 1967, S. 811–815; *Fiedler,* 1954, S. 145–147 (re Hebbel); A. *van der Lee,* Hartmann von Aues »Armer Heinrich« en het gelijknamige drama van G.H., Groningen 1954; P. *Böckmann,* Der Naturalismus G.H's in: Gestaltprobleme der Dichtung. (G. Müller zum 65. Geburtstag), 1955, S. 239–258; H. *Frenzel,* G.H. e T. Mann. Il problema di un'amicizia, in: Convivium, 23 (1955), S. 297–310; J. *Guthmann,* Goldene Frucht, 1955, S. 411–418 (re T. Mann); A. *Hayduk,* Der dämonisierte Eros bei Eichendorff und H. Von der Novelle »Das Marmorbild« 1817 zum posthumen Roman »Winckelmann« 1954, in: Aurora, 15 (1955), S. 25–29; G. *Erdmann,* Zum Herder-Erlebnis G.H's, in: Worte und Werte. B. Markwardt zum 60. Geburtstag, hrsg. v. G. Erdmann u. A. Eichstaedt, 1961, S. 85–91; *Heuser,* 1961, S. 157–163 (re Novalis), S. 226–246 (re Wedekind); H. *Keipert,* Goethes »Iphigenie« und H's Atridentetralogie, in: DU, 13 (1961), S. 25–40; W. v. *Nordheim,* Die Atriden-Dramen von Euripides, H. und Sartre – verglichen mit Goethes »Iphigenie«, in: WW, 11 (1961), S. 162–172; H. D. *Tschörtner,* G.H. und T. Mann, in: Vollendung und Größe T. Manns, hrsg. v. G. Wenzel, 1962, S. 87–105; W. A. *Reichart,* H. Stehrs Freundschaft mit G.H., in: F. Richter (Hrsg.), H. Stehr: Schlesier, Deutscher, Europäer, 1964, S. 161–184; *Van der Will,* 1962, S. 7ff. (re Nietzsche); K. *Schindler,* G.H. und Eichendorff, in: Aurora, 24 (1964), S. 79–84; W. *Thomas,* R. Strauss und seine Zeitgenossen, 1964, S. 175–191; G.H. *Hertling,* Selbstbetrug und Lebenskunst: G.H's Lorentz Lubota und T. Manns Felix Krull, in: OL, 20 (1965), S. 205–216; E. *Hilscher,* T. Mann und G.H., in: SuF, 1965, Sonderheft T. Mann, S. 278–290; *ders.,* Hilscher, 1969, S. 374–389 et passim; L. *Mazzucchetti,* Mignon von Goethe bis H., in: SwMh, 45 (1965), S. 359–372 (zuerst auf ital. in: Studi Germanici, 1964); K. S. *Guthke,* Hebbels »Dialektik in der Idee«: Die Erfüllung einer Prognose, in: Guthke, Wege zur Literatur, 1967, S. 256–268; *ders.,* H. und

Freud, in: NDH, 26 (1979), S. 21–44; B. *Markwardt,* Bd. V, 1967, S. 643–644 (re Nietzsche); W. *Emrich,* Polemik; 1968, S. 142–144 (re G. Büchner); I. H. *Reis,* G.H's Hamlet-Interpretation in der Nachfolge Goethes, 1969; *Mendelssohn,* 1970, S. 972–976 (re T. Mann); *ders.,* Von deutscher Repräsentanz, 1972, S. 170–238; H. *Urner,* G.H. und W. Bölsche in ihren Anfängen (1885–1889), in: JbBK, 45 (1970), S. 150–176; W. *Grothe,* G.H's Paraphrase auf Goethes Romangestalt Mignon, in: StN, 43 (1971), S. 198–220; K. *Hildebrandt,* G.H. und T. Mann, in: Schlesien, 16 (1971), S. 86–91; H. *Scheuer,* A. Holz im literarischen Leben des ausgehenden 19. Jahrhunderts (1883–1896), 1971, S. 136–140; G. *Erler,* Fontane und H., in: Fontane-Blätter, 2 (1972), S. 393–402; H. *Fischer,* G. Büchner. Untersuchungen und Marginalien, 1972, S. 41–61; *Brammer,* 1972 (re C. Hauptmann); J. *Cremerius,* G.H. und die Psychoanalyse, in: Zs. für Psychotherapie und medizinische Psychologie, 23 (1973), S. 156–165; P. C. *Wegner,* G.H. als Leser, in: GRM, 23 (1973), S. 355–376; H. v. *Brescius,* Neues von Mynheer Peeperkorn, in: NDH, 21 (1974), S. 34–51; W. *Kraft,* Das Ja des Neinsagers. Karl Kraus und seine geistige Welt, 1974, S. 147–158; E. *Worbs,* G.H. findet Licht und Kraft bei Jakob Böhme, in: Schlesien, 20 (1975), S. 71–75; H. *Paulus,* Über Herrnhutische Einflüsse in der Dichtung G.H's, 1976; G. *Grimm,* Rezeptionsgeschichte. Grundlegung einer Theorie, 1977, S. 206–239; R. F. *Jones,* The Aesthetics of Irrationalism: G.H's Theory of Art and Its Correlation with Nietzsche's Dionysiac Aesthetic, Ph. D. Diss. Vanderbilt University 1979.

Wirkungsgeschichte: K. W. H. *Scholz,* The Art of Translation with Specific Reference to English Renditions of the Prose Dramas of G.H. and H. Sudermann, Ph. D. Diss. Philadelphia 1918; A. *Lunatscharski,* G.H. in Rußland, in: Marcuse, 1922, S. 110–115; *ders.,* Matthias Klausen i Jegor Bulytschow, in: LN, Bd. 82, Moskau 1970, S. 357–362; Das Tschechow-Hauptmann Moskauer Künstlertheater. Ein Gespräch mit M. Gorki und Frau Andreewa, in: Marcuse, 1922, S. 107–109; Z. *Wengerowa,* H's russische Seele, in: Marcuse, 1922, S. 116–123; H. *Emerson,* The English Metrical Translations of G.H's Verse Dramas, Ph. D. Diss. University of Wisconsin 1937; *dies.,* A Criticism of C.H. Meltzer's Translations of »Hanneles Himmelfahrt« and »Die versunkene Glocke«, in: GQ, 21 (1948), S. 163–174; F. A. *Voigt,* G.H. und England, in: GRM, 25 (1937), S. 321–329; *ders.,* G.H's Werk im Spiegel der Welt, in: Hauptmann, 1942, S. 66–72; *ders.,* Die amerikanische G.H.-Forschung, in: Universitas, 4 (1949), S. 405–412; I. *Rózsa,* G.H. a magyar irodalomban, Diss. Budapest 1938; *Müller,* 1939; G. *Barthel,* Das Werk des Dichters in der bildenden Kunst, in: Hauptmann, 1942, S. 73–106; H. v. *Dirksen,* G.H. in Japan, in: Hauptmann, 1942, S. 36–37; C. *Krumbhermer,* Die Erscheinung des Dichters als Vorwurf der bildenden Künste, in: Hauptmann, 1942, S. 38–57; W. *Neuse,* H's und Rilkes »Der Apostel«, in: GR, 18 (1943), S. 196–201; M. G. *Sarneck,* G.H. auf den Bühnen Europas, in: Hauptmann, 1942, S. 133–138; V. *Hrycaj,* »Das Waldlied« von Lesja Ukrainka und die »Versunkene Glocke« von G.H., Diss. Graz 1948; J. J. *Weisert,* Critical Reception of G.H's »The Sunken Bell« on the American Stage, in: MH, 43 (1951), S. 221–234; E. *Cappel,* The Reception of G.H. in the United States,

Ph. D. Diss. Columbia University 1952; J. C. *Blankenagel*, Early Recep-
tion of H's »Die Weber« in the United States, in: MLN, 68 (1953),
S. 334–340; M. *Magalaner*, Joyce, Nietzsche, and H. in Joyce's »A Painful
Case«, in: PMLA, 68 (1963), S. 95–102; G. *Gerstmann*, G.H. und die
russische Literatur, in: Theater der Zeit, 7 (1954), S. 31–33; H. *Wander-
scheck*, G.H. und der Film, in: OMh, 22 (1955/56), S. 563–566; T. *Silman*,
Gergart Gauptman 1862–1946, Leningrad 1958; G. F. *Hering*, Der Ruf zur
Leidenschaft, 1959, S. 138–145; G. *Dick*, A. Čechov und G.H., in: A.
Čechov 1860–1960, hrsg. v. T. Eekman, Leiden 1960, S. 8–12; *ders.*, G.H.
und die russische Literatur, in: Fremdsprachenunterricht, 6 (1962),
S. 626–632; J. *Piprek*, Slawische Wesenszüge bei G.H., in: Germanica
Wratislaviensia, 5 (1960), S. 125–143; I. E. *Shurawskaja*, Iwan Franko i
sarubeshni literaturi, Kiew 1961, S. 264–267; *dies.*, Lesja Ukrainka ta
sarubeshni literaturi, Kiew 1963, S. 26–31; N. *Honsza*, G.H. und die
Polen, in: Deutsch-Polnische Hefte, 5 (1962), S. 566–570; S. *Kostić*,
Deutschsprachige Dramatiker auf der Bühne des serbischen Nationalthea-
ters in Novi Sad, in: MuK, 8 (1962), bes. S. 275–283; W. A. *Reichart*,
G.H's Dramas on the American Stage, in: MuK, 8 (1962), S. 223–232;
ders., Die früheste Hauptmann-Kritik in Amerika, in: Marginalien zu
poetischen Welt, Festschrift für R. Mühlher zum 60. Geburtstag, 1971,
S. 271–281; E. *Scheyer*, G.H. und die bildende Kunst, in: Schlesien, 7
(1962), S. 139–147; K. *Stanislawski*, Moja shisn w iskusstwe, Moskau 1962,
S. 222 ff. et passim; H. *de Leeuwe*, G.H. auf dem holländischen Theater,
in: MuK, 9 (1963), S. 27–34 (auf holl. in: De Nieuwe Taalgids, 1964); S.
Suzuki, H. in Japan (jap. m. dt. Zusammenfassung), in: Doitsu Bungaku
Ronko, 1963, Nr. 5, S. 34–47, 84–85; F. A. C. *Wilson*, Yeats and G.H., in:
Southern Review, 1 (1963), S. 69–73; *Alexander*, 1964, S. 134–139; A.
Estermann, Die Verfilmung literarischer Werke, 1965, S. 216 ff.; H. *Faltus*,
G.H. Aspekte und Wechselwirkungen: JbSB, 10 (1965), S. 275–304; H.
Schmidt, H's »Michael Kramer« and Joyce's »The Dead«, in: PMLA, 80
(1965), S. 141–142; B. *Kreft*, Ivan Cankar und G.H., in: Ost und West.
Aufsätze zur Slavischen Philologie, 1 (1966), S. 60–70; P. *Pósa*, A. »Takács-
sok« Magyarországon, in: AG et R, 1 (1966), S. 57–83; *ders.*, G.H.
»Naplemente elött« c. drámájának magyarországi fogadtatása, in: ebd., 2
(1967), S. 23–44; D. *Báder*, G.H's Beurteilung in Ungarn zwischen den
beiden Weltkriegen, in: Annales Sectio Philologica, Budapest. Tudomany-
Egyetem, 7 (1967), S. 133–146; E. *Mandel*, G.H's »Weber« in Rußland, in:
ZfSl, 12 (1967), S. 5–19; D. *McMillan*, Influences of G.H. in Joyce's
»Ulysses«, in: JJQ, 4 (1967), S. 107–119; I. *Blumberg*, Obras Mattiasa
Klausena w interpretazii masterow sowetskoj sceny, in: Sapiski o teatre,
Leningrad 1968, S. 222–235; P. *Dziallas*, G.H. in Karikatur, Satire und
Parodie, in: Schlesien, 13 (1968), S. 96–106; S. *Hoefert*, Rosenows »Kater
Lampe«: Zur Wirkungsgeschichte G.H's, in: Seminar, 5 (1969),
S. 141–144; *ders.*, Einige Bemerkungen zu einer Leningrader Aufführung
von H's »Vor Sonnenuntergang«, in: Schlesien, 18 (1973), S. 160–162;
ders., Die slawischen Übersetzungen der Werke G.H's: Ein Beitrag zu
seiner Wirkung in Osteuropa, in: Studia Historica Slavo-Germanica, 9
(1979), S. 95–128; K. W. *Jonas*, G.H. in Amerika und England, in: BDB,

118

1969, Nr. 52, S. 1601–1609; E. *Reißner,* Lesja Ukrainka und G.H., in: Slawisch-deutsche Wechselbeziehungen in Sprache, Literatur und Kultur, hrsg. v. W. Krauss u. a., 1969, S. 420–428; D. *Angres,* Die Beziehungen Lunatčarskis zur deutschen Literatur, 1970, S. 19–24 et passim; R. *Koester,* The Ascent of the Criminal in German Comedy, in: GQ, 43 (1970), S. 376–393 (re Zuckmayer); H. D. *Tschörtner,* G.H.-Bibliographie, 1971, S. 140–146 (Liste der Vertonungen u. Verfilmungen); *ders.,* Zu den Beziehungen zwischen G.H. und James Joyce, in: Zs. für Anglistik und Amerikanistik, 1978, H. 3, S. 256–262; J. M. *Lutz,* G.H. und die Mundartdichtung, in: Schlesien, 17 (1972), S. 92–93; M. *Reinhardt,* Nach G.H., in: Das Lästerkabinett, hrsg. v. G. de Bruyn, 1972 S. 33 ff.; A. A. *Kipa,* G.H. in Russia: First Notices, in: MLN, 88 (1973), S. 1035–1038; *ders.,* G.H. in Russia: 1889–1917. Reception and Impact, Hamburg 1974; *ders.,* K. D. Bal'mont and G.H., in: Views and Reviews of Modern German Literature, Festschrift für A.D. Klarmann, hrsg. von K. S. Weimar, 1974, S. 51–60; *ders.,* Ivan Franko's View of G.H., in: Probleme der Komparatistik und Interpretation, Festschrift für A. v. Gronicka, hrsg. von W. H. Sokel u. a., 1978, S. 136–141; W. *Binder,* Europäisches Drama und amerikanische Kritik, 1974, S. 199–264; M. R. *Maddox,* Carl Zuckmayer's Relation to G.H.: »Meisterschaft, Vorbild, Verpflichtung«, Chapel Hill 1975; F. *Hubicka,* Recepcja Tkaczy Gerharta Hauptmanna w Polsce, in: Germanica Wratislaviensia, 26 (1976), S. 87–101; J. *Perkins,* Joyce and Hauptmann: Before Sunrise: J. Joyce's Translation, San Marino/Cal. 1978; H. *van Neck Yoder,* Dramatizations of Social Change. H. Heijermans' Plays as Compared with Selected Dramas by Ibsen, Hauptmann and Chekhov, The Hague 1978; J. *Kozłowski,* G.H's »Weber« im Dienste der Sache der Arbeiterklasse in Polen während der Zeit der Teilungen, in: ZfSl, 25 (1980), S. 642–668.

Beziehungen zu Landschaften und Lokalitäten (dt. Sprachraum): L. *Salzer,* G.H. und das Burgtheater, Diss. Wien 1935; W. *Requardt,* Erinnerungen an G.H. in und um Erkner, in: Die Literatur, 43 (1941), S. 449–453; *ders.,* 1955; *ders.,* Betrachtungen zu G.H. und Schlesien (Jauer und Umgebung), in: Schlesien, 25 (1980), S. 70–80; W. *Krogmann,* G.H. Hamburgensis, 1947; *ders.,* G.H. und Pommern, in: Baltische Studien, 52 (1966), S. 105–132; *Behl,* 1948, S. 57–72; E. *Buschbeck,* G.H. und Wien, mit Briefen aus dem Archiv des Burgtheaters, in: Phaidros, 2 (1948), S. 16–21; F. A. *Voigt,* G.H. der Schlesier, 1953; G. *Erdmann,* Führer durch die G.H.-Gedächtnisstätte Kloster auf Hiddensee, 1956; *ders.,* Einige pommersch-rügensche Motive in G.H's Schaffen, in: GSJ, 5 (1965), S. 211–277; D. C. *Farner,* H. at Hiddensee, in: AGR, 24 (1962), S. 14–18; B. *Fischer,* G.H. und Erkner. Quellenkundliche Studien zum »Biberpelz« und anderen Werken, in: ZDP, 81 (1962), S. 440–472; W. *Greisenegger,* G.H. und das Wiener Burgtheater, in: MuK, 8 (1962), S. 212–222; *ders.,* G.H's Werke auf dem Burg- und Akademietheater, in: Grillparzer-Forum Forchtenstein 1976, 1977, S. 137–175; A. *Gustavs,* G.H. und Hiddensee, 1964; H. *Ihering,* Theater der produktiven Widersprüche, 1967, S. 239–243; K. *Hildebrandt,* G.H. und Franken, in: Schlesien, 13 (1968), S. 148–153; *ders.,* G.H's Haus »Wiesenstein«, in: Schlesien, 21 (1976),

S. 147–149; R. *Goetze*, Von »Sonnenaufgang« bis »Sonnenuntergang«. H's Berliner Beziehungen, 1971; W. *Paul*, Erkner und G.H., in: NDH, 20 (1973), H. 3, S. 197–204; *Requardt/Machatzke*, 1980.

Verhältnis zur bildenden Kunst und Musik: M. *Fleischer*, Der Breslauer Kunstschüler, in: Heynen, 1922, S. 11–16; G. *Barthel*, Das Werk des Dichters in der bildenden Kunst, in: Hauptmann, 1942, S. 73–106; C. *Krumbhermer*, Die Erscheinung des Dichters als Vorwurf der bildenden Künste, in: Hauptmann, 1942, S. 38–57; E. *Scheyer*, H. der Plastiker, in: NR, 43 (1932), S. 684–690; *ders.*, G.H. und die bildende Kunst, in: Schlesien, 7 (1962), S. 139–147 (erweitert in: Almanach auf das Jahr 1961/62, 1964, S. 45–84); R. *Ibscher*, Vom Geiste der Musik in G.H's Werk, in: DVjs, 27 (1953), S. 582–601; P. *Dziallas*, Medaillen und Plaketten G.H's, 1969; H. D. *Tschörtner*, G.H.-Bibliographie, 1971, S. 127–128 (Liste der plastischen Arbeiten); K. E. *Webb*, Islands, Maidens, and the Life Force. G.H's Literary »Jugendstil«, in: Theatrum Mundi, hrsg. v. E. R. Haymes, 1980, S. 109–124.

123

SAMMLUNG METZLER

J.B. METZLER

Printed in the United States
By Bookmasters